三叉战法

精准判断牛股涨跌信号

股海扬帆◎著

中国铁道出版社有限公司
CHINA RAILWAY PUBLISHING HOUSE CO., LTD.

内 容 简 介

　　本书主要通过牛股启涨与杀跌时的三个重要指标发出的金叉共振和死叉共振来判断买卖股票的时机，暗合了股价上涨与下跌时的量价时空理论，结合和借鉴了机构与私募的操盘方法和理念，从而能更准确地判断出牛股的启涨和杀跌时机。

　　本书从三叉共振的介绍出发，逐一讲解了操盘攻略和三叉共振中的三叉，以及选股的判断、买股时机的判断、持股的判断和卖股时机的判断，是一整套独特的波段操盘体系，简单易学、实用性强、深入浅出、操盘成功率高，只要股民严格按照步骤操盘，可以有望实现短期操作、快速获利的目的。

图书在版编目（CIP）数据

三叉战法：精准判断牛股涨跌信号 / 股海扬帆著 . —北京：中国铁道出版社有限公司，2022.3
ISBN 978-7-113-28407-7

I. ①三… Ⅱ. ①股… Ⅲ. ①股票投资-基本知识 Ⅳ. ①F830.91

中国版本图书馆 CIP 数据核字（2021）第 196332 号

书　　名：三叉战法：精准判断牛股涨跌信号
　　　　　SANCHA ZHANFA: JINGZHUN PANDUAN NIUGU ZHANGDIE XINHAO
作　　者：股海扬帆

责任编辑：张亚慧　　　编辑部电话：（010）51873035　　　邮箱：lampard@vip.163.com
编辑助理：张秀文
封面设计：宿　萌
责任校对：孙　玫
责任印制：赵星辰

出版发行：中国铁道出版社有限公司（100054，北京市西城区右安门西街 8 号）
印　　刷：三河市航远印刷有限公司
版　　次：2022 年 3 月第 1 版　　2022 年 3 月第 1 次印刷
开　　本：700 mm×1 000 mm　1/16　印张：15　字数：210 千
书　　号：ISBN 978-7-113-28407-7
定　　价：69.00 元

三叉共振：牛股快速涨跌时的征兆

　　牛股涨跌初期的征兆，事实上就是我们操盘中重要的两个节点——买入股票和卖出股票，因此，作为股市投资者来说，无论是新、老股民，都必须牢牢掌握好这两项内容，才能最终学会如何操盘，以改变之前被割韭菜的命运。

　　要想准确捕捉到牛股在快速上涨的启涨初期和快速转跌的转弱初期征兆，就要明白股价在运行过程中趋势运行的规律，因为只有掌握了这一规律，判断牛股启涨和启跌初期就有了依据。而三叉战法，正是在股价趋势运行规律下形成的一套操作牛股的实用炒股技术。

　　然而，在股价运行规律中，同样存在许多不确定因素，这就要求我们在一定的技术基础上做到灵活运用，以便真正掌握一只股票成为牛股趋势的演变征兆。三叉战法，正是结合三叉中各个指标的优点，并在操作中尽量避开其缺点，充分发挥其各自的优点，以确保投资者能够通过三叉战法的买股技术与卖股技术，准确寻找到牛股的涨跌信号。

　　同时，在顺应趋势交易的前提下，三叉战法虽然可以简单地以三金叉共振和三死叉共振来确认股票的买卖时机，但是由于三叉战法是通过日线图上的金叉共振对上涨波段的开始进行判断，并通过死叉共振来确认上涨波段的结束进行判断，所以，属于日线图上的中短波段的操盘技术，而持股时间越短的操作，其风险会越高。

　　因此，三叉战法绝不仅仅局限于这种共振形态上的买卖操作，因为在股票操作中，关键的并不是一种技术的高与低，而在于投资者是否可以通过这一技术，达到持续机械化的操作，并从中获利。

　　这就涉及操盘的安全性。投资者在学习任何一种操盘技术时，都必须将这种安全性放在首位，始终对市场存有一颗敬畏之心。正是考虑到这一问题，而普通投资者又很难全面地控制好风险。因此，在三叉战法中，将中线波段操盘技术与短线操盘技术进行了有效地融合。这些就是本书第2章中实战攻略的部分内容。虽然看起来很简单，但却是操盘过程中极为重要的内容。

同时，为了能够更为准确地判断出牛股的上涨，并有效地控制好买股时的风险，本书又增加了一个重要的选股环节，即技术面结合基本面来确认一只股票其后的趋势演变方向，因为技术面更多地强调只是趋势规律中股价上涨前必经的趋势形态，而基本面则能从上市公司的经营能力强弱的状态，去把控风险形成的内因，以及这家上市公司是否存在走牛的潜力。

投资者只要学会了如何选股，再通过对三叉战法中判断三叉的三个指标进行认真学习，则三叉战法的买股与卖股核心基本上就呼之欲出了。然后严格按照操盘步骤，从选股到买股的判断、到买入操作，以及其后结合卖点的持股判断，和卖股时机的判断，其实炒股只要熟练掌握了这四个基本步骤，就懂得了如何操盘，唯一欠缺的就是其后通过实战的磨炼和熟练程度，以提升操作中的准确性和及时性，以及应对突变的能力。

这也就是三叉战法机械化操盘的方法，严格按照这一操盘模式重复下去，自然能够水到渠成，最终实现获利的目的。

世上从来就没有任何一种躺着可以赚钱的方法。因此，越是那些简单、便捷的炒股软件或分析小程序，看似省事，其实都是对消息等数据统计积累后的结果，包括其买卖点的提示，但终归这些软件或程序都存在一个致命的缺点，就是其分析程序本身不够灵活，因为市场总是在不断变化之中，以一定规律运行着。所以，与其盲目相信某一程序，不如相信自己根据行情变化的判断、及时调整，这样才能真正学到技术，做到不依靠别人，只依靠自己。

因此，三叉战法的炒股技术并不是万能的，只有在熟练中不断摸索，并充分尊重趋势的演变进行细微的调整，投资者最后才能做到以不变应万变的境界。因为所有的技术，演变到最高的程度时，都只是投资者的一种境界。所以，投资者通过不断学习，其实就是一种不断修心的过程——一个人心境的高低，决定了其财富之路的长短。

也请各位读者牢记，股市有风险，投资需谨慎。

作　者

2021年12月

| 目 录 |⸻

第1章

三叉战法: 短线快速获利的
操盘技术

虽然三叉战法属于一种趋势波段操盘技术, 但由于是波段技术与短线操盘技术的有效融合, 使得通过这一战法买入股票时, 均为股价中短期趋势转强初期, 而卖出股票时又是在短期趋势转弱强烈时与中长期趋势转弱时卖出股票, 所以, 操作的完全是一只股票在日线图上成为牛股的上涨波段。因此是一门短线快速获利的操盘技术。投资者在学习三叉战法前, 必须对三叉战法有一个全面地了解, 这样更有利于通过学习掌握三叉战法的具体用法。

1.1　三叉战法

1.1.1　通过三叉共振判断牛股波段涨跌的征兆

三叉战法, 就是在一只股票从上涨走牛初期开始, 通过三叉共振向上的形态来判断这种股价走牛开始强势上涨的征兆。当股价处于持续上涨的牛市状态时, 一旦出现转跌时, 再通过三叉共振向下的形态, 来判断牛股转弱的征兆。

因此, 三叉战法就是通过三叉共振形态来判断牛股涨跌初期的征兆, 并通过量价在三叉共振期间的突变形态进行确认这种股价转涨与转跌初期时, 是否成立的一种牛股波段操作战法。

三叉共振形态的具体要求如下:

三叉共振形态中的三叉, 是指MA、MACD、均量线三个指标同时形成了向同一方向的交叉: 当交叉为方向向上的金叉时为三金叉共振形态, 为牛股转强的技术征兆; 当交叉为方向向下的死叉时为三死叉共振形态, 为牛股转跌的技术征兆。

如图1-1所示的特锐德 (300001) 在A区域, MA5向上与MA10交叉形成MA金叉, MACD出现DIFF线向上与DEA交叉的金叉, 同时MAVOL5向上与MAVOL10形成向上交叉的均量线金叉, 为三金叉共振形态, 是牛股由跌转强的开始; B区域, MA5与MA10形成向下交叉的死叉, MACD也出现DIFF线与DEA线向下交叉的死叉, MAVOL5出现向下与MAVOL10交叉的死叉, 为三死叉共振形态, 为牛股由涨转跌的开始。

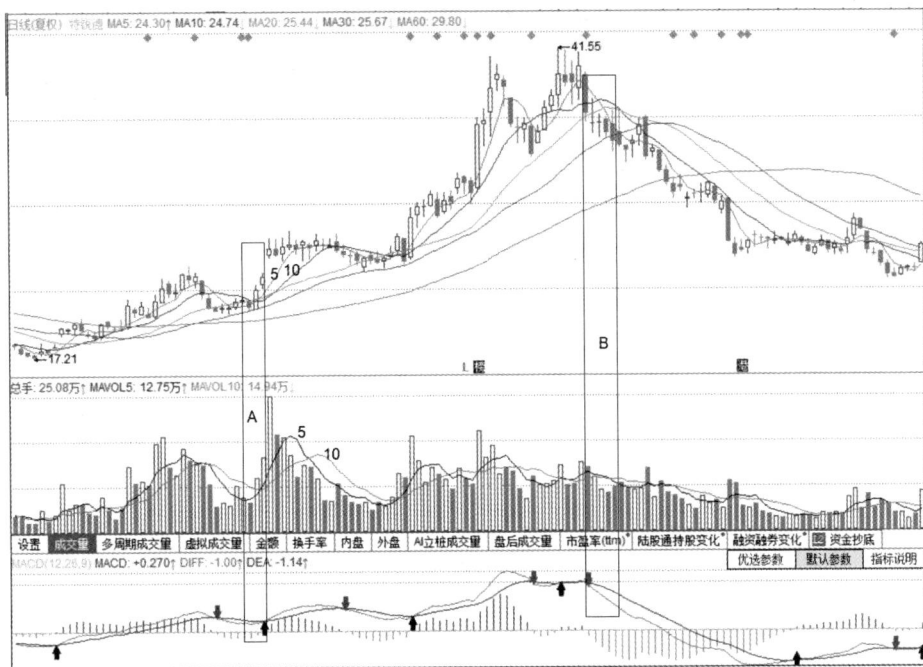

图1-1　特锐德-日线图

实战指南：

（1）三叉战法不仅仅包括两种三叉共振形态的判断，还包括一系列操盘攻略的内容，如波段操盘策略、波段交易原则、操盘纪律等。

（2）三叉共振是三叉战法中买卖股票时判断买卖时机的两种形态，要想在实战中通过这两种共振形态准确判断出牛股的涨跌，并把握好具体的买卖时机，必须在实战攻略的指导下，严格按照三叉共振的各项要求一一执行，最终才能获得较大的波段收益。

（3）在通过三叉共振形态判断牛股涨跌的买卖时机时，必须结合量价突变进行确认，因为三叉共振形态只是多指标强势共振的技术形态，而量价突变才是导致趋势转强或转弱时的终极因素。

1.1.2　结合量价突变确认牛股涨跌的买卖时机

在根据三叉战法实战期间，三叉共振形态虽然是判断股价由弱转强初期或由强转弱初期的重要技术形态，但最终决定这种趋势突变是否成立的标准，依然为量价的突变，因为当一段明朗的趋势形成后，如果要想在短时间内扭转这一趋势，必须得到成交量的助推，才能造成趋势的真正转强或转弱。因此，量价突变才是三叉共振形态形成后确认牛股涨跌趋势转变的买卖时机。

量价突变的具体要求如下：

（1）量价齐升突变。当三叉共振表现为三金叉共振或类金叉共振形态时，量价突变为缩量或平量涨停、明显放量上涨、持续放量上涨、缓慢上涨的涨潮量能潮四种主要量价形态，为买股时机。

如图1-2所示，安科生物（300009）在A区域形成了MA、MACD、均量线三金叉共振形态期间，量价表现为缓慢上涨的涨潮量能潮的量价齐升突变，为买股时机，应买入股票。

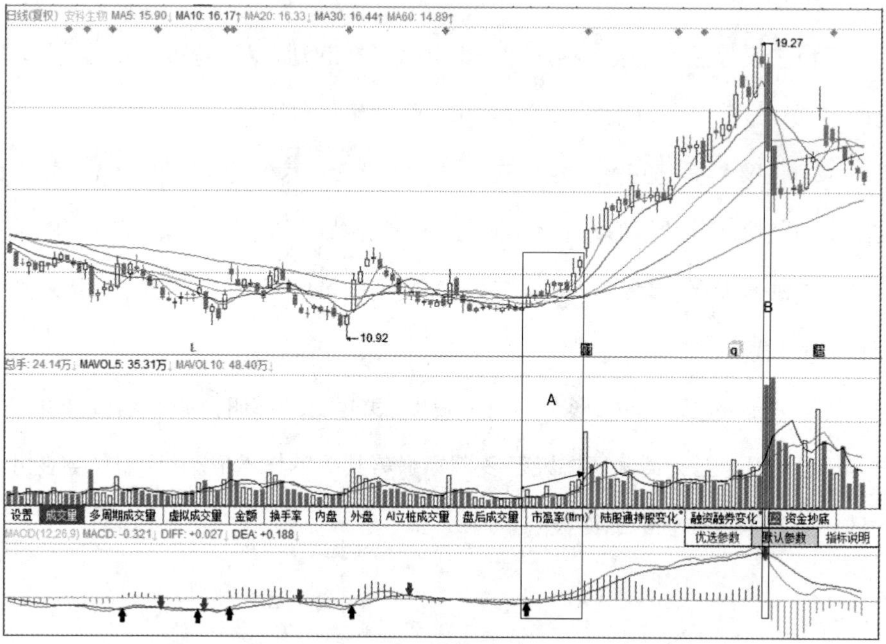

图1-2　安科生物-日线图

（2）量价齐跌突变。当三叉共振表现为三死叉共振或类死叉共振形态时，量价突变表现为巨阴下跌或放量下跌、持续缩量下跌、高位放量滞涨三类主要量价形态，为卖股时机。

图1-2中股价在持续上涨的B区域，形成类死叉共振形态，其间量价表现为巨量下跌的量价齐跌突变，为卖股时机，应及时卖出股票。

实战指南：

（1）由于三叉共振出现时，三叉的方向存在向上金叉的共振和向下死叉的共振，所以，扭转之前趋势变化的量价突变也存在着量价齐升和量价齐跌两种突变。

（2）根据量价突变判断买卖时机时，量价齐升突变时为买股时机，对应的是三金叉共振；量价齐跌突变为卖股时机，对应的为三死叉共振。

（3）在通过三叉共振结合量价突变判断买卖时机时，一定要留意极端特殊情况下的提前买股和提前卖股时机，因为趋势极快变强和极快转弱时，这种量价突变只会表现为短时的明显量价突变。

1.2　三叉共振类型及特点

1.2.1　三叉共振的类型及特点

三叉共振由于三叉的方向不同，所以具有的类型也不同，由于三叉共振时的方向有两个，因此，三叉共振一共包括三金叉共振和三死叉共振两个类型。不同类型的三叉共振形态有着不同的技术要求。

三叉共振的类型及特点如下：

（1）三金叉共振，是指MA、MACD和均量线均表现为短期指标线在下方由下向上与长期指标线形成的金叉，主要表现为MA、MACD和均量线是向上运行的趋向，尤其是短期指标线的明显上行；但若是只有一个指标表现为强势启动时，其他两个指标表现为上涨时，则为类金叉共振，属于三金叉共振的一种变形。

如图1-3所示，豆神教育（300010）在A区域出现了MA5向上与多条MA的MA金叉，MACD也出现DIFF线向上与DEA线交叉的金叉，MA5向上与MA10交叉形成了均量线金叉，为三金叉共振形态，同时为持续明显放量上涨的量价齐升突变，应及时买入股票。

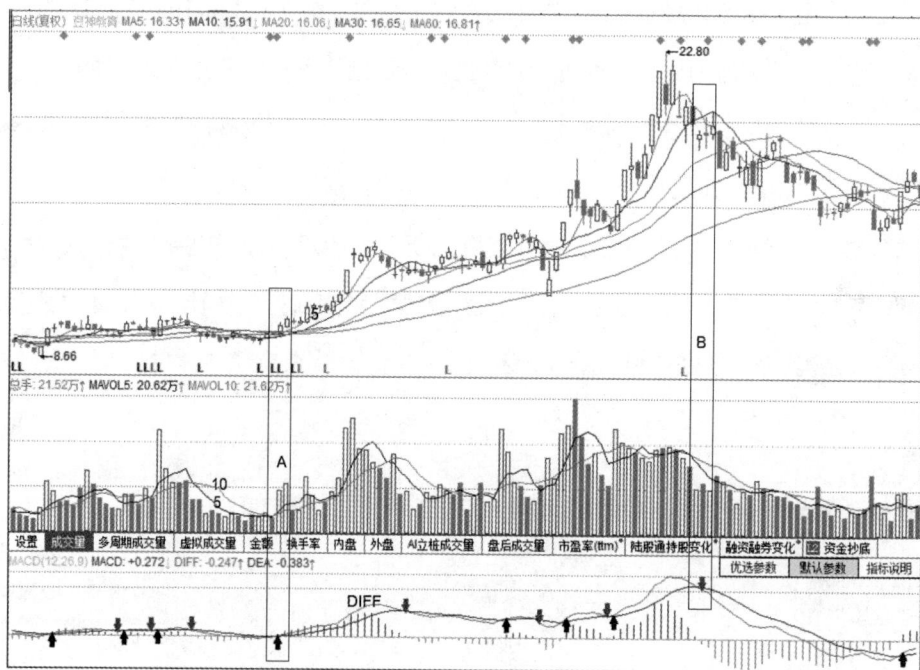

图1-3　豆神教育-日线图

（2）三死叉共振，是指MA、MACD和均量线均表现为短期指标线在上方由上向下与长期指标线形成的死叉，主要表现为MA、MACD和均量线是向下运行的趋向，尤其是短期指标线的明显下行。但若是只有一个指标表现为弱势时，其他两个指标未表现为死叉，或是一个短期指标线表现为明显弱势时，则为类死叉共振，属于三死叉共振的一种变形。

如图1-3所示，在持续上涨的B区域，出现MA、MACD、均量线的三死叉共振形态，同时表现为明显放量下跌的量价齐跌突变，应果断卖出股票。

实战指南：

（1）三金叉共振又称三叉向上共振，所以，此时的MA、MACD和均量线三个指标均会形成金叉，而三死叉共振又称三叉向下共振，MA、MACD和均量线三个指标均会形成死叉。

（2）在三叉共振形态中，无论哪类共振形态出现，均不允许任何一个指标的短期指标线和长期指标的交叉方向与其他两个指标相反，如MA和MACD均形成金叉时，均量线不能出现死叉。

1.2.2　判断三叉共振的关键

三叉共振形态看起来简单，只要三个指标共同形成了方向一致的交叉后，即可确认为三叉共振形态。但在实战中并不简单，因为判断三叉共振形态虽然是主要的买卖时机，但并不是最重要的，最重要的是通过三叉共振形态确认趋势形成向上反转或向下反转，因为趋势不明显反转，所构成的买卖时机就容易出错，买入或卖出就容易失误。因此，在学习三叉战法时，一定要从趋势反转的角度来判断三叉共振形态。

判断三叉共振为趋势反转的关键如下：

（1）在判断三叉共振期间，三叉是指MA、MACD和均量线三个指标出现的三金叉或三死叉。这一点是判断三叉共振形态的关键。其间，不允许有任何一个指标形成方向相反的交叉。

如图1-4所示新宁物流（300013）A区域形成三金叉共振期间，MA、MACD和均量线三个指标均形成了短期指标线向上与长期指标线的金叉，交叉方向均为向上，属于标准的三金叉共振。

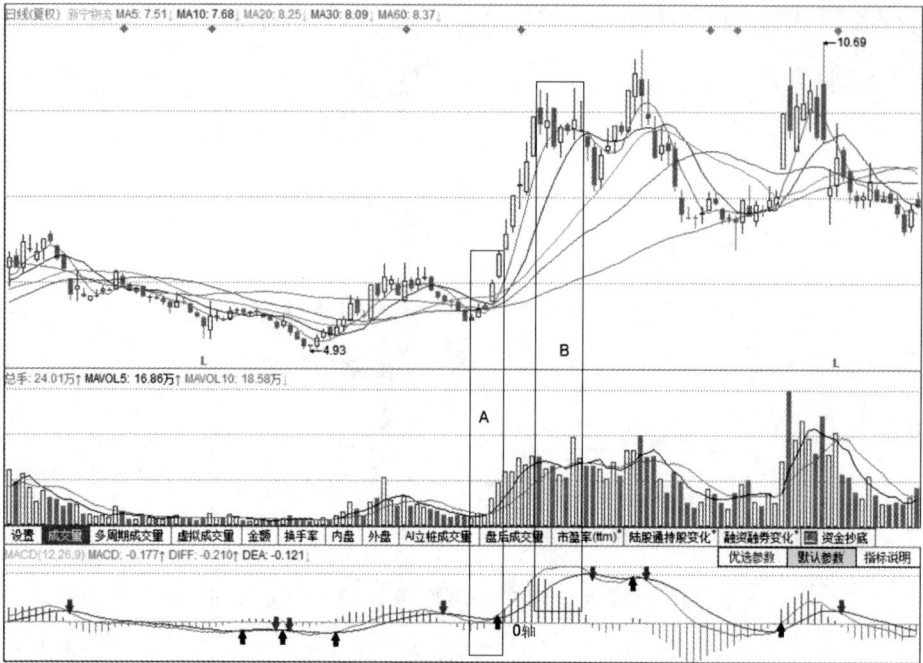

图1-4　新宁物流-日线图

（2）三金叉共振中，通常MA和MACD中有一个长期指标线平行略向上的金叉，其他指标多头趋势初期明显，即便均量线尚未形成金叉，只要量能潮为较温和或突变状态的量价齐升，同样符合类金叉共振的买股条件和时机。

如图1-4所示，A区域出现MA、MACD和均量线的三金叉共振期间，MA多头排列初期和MA双线在0轴上行的多头趋势明显，量价表现为持续明显放量上涨的量价齐升，符合买股条件和买股时机的要求，应果断买入股票。

（3）三死叉共振中，只要MA、MACD、均量线三个指标中，有一个指标在形成死叉或弱势特征时，其他两个指标只要有一个形成弱势状态，哪怕是未形成死叉，只要量能表现为量价齐跌突变，即可确认为卖出时的类死叉共振。

如图1-4所示，持续上涨的B区域，MA、MACD为即将死叉的弱势，只有均量线形成死叉，属于类死叉共振形态，但为高位放量滞涨的主力出货时的量价卖点，符合量价齐跌突变的卖出股票的类死叉共振形态，应及时卖出股票。

实战指南：

（1）判断三叉共振时，主要观察MA、MACD和均量线三个指标出现的方向相同的三金叉或三死叉。这一点是判断三叉共振形态最关键的要点，只要不符合这一要求，即不应确认为三叉共振形态。

（2）由于三叉共振形态是用来确认趋势短期快速反转的征兆，而趋势在快速反转时，各指标又存在反应迟缓的特征，所以，一定要明白三叉共振中的提前量形态，即类金叉共振或类死叉共振形态期间，只要符合量价齐升突变或量价齐跌突变，即可确认为买卖时机。

（3）在根据三叉共振判断趋势反转期间，当三金叉共振时，只要有一个指标的长期指标线表现为平行略上行或上行，此类三金叉共振只要满足量价齐升的要求，即为趋势快速反转向上的买股时机；当三死叉共振时，只要有一个指标的长期指标线表现为平行略下行或是下行，此类三死叉共振一旦满足了量价齐跌突变的要求，即为趋势快速转跌的卖股时机。

1.3 三叉对趋势突变的影响

1.3.1 MA交叉：均线中短期趋势的强弱

MA交叉，即均线交叉，但由于系统默认显示的均线为五条，无论是金叉还是死叉，虽然最早出现的均是短期均线之间的交叉，但在三叉共振形态中，并不一定均是短期均线的交叉出现时，其他两个指标也同时出现交叉。因此，MA交叉在三叉战法中所起到的实际作用，代表中短期趋势的强弱判断。

MA交叉对中短期趋势的作用如下：

（1）短期均线之间的交叉，意味着短期趋势的突然强弱，短期MA金叉意味着短期趋势的突然强势，短期MA死叉意味着短期趋势的突然弱势。

如图1-5所示，亿纬锂能（300014）在C区域出现MA5向上与MA10的短期均线金叉，只能说明当前的短线趋势是强势的，而A区域出现MA5向下与MA10的短期均线死叉，意味着短期趋势开始变为弱势。

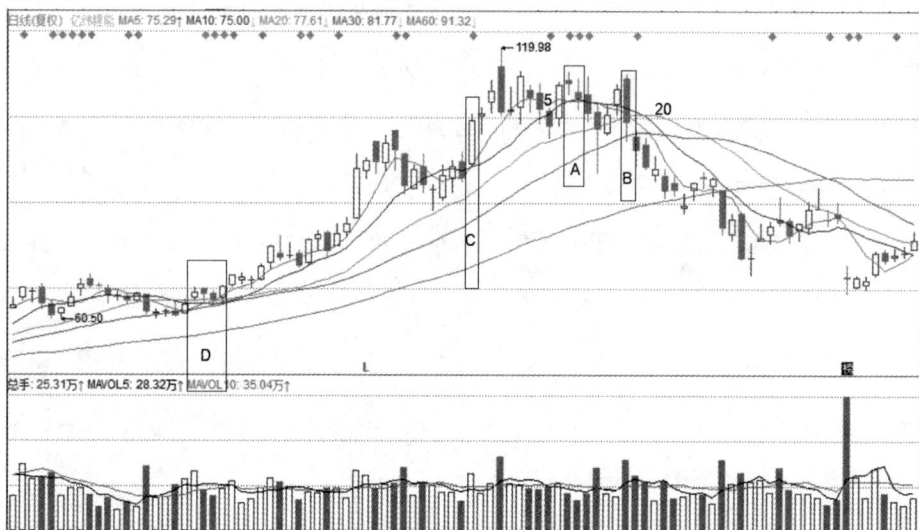

图1-5　亿纬锂能-日线图1

（2）短期均线与中期均线之间的交叉，意味着中期趋势的突然强弱，当短期均线与中期均线之间出现金叉，代表中期趋势的转强；当短期均线与中期均线之间出现MA死叉时，代表中期趋势的转弱。

如图1-5所示，D区域出现MA5向上与MA10金叉，继续上行与MA20形成金叉，为短期均线与中期均线的金叉，意味着中期趋势是强势的；B区域股价高位震荡期间，MA5出现向下与MA20的交叉，为短期均线与中期均线的死叉，意味着中期趋势已变为弱势。

实战指南：

（1）均线由于是一定周期内收盘的平均价，所以均线金叉与死叉，往往代表着趋势的转强或转弱意愿，只是因均线交叉时均线本身的周期不同，所以交叉后所代表的趋势强弱的周期也会有所不同。

（2）在通过MA交叉判断趋势时，如果只从交叉的两条均线出发，金叉时较长周期的均线平行或略上行时，这种金叉后的强势更可靠；死叉时较短周期的均线向下的角度越大时，这种死叉后的短期弱势越强。

（3）在判断三叉共振形态期间，如果出现MA5与多条均线交叉时，往往这种趋势会突然转强或突然转弱，但若是MA5与MA60或MA120也形成交叉，往往中长期趋势转强或转弱的概率更高。

1.3.2 MACD交叉：佐证MA中期趋势的强弱

MACD交叉，即异同移动平均线之间的交叉，但由于系统默认显示的MACD指标就只有两条线，又由于这两条曲线所统计的周期长期差异较大，所以MACD交叉时，无论是金叉还是死叉，均代表着股价中期趋势强弱的变化。而由于MACD经常表现为钝化，所以，用MACD交叉来判断趋势时，在三叉战法中，主要是用来辅助判断MA中期趋势的强弱。

MACD交叉佐证MA中期趋势的具体要求如下：

（1）MA金叉时，MACD的金叉大多发生在0轴以下的低位区或0轴附近时，越是DIFF线上行的角度大或是双线在金叉后向上发散越明显或双线在0轴上方上行明显时，这种MA与MACD双金叉共振的中期强势特征越明显。

如图1-6所示，亿纬锂能（300014）A区域和B区域出现MA金叉期间，MACD出现DIFF线向上与DEA线的金叉，A区域表现为双线向上发散明显，B区域表现为双线在0轴上持续上行，均为符合要求的中期趋势强势的MA与MACD双金叉共振。

（2）MA死叉时，MACD的金叉大多发生在0轴以上的高位区时，越是DIFF线下行的角度大或是双线在死叉后向下发散越明显时，这种MA与MACD双死叉共振的中期弱势特征越明显。

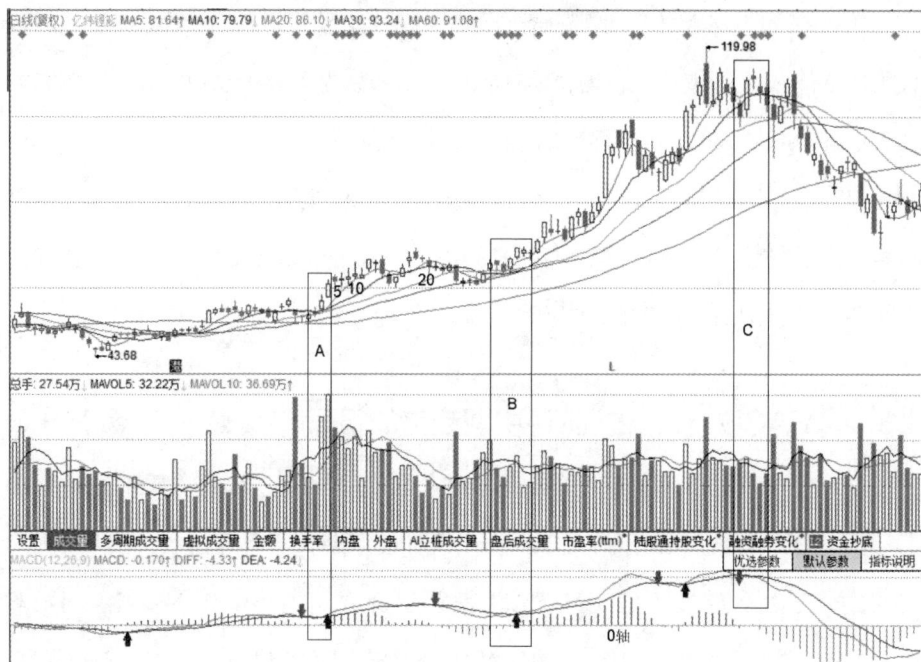

图1-6　亿纬锂能-日线图2

如图1-6中持续上涨的C区域, 当高位震荡期间出现MA死叉时, MACD表现为在高位区DIFF线向下与DEA线的死叉, 双线向下运行发散明显, 为双死叉共振的中期弱势形态。

实战指南:

(1)在判断三叉形态期间, MACD交叉的判断, 就是配合MA交叉的情况, 来辅助确认趋势的中期变化, 因为只有短期趋势与中期趋势变化明显时, 即MA与MACD双叉共振的中期趋势也出现转弱, 则其后中期趋势转变的概率越大, 更适宜波段交易中的趋势操作。

(2)MACD交叉辅助判断MA交叉期间, 因为MACD经常在盘整时表现为钝化, 所以, 双线交叉虽然是判断中期趋势演变的重要依据, 但为了避免双线的震荡, 所以, 双线交叉期间向上或向下分散的越明显时, 越能证明这种交叉是中期趋势快速转变的依据。

（3）在利用MACD交叉辅助判断MA交叉后中期趋势演变时，往往金叉出现在0轴附近，而死叉出现在高位区时，才是中期上涨波段开始与结束的征兆，但必须在此期间未出现MACD背离，否则就应放弃MACD，改用其他指标，或通过MA的排列和量价形态进行判断行情。

1.3.3　均量线交叉：短期趋势突变时的量潮方向

在三叉形态中，均量线交叉，是在MA交叉与MACD交叉同期形成了双叉共振的情况下，通过量能的变化来确认短期趋势是否出现突变。但是由于这种量能的变化存在两种情况，即量能潮缓慢变化增强趋势的变强或变弱，和量能突然变大的快速改变趋势的原有方向，所以，识别均量线交叉时不能只看金叉与死叉，而同时要学会观察趋势快速变化或缓慢变化时的量能潮，因为量能潮的方向，即是短期趋势的演变方向，而量能潮在短期趋势持续变化中，必然会影响到中期趋势的变化。

均量线交叉与量能潮判断趋势突变时的实战要求如下：

（1）均量线交叉对趋势突变的影响。均量线金叉时，必须出现明显的量价齐升，才能改变当前的弱势，成为趋势转强的买股时机；均量线死叉时，必须出现明显的量价齐跌，才能改变当前的强势，成为趋势转弱的卖出时机。

如图1-7所示，银江股份（300020）在A区域出现MA与MACD的双金叉共振期间，均量线表现为MAVOL5与MAVOL10金叉后的持续明显放量上涨的量价突变，为短期趋势变强的买股时机；B区域三死叉共振期间，为持续放量下跌的量价齐跌突变，趋势由此变弱，所以为趋势变弱时的卖股时机。

（2）量能潮趋向对趋势突变的影响。当MA和MACD出现双金叉共振时，一旦阳量柱出现持续变长，只要到达买股时机的量价要求时，不管是否形成均量线金叉，均为缓慢转强时突然加速转强的买股时机；当MA和MACD出现双死叉共振时，一旦阴量柱在当前高量水平下，出现小幅缩减的持续阴量时，不管是否形成了均量线死叉，均为卖股时机。

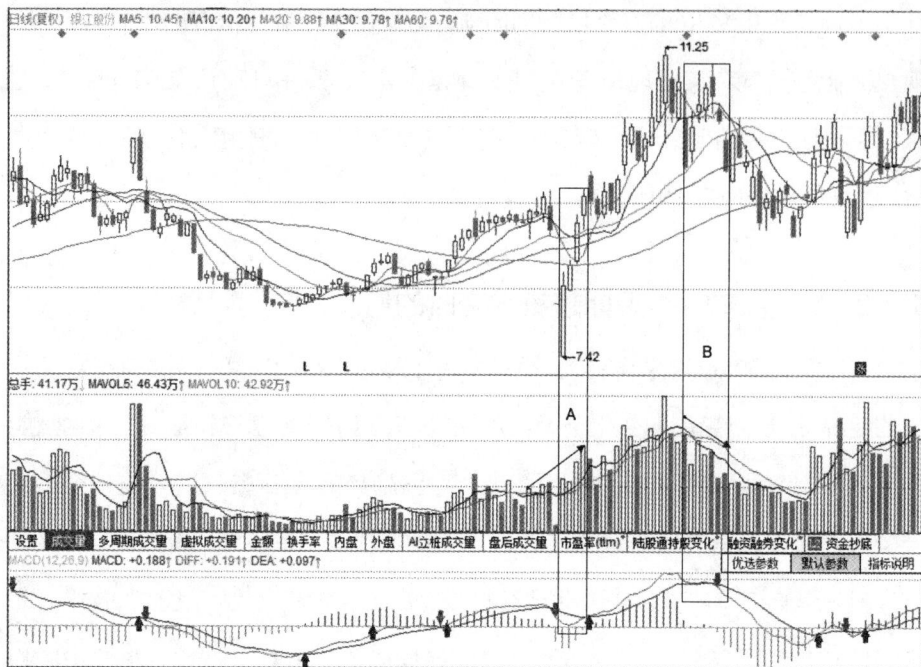

图1-7　银江股份-日线图

　　如图1-7中A区域的三金叉共振期间，从之前的量能演变看，为明显放量的涨潮量能潮；B区域的均量线死叉后持续下行，成交量柱也形成阳量持续缩减后变阴量持续缩减状态，为持续放量下跌的退潮量能潮。

　　实战指南：

　　（1）均量线交叉在三叉战法中，是确认三叉形态成立的最后一个条件，也是最重要的因素，前提是必须形成MA和MACD的双叉共振时，才会构成趋势的反转买卖时机。

　　（2）如果在MA和MACD双叉共振期间，均量线未出现交叉，但呈现出明显的量价齐跌，或是持续缓慢的大量状态的缩量下跌，则同样是趋势变弱的卖股时机；但如果出现明显的量价齐升，或是持续缓慢的阳量增长，只有达到了量价齐升突变的买点要求时，方为趋势转强的买股时机。

1.4   实战意义

1.4.1   多指标印证确保操盘的安全性

在三叉战法中, 由于三叉是通过三个指标对趋势进行的判断和分析, 所以属于一种多指标综合分析行情与趋势变化的方法, 因为若只有一个单一指标来判断趋势时, 若这一单一指标出现了偶尔钝化的迟钝反应或背离, 必然会影响到趋势的演变, 造成操作失误。所以, 三叉战法中的三叉, 明显为三个指标, 通过三个指标的交叉共振来确认趋势, 对趋势其后的演变, 就多了相互的印证, 以确保操盘的安全性。

三叉形态对趋势演变的安全印证:

MA、MACD主要根据趋势短期变化时, 通过短期MA交叉确认短期趋势的快速变化, MACD则主要通过交叉确认中期趋势是否是在短期趋势变化中能够延续, 以确保趋势在中期均存在与短期趋势向同一方向演变。

均量线, 又能通过交叉的方式, 或是量能潮所表现出的量能趋向推导出股价的演变方向, 因为趋势突变或缓慢变化时, 量是最终决定价的关键, 即有量才会有价, 持续或大量的出现, 才会持续或快速地改变价格的运行方向。

因此, 三叉战法中的三叉, 事实上就是多指标印证以确保趋势突变的出现破坏掉原有的趋势, 从而确保操盘的安全、可靠。

如图1-8所示, 金龙机电 (300032) 在A段上涨趋势的调整行情中, 一旦在B区域出现MA、MACD和均量线的三金叉共振向上的形态时, 量价齐升明显, 股价结束了A段的震荡调整走势, 直接转为持续上涨; B区域虽然未出现任何一个死叉, 但短期指标下行明显, 如MA5向下的角度极大, 且为巨量下跌的量价齐跌突变, 因此为类死叉共振的短期对上涨趋势的破坏, 这就是通过三叉形态及量能突变对股价趋势变化的把握和判断。

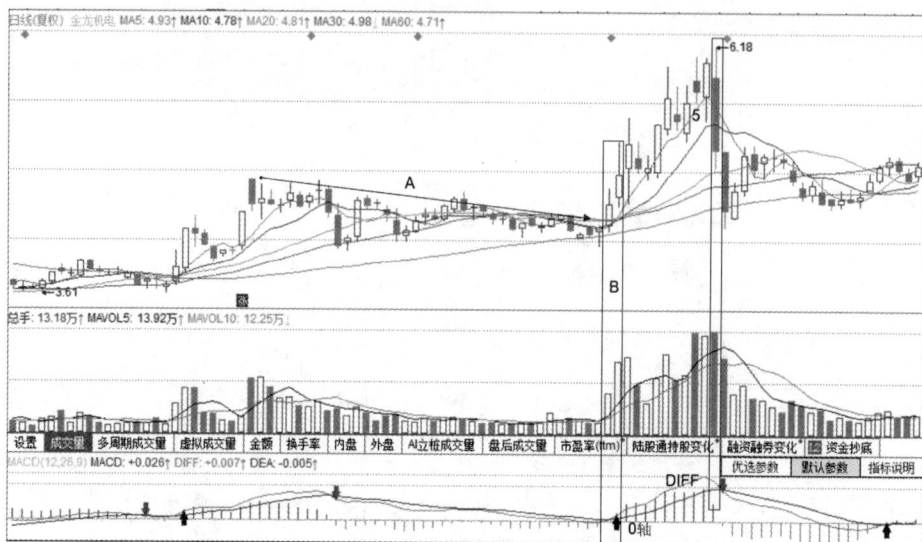

图1-8　金龙机电-日线图

实战指南：

（1）三叉战法对操盘安全的确保，主要通过MA和MACD对趋势进行确认，因此，在三金叉形态期间，除了金叉，还要通过MA多头排列或MACD多头形态进行分析，尤其是MA多头初期的各种排列情况，均要一一掌握。

（2）三叉战法中最为关键的操盘保障就是均量线交叉或量能潮的两种变化，尤其是均量线尚未交叉时的量能潮缓慢变化和以量破价的快速变化，对趋势的影响往往是较大的。

1.4.2　通过量价突变把脉上涨波段的开始与结束

量价突变是对短期趋势突变时最为直观的一种判断方法，因为无论趋势向哪个方向突变，都是会先有量，然后才会有价，即量能向卖出为主的阴量突变时，会造成股价的快速下跌，而量能向买入为主的阳量突变时，又会造成趋势的加速上涨。这样一来，量价突变就成为把握上涨波段开始和结束的最佳时机。

量价突变判断上涨波段开始与结束的要求如下：

（1）上涨波段开始或上涨趋势调整行情结束时，是弱势转强初期，要求MA、MACD双金叉共振出现时，出现均量线金叉，或是量能潮在持续阳量的增长状态，即三金叉共振或类金叉共振形态期间，形成符合买股要求的明显量价齐升突变，才说明上涨波段已经明显形成，为买股的最佳时机。

如图1-9所示，钢研高纳（300034）在C段上涨趋势的调整行情中，进入A区域形成三金叉共振期间，量价表现为明显放量上涨的量价齐升突变，说明股价恢复了上涨趋势，属于弱势转强势的上涨波段再次开始的征兆，为买股的最佳时机。

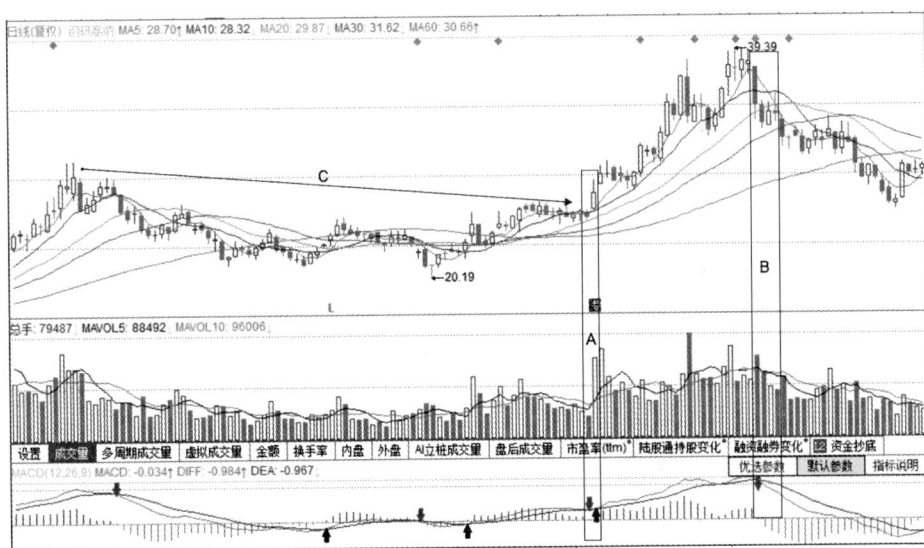

图1-9　钢研高纳-日线图

（2）上涨波段结束时，是强势转弱初期，要求形成三死叉共振或类死叉共振期间，只要确保量能潮为当前大量水平的阴量持续小幅缩减，或是明显量价齐跌，或高位放量滞涨，即说明当前上涨趋势遭到严重破坏，就会形成上涨趋势结束的最佳卖股时机。

如图1-9中股价在持续上涨中进入了B区域，在形成三死叉共振期间，量价表现为持续放量下跌量价齐跌突变，属于强势转弱势初期的上涨波段结束的征兆，为卖股的最佳时机。

实战指南：

（1）三叉战法最明显的特点就是通过MA和MACD两个指标的方向共振来确认趋势，再通过均量线交叉或量能潮的变化来确认这一技术指标的趋向是否得到量能的支持，从而确认在量价配合下的趋势突变，以确认上涨波段的开始与结束。

（2）在实战操作中，投资者一定要以三金叉共振或类金叉共振形态的量价齐升为上涨波段开始初期的征兆，以三死叉共振或类死叉共振形态的量价齐跌确认上涨波段结束的征兆。但是不能排除股价突然由强转强的均线多头与MACD突然启动的大幅上涨行情，或是大幅上涨后的突爆巨量的大幅下跌开始等两种特殊情况的出现。

1.4.3　量、价、时、空四维度提升操作的准确率

在三叉战法中，虽然看起来只有MA、MACD和均量线三个指标，但事实上这三个指标形成的三叉共振形态，却能够从量、价、时、空四个维度，准确地判断出股价趋势的变化，所以符合操作股票时的全方位要求的。

三叉形态在量、价、时、空方面的具体表现如下：

一是量，就是成交量，这一点在均量线交叉中对量能潮的把握，以及量价齐升和量价齐跌的买卖时机把握上均有详细的要求，符合以量破价改变趋势时的要求。

二是价，是指股价，三金叉共振时股价是处于低位，三死叉共振时股价在高位，符合低买高卖的股票操作获利模式。

三是时，就是三金叉共振期间为趋势刚刚转强初期，所以是趋势交易中最佳的买股时机，三死叉共振期间为趋势刚刚转弱初期，符合趋势交易中最佳的卖股时机。

四是空，为一只股票可操作的空间，三金叉共振时买股时机的股价在低位，

为未来股价的成长提供了较大空间，符合股价存在上涨预期和上涨空间的要求。

如图1-10所示，新宙邦（300037）在C段上涨趋势的调整行情期间，整理时间较长，为其后再上涨提供空间，这就是A区域形成三金叉共振形态后的股价再上涨提供了空间；而C段的持续震荡下跌，价格长期在相对低位的震荡整理，价格已趋向合理，而A区域出现三金叉共振时是股价在低位启涨，B区域三死叉共振时价格又在大幅上涨的高位区，这就是价的变化，而三叉共振则是通过低买高卖以获利价差；其次是量，如A区域三金叉共振时，量能在极度缩减后突然出现持续放量，造成价格的突破向上，而B区域持续上涨的高位区，出现三死叉共振期间，阴量的突然放大，造成以量破价的对上涨趋势的向下破坏。这就是三叉形态在量、价、时、空四个方面的具体体现。

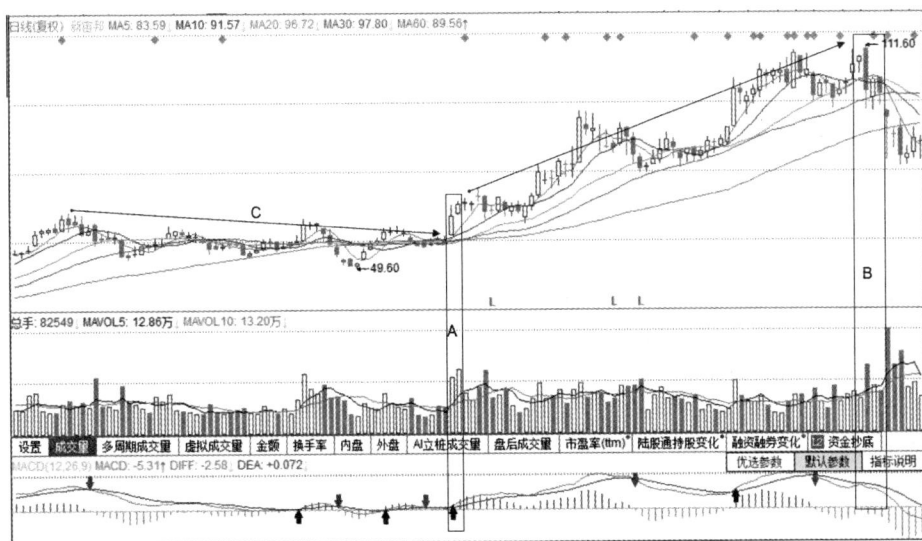

图1-10 新宙邦-日线图

实战指南：

（1）量、价、时、空是所有股票交易中均必须考虑到的方面，因为量是改变价格的原因，买股时的价是决定未来是否存在上涨空间所必需的，也就是买入的价低了，才会为未来提供价上涨的时和空，但必须要确保这一买价为启动时的低价时方可。

（2）三叉战法在量、价、时、空四个维度的表现，主要是在三金叉共振时趋势转强初期的低位启涨时，这就为其后的时间内通过股价持续的强势，提供了上涨空间，又确保了此时的股价为低价，而买卖点时的量价齐升和量价齐跌，包括量能潮的形态，均为以量破价的量能水平。所以，三叉战法能够从量、价、时、空四个维度提升操作的准确率。

第2章

实战攻略：三叉战法盈利的操盘基础

在学习三叉战法前，一定要先了解三叉战法的实战攻略，如波段操盘策略、波段交易原则、操盘纪律、仓位管理和操盘步骤等，因为这些内容是确保投资者在根据三叉战法的技术实战获利的保障与基础。

因此，即便是具有一定炒股经验的投资者，也要认真学习，并在实战期间牢牢记住这些内容，并按照具体的要求去执行和落实到每一个操盘步骤中，以实现最终的获利。

2.1 波段操盘策略

2.1.1 趋势突变的右侧操盘策略

在通过三叉战法实现前，一定要首先明白这一战法是通过趋势突变时采取的一种右侧操盘策略，在这一策略下，是指在当前趋势运行中，不出现趋势突变时，就不去交易，所以，趋势突变事实上就是趋势交易的原则，而右侧操盘则是右侧交易策略。不明白这一点，在运用三叉战法时就容易出现失误。因为所有三叉战法中涉及买卖股票的判断，都是在这一操盘策略下进行的。

具体策略要求如下：

（1）趋势突变策略。就是当前趋势发生明显变化时，这时方可以进行交易，如判断趋势突变的三叉共振形态，三金叉共振或类金叉共振+量价齐升突变为趋势突变向上的买股时机，三死叉共振或类死叉共振+量价齐跌突变是趋势突变向下的卖股时机。

如图2-1所示，福瑞股份（300049）在长期弱势震荡中，进入A区域，出现三金叉共振+量价齐升突变，造成对弱势的突然变强，所以构成买股时机；持续上涨中进入B区域，形成类死叉共振+量价齐跌突变，造成强势的突然变弱，所以构成卖股时机。

（2）右侧操盘策略。右侧就是在趋势突变时，股价出现改变原有运行方向之际，也就是从股价的趋势变化看，与左侧的趋势是相反时，才会构成交易时机，如三金叉共振时右侧股价上行的量能放大，就是右侧操盘策略下的买股时机，三死叉共振时右侧的股价出现下跌的量能放大，就是右侧操盘策略下的卖股时机。

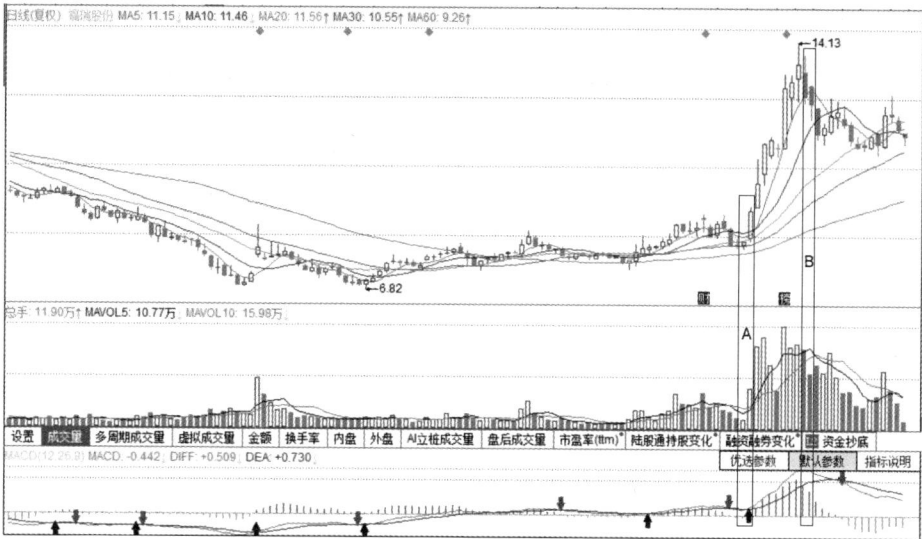

图2-1　福瑞股份-日线图

如图2-1中A区域在三金叉共振+量价齐升突变的趋势突然由弱变强时的买入股票，是在A区域内最右侧的K线，即股价明显转为上行初期的右侧时，量能放大；同时在B区域类死叉共振+量价齐跌突变的趋势突变卖出股票时，一样是在B区域内最右侧K线趋势转下行的右侧，量能持续放大。

以上两点交易行为，就是在趋势突变的右侧交易操盘策略下进行的买卖交易。

实战指南：

（1）趋势突变就是根据趋势操盘的策略，即只有弱势中出现改变弱势时形成的三金叉共振或类金叉共振，才是买入交易时机，强势中出现改变强势的三死叉共振或类死叉共振，才是卖股时机。

（2）右侧操盘，主要是指投资者在交易时，只有股价在右侧出现与左侧趋势完全相反的趋势时，才会成为交易机会，无论买卖股票时均要遵守这一操盘策略，因为只有趋势转强时买入才会安全获利，趋势转弱时卖出方证明持股已无法获利。

2.1.2　波段操盘策略

波段操盘策略，事实上属于所有交易技术的核心内容，因为无论中长短线操作，投资者都是在利用波段运行带来的股价差从中获利，只不过中长短线的操作不同，对波段长短的判断不同而已。因此，在三叉战法实战前，一定要明白其具体的波段操盘策略。

波段操盘的具体策略要求如下：

由于三叉战法主要是根据三叉共振形态操作，所以其波段操盘策略主要是指中短线的波段操作，也就是通过日线图上股价从上涨波段明确开始到上涨波段结束，或上涨波段出现调整结束后恢复上涨的这一波段为主来操作，即通过三金叉共振或类金叉共振形态寻找上涨波段明确开始或恢复上涨的征兆买入，持有到上涨波段中出现趋势破坏时的三死叉共振或类死叉共振形态时的征兆卖出股票，所以，三叉战法的波段操盘策略，是以日线图明确的上涨波段的中小线波段操盘。

如图2-2所示，鼎龙股份（300054）在A区域出现弱势震荡中的三金叉共振的量价齐升突变，为波段操作的买入时机，其后B区域上涨趋势调整行情的弱势震荡后的C区域再次出现三金叉共振的量价齐升突变时，为恢复上涨趋势的波段买点，A区域和B区域均为上涨波段开始的买股时机。到了D区域，形成三死叉共振的量价齐跌突变，说明上涨波段已经结束，为卖股的最佳时机。所以，无论是A区域还是B区域的买入，以及D区域的卖出，都是在波段操作策略指导下的交易行为。

实战指南：

（1）三叉战法的应用，主要是日线图上涨波段的操作，所以属于中短线波段操作，但这并不意味着使用其他周期，如周线图或30分钟图等其他周期图，就无法运用这一战法操作了，技术熟练的投资者，同样可以根据三叉战法的要求，按照其他周期图上的情况来进行波段操作，只是操作周期就会发生一定的变化。

（2）由于三叉战法主要是对日线图股价上涨波段的操作，因此从日线图上涨波段出现的常态看，属于日线图的上涨趋势，一般持续的时间在1个月左右的交易时间，若是从上涨趋势调整结束后操作，则属于主升浪的操作，时间相对更短。

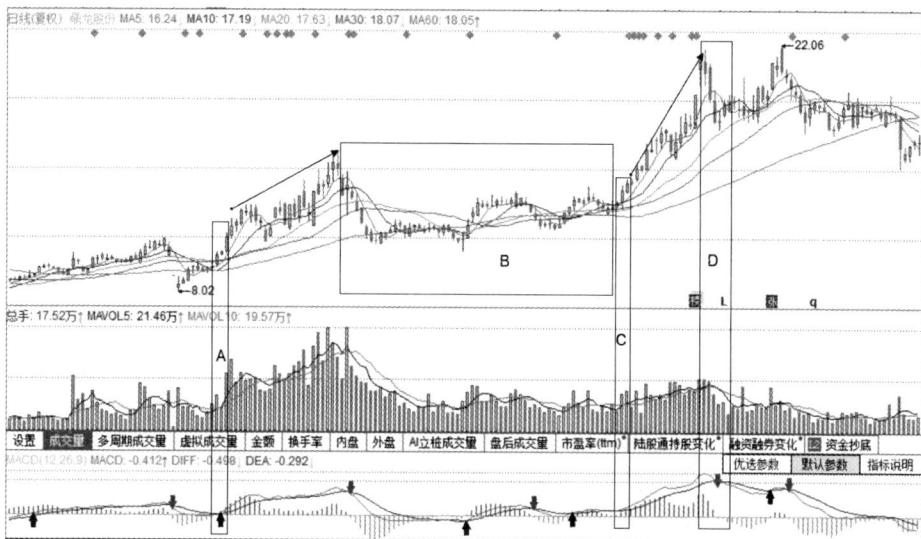

图2-2　鼎龙股份-日线图

2.2　波段交易原则

2.2.1　趋势突变交易原则

由于三叉战法操作的是股价的上涨波段，所以，在交易前一定要确认好趋势是否出现突变，也就是股价趋势在原有趋势运行中突然出现改变，只要改变，就会构成可交易的时机，不改变时，则不会构成交易时机，这就是趋势突变交易原则。

这一原则，在实战期间一定要坚持遵守，而不要只盯着三金叉共振形态是否形成，因为三金叉共振形态也是遵从趋势突变在常态下的表现征兆。这就意味着即使形成三金叉共振形态，但趋势未突变或改变不明显时，则不可以进行交易。

具体要求如下：

趋势突变交易原则，主要是指趋势突然改变原来的运行状态时再进行交易，意味着趋势如果未突然改变原有趋势的运行时，则不交易。为了确保趋势突变原则的交易，应严格按照三叉战法中的各项要求，在选股的基础上进行判断，只要达到买股时的三金叉共振或类金叉共振的买股时机时再买入交易，持股中一旦形成三死叉共振或类死叉共振的卖股时机时，则要坚决卖出交易。

如图2-3所示，东方财富（300059）在上涨调整行情的C区域，形成长期弱势震荡整理的选股形态，这只股票为业绩长期优良的一线蓝筹股，互联网券商龙头，符合选股要求。在观察中发现，进入A区域后，形成三金叉共振的量价齐升突变，为趋势突然变强的征兆，此时可及时买入股票。持续上涨中进入B区域，形成类死叉共振的量价齐跌突变，为趋势突然变弱的征兆，应及时卖出股票。这一买一卖的交易，就是在趋势突变交易原则下进行的交易行为。

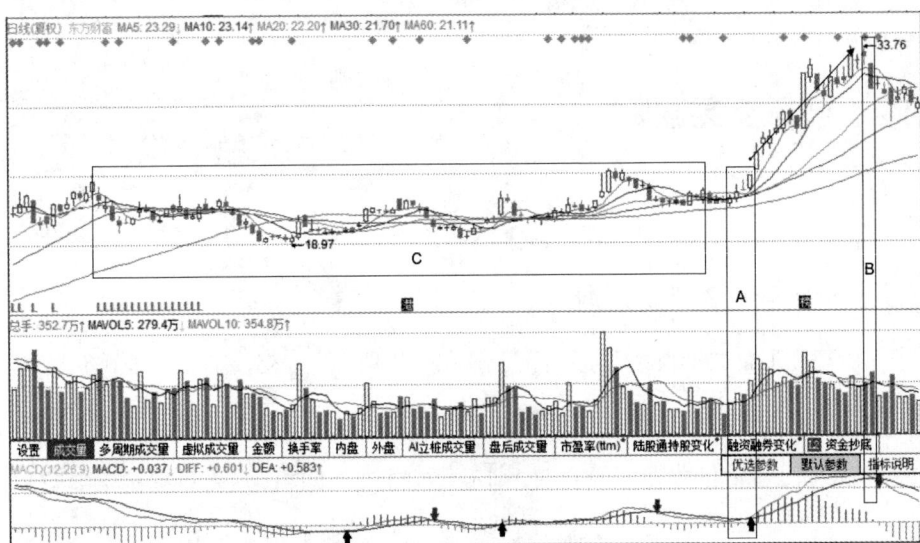

图2-3　东方财富-日线图

实战指南：

（1）趋势突变交易原则主要包括两个方面的内容：一是股价由弱势突变为强势时的买股交易；二是股价在强势上涨期间趋势突变为弱势时的卖股交易。只要达到三叉战法中对应的买卖股票要求，即可确认为趋势出现突变，应果断进行交易。

（2）趋势突变交易的另一个内容，就是趋势未突变时，则不交易。无论买卖股票或是持股时，均应遵守这一原则。

（3）在三叉战法中，三金叉共振是趋势突然变强的征兆，三死叉共振是趋势突然变弱的征兆，但若是在实战中未出现三金叉共振时趋势突然变强明显，如量价齐升的MA和MACD多头趋势；或是未形成三死叉共振时趋势突然变弱，如量价齐跌的MA5大角度下行或MACD高位死叉后双线明显向下发散，同样要进行对应的买卖交易。

2.2.2　强中择强交易原则

强中择强交易原则，就是投资者在买股时，如果是有多只目标股在同一时间内均形成三金叉共振的买股形态时，一定要选择其中短期强势更明显的那只股票进行操作，因为短期强势明显，说明这只股票受市场关注度高，其后短期持续快速上涨的动力强，不仅更利于确认强势，同时同样的持股时间内，获利会更丰厚。因此，强中择强是一条买入交易原则。

强中择强的操盘方法与原则如下：

做到强中择强的唯一策略，就是在目标股满足三叉战法的买股要求时，当日股价涨幅越明显，如出现快速涨停时，为最强势。这是从股价的强势特征出发的强中择强交易策略和方法。

在技术手段上，若只是形成MA和MACD双金叉共振时未出现均量线金叉，或是MACD表现为双线相距较长期近弱势震荡下的DIFF线快速向上翘起，即便MA金叉不明显，只是形成多头排列初期，只要量价齐升明显，同样可以忽略均量线金叉是否形成，越是快速涨停的股票，短期强势特征越明显，均为强势类别。

如图2-4所示，旗天科技（300061）在A区域呈双线相距较近状态的水平小幅震荡的情况下，进入B区域，出现MA与均量线的双金叉共振时，MA多头排列初期特征明显，DIFF线呈突然向上翘起后双线明显向上发散的突然启动形态，且持续放量上涨的量价齐升突变明显，为快速强势启动的股票。这类股票，即属于强势中的强势股，应果断重仓买入。这种操作方法就是在强中择强交易原则下的操作行为。

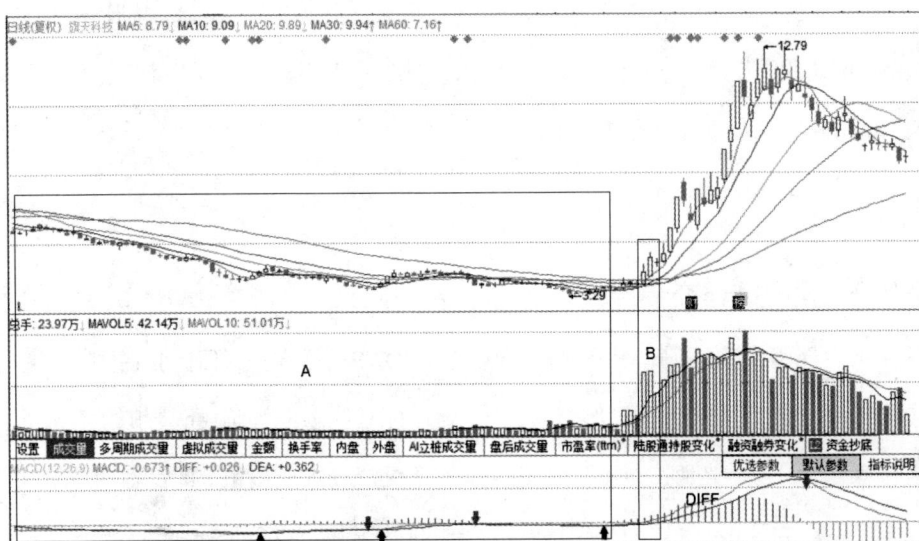

图2-4 旗天科技-日线图

实战指南：

（1）强中择强交易原则是短线操盘中最为推崇的一条原则，三叉战法虽然属于中线操作，但结合短线股价的强势特征，更能短中线结合，寻找到短期快速上涨的牛股，甚至是黑马股。

（2）在选股的基础上，强中择强不仅需要对同样达到要求的股票强势进行对比，同样也要明白什么情况下的股票才是短期的强势特征，这样即便目标股只有一只，只要确认为短期强势，就符合强中择强标准，应果断买入。

（3）在实战中，无论是否形成三金叉共振，或是只形成类金叉共振，但MA多头排列初期明显，MACD为双线相距较近的水平震荡中，出现DIFF线的突然向上翘起，量价齐升明显，只要股价短期涨停波出现，即为强势特征，应果断在涨停前买入。

2.2.3　现价交易原则

现价交易，是三叉战法中重要的交易原则。在现实中，由于许多投资者在交易股票时，无论买卖，均喜欢挂委买单时以略高的价格提交，卖时以略高的价格委托挂单。这种做法体现出投资者想低买高卖的心理，本来无可厚非，但却是一种不好的交易习惯。

因为一旦买时价格不跌破委托价，则会造成错失行情的情况，若是卖时价格回升到委托价，可能未形成卖点，而三叉战法属于日线图波段操作，所以投资者不应过于计较短线的几分钱得失，应遵守现价交易原则，养成以现价交易的操作习惯。

现价交易的方法如下：

当买入股票时，一旦通过日线图确认了买股时机，即应以当前市场价格，即委卖1的价格提交委买单；当卖出股票时，则应在确认卖出时机后，以当前的市场价格，即委买1的价格提交委卖单。

如图2-5所示，当升科技（300073）在A区域根据三金叉共振形态的量价齐升突变买入股票时，应根据右侧盘口信息中，卖盘中最下方的1档显示的当时价格进行委托买入，同样在B区域根据三死叉共振形态的量价齐跌突变卖出股票时，则应根据右侧盘口信息中买盘中最上方的1档显示的当时价格进行委托卖出。这种操作，就是现价交易的方法，因为这样进行委买与委卖的交易时，能够在第一时间内达成交易。

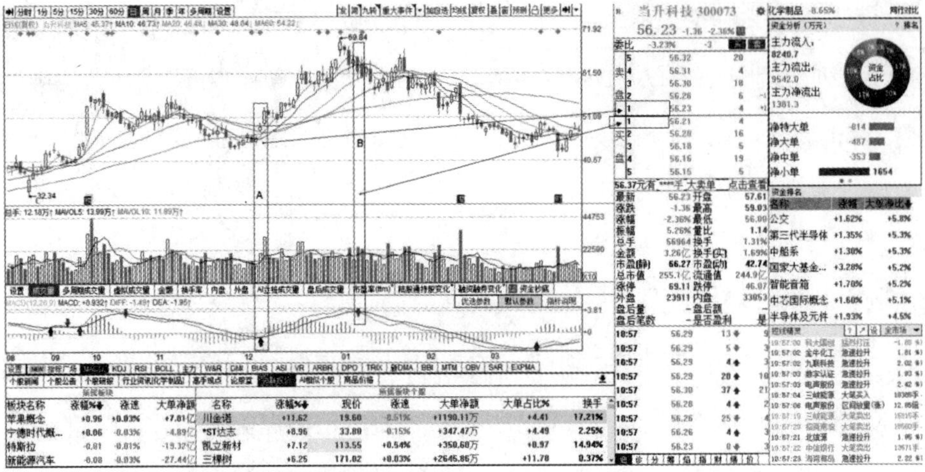

图2-5　当升科技-日线图

实战指南：

（1）在现价交易原则中，因为委买1与委卖1是当前市场上股价波动过程中的第一卖出与买入股票时的撮合价，所以为当前的真实卖价和买价，因此，应买时以委卖1的价格委买，卖时以委买1的价格委卖，方可达到即时成交的目的。

（2）投资者在坚持现价交易原则下操作时，无论买时或卖时，如果当时股价向上或向下跳动的较厉害，即买时委卖1的价格在不断上涨，卖时委买1的价格在不断下跌，则应及时撤掉刚刚的挂单，以现价重新下委托单，有利于以最快的速度达成交易。

2.2.4　慢一步交易原则

慢一步交易原则，就是在进行股票交易时，如果发现股价趋势突变特征不明显或过于明显时，不要急于交易，而要等趋势明显出现改变原来的运行趋势时，再去进行对应的买卖交易。因此，这一交易原则是在趋势操盘策略下的一种交易原则，实战期间一定要严格遵守。

慢一步交易原则的具体内容：

慢一步交易原则主要表现在买股时期，是当三金叉共振形态形成时，股价趋势突然变强时，一旦量价齐升不明显时，或是其间MA或MACD多头趋势初期的特征不明显时，应慢一步买入，待趋势明显为上涨初期的量价齐升时再买入；或是量能过大，如巨量大阳线上涨出现时，要慢一步再买入，因量能过大容易导致其后的回落，只要持续大量上涨时，方能证明强势。

如图2-6所示，金利华电（300069）在A区域，虽然形成三金叉共振的缓慢上行的涨潮量能潮的量价齐升突变，但明显量价齐升中的最右侧量柱仍为小阳量，且MA多头排列尚未形成，应慢一步买入，直到其后B区域形成MA多头排列初期、DIFF突然明显向上翘起的强势启动，量价齐升突变明显时，再买入股票。

图2-6　金利华电-日线图

实战指南：

（1）慢一步交易原则主要体现在买股时期，主要是因为三金叉共振形态出现时，形成不够稳健所致，造成这种情况的原因是前期股价的弱势整理时间或不充分，才会出现转强初期的上涨不够坚决，或是短期量能过强的主力震荡洗盘，所以应看清趋势突变，才能确保其后的强势能够持续。

（2）在慢一步交易原则下，一旦在强势特征持续后，股价再次回归弱势震荡，则应继续观察，寻找新的买入时机。只有强势特征不明显状态下突然强势明显时，才是最佳的买入时机。

（3）在卖股时期，三死叉共振形成期间，或是只形成类死叉共振形态，甚至是主力隐藏出货的高位放量震荡滞涨时，虽然也是趋势不明朗状态，但却是主力出货的卖股时机。

2.2.5　快一步交易原则

快一步交易原则，主要是指在买卖股票的交易时，一旦发现股价短期趋势突变较迅猛时，就要及时进行交易，因为A股市场的股票只能做多交易，且具有涨跌停制度，所以，无论弱势突然变强势，还是强势突然变弱势时，过强或过弱时股价会出现涨停和跌停，而涨停或跌停状态下是难以成交的，不及时交易就会在买入时因涨停错过最佳买入时机，不能买入，卖出时因跌停错过高位卖出时机，无法卖出，造成收益降低。因此，在实战期间一定要遵守快一步交易原则。

快一步交易原则的具体内容如下：

（1）买股时的快一步交易原则。主要表现在强势的三金叉共振或类金叉共振形态或形成MA多头排列初期的MACD双线长期弱势震荡中DIFF线突然向上翘起等弱势突然变强，或是上涨趋势短期调整结束后恢复上涨时，一旦股价短期表现为量价齐升的快速上涨的超强状态时，一定要在股价封涨停板前果断买入交易。

如图2-7所示，润和软件（300339）在上涨趋势的调整行情中，在A区域形成三金叉共振的量价齐升突变，MA多头初期明显，且为放量涨停的强势，B区域形成类金叉共振的量价齐升突变时，MA与MACD多头趋势明显，在此期间的买入股票均应坚持快一步交易原则。如果在A区域买入时，发现叠加的分时图上表现为大幅高开的快速上行中C区域回调止跌回升恢复快速放量上涨时，果断买入，或其后封涨停板前大胆买入。这种买入行为，就是在买股时的快一步交易原则下的买入操作。

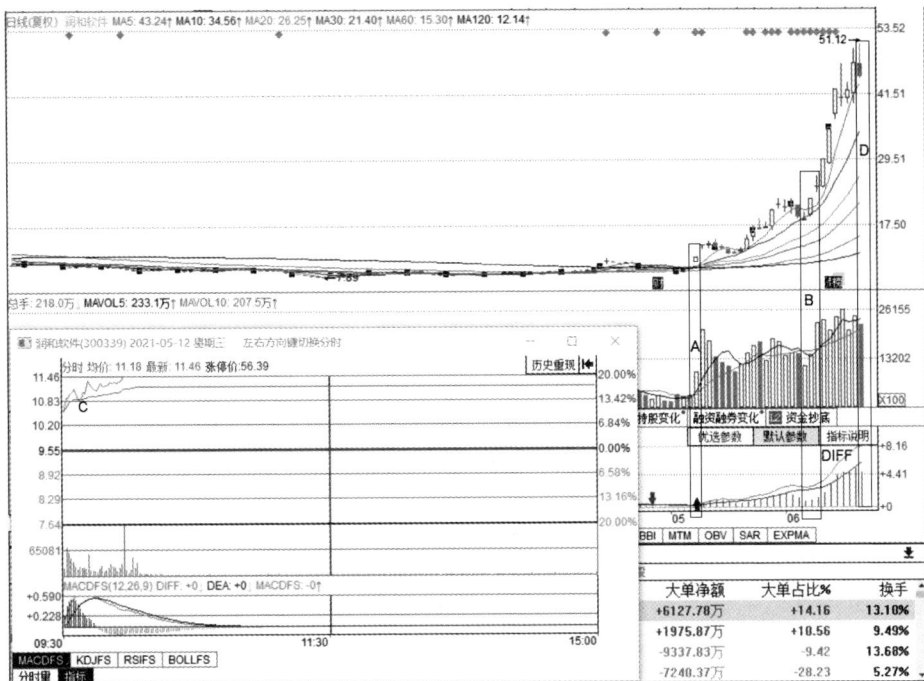

图2-7 润和软件-日线图叠加2021年5月12日分时图

（2）卖股时的快一步交易原则。主要表现在三死叉共振或类死叉共振期间，或是高位区主力出货迹象明显时，只要短时量价齐跌表现明显时，如巨量下跌的量价齐跌，即便即将跌停，均应果断卖出交易。

如图2-7所示，润和软件在进入D区域后，此时即便是B区域买入者，也已实现短期涨幅翻倍，而A区域买入者更是达到近5倍的涨幅，短期涨幅巨大。因此，虽然D区域为一根创新高的阴线，阴量为大阴量放量的下跌状态时，即应观察当日的分时图，及时卖出获利了结。

如图2-8所示，润和软件2021年6月25日的分时图中，可以看出，前日A区域股价大多数时间都保持着强势震荡，但到了午后尾盘的B区域后，股价线有效跌破昨日收盘线，呈现放量跳水的快速转弱，在涨幅巨大的情况下，盘口显示主力净流出达到93 486.5万元，尽管这是只大盘股，但短时主力资金流出高达近10亿元，说明主力开始快速出货，所以，应果断在当日收盘前卖出股票。这种卖出行为，就是在卖股时的快一步交易原则下的卖出操作。

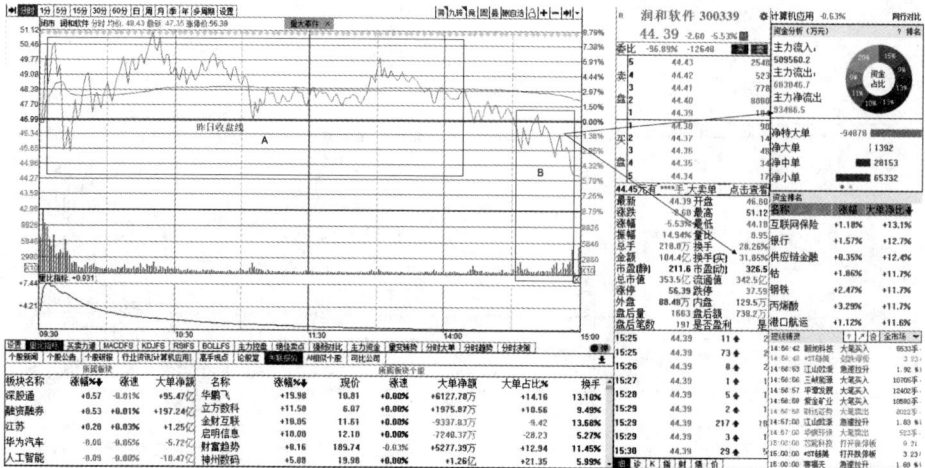

图2-8 润和股份-2021年6月25日分时图

实战指南：

（1）快一步交易原则，主要是应对股价在弱势转强初期，股价表现为极强时的抢板操作，或强势转弱初期，股价表现为放量下跌时的提前卖出操作，主要是因为在A股涨跌停板制度下，及时买入与及时逃命的应对极端行情时的交易原则。

（2）在遵守快速一步交易原则的实战期间，一定要留意卖出股票时的高位放量滞涨形态，虽然这一点看似符合慢一步交易原则的趋势不明朗，但是主力出货时常用的一种手法，所以也应遵守快一步交易的原则。

（3）要遵守好快一步交易原则，投资者在交易时就要养成一种现价交易的习惯，即买入时以委卖1的价格委托下单，卖出时以委买1的价格委托下单，这样即可达到即时成交，并要及时根据行情的过快向上或向下跳动，随时撤单现价委托。

2.3 操盘纪律

2.3.1 不在最低点抄底

在最低点抄底是许多投资者都喜欢的一种操作，如抢反弹操作，最容易养成低点抄底的习惯，因为抄在最低点后，一旦股价快速回升，往往能获得更高的收益。所以造成许多投资者即便在中线波段操作中，也极易在最低点抄底。但殊不知抄底行为的危害却极大，很容易形成亏损和不良的操盘习惯。因此，一定要在实战前牢记不在最低点抄底的纪律。

抄底的危害如下：

虽然在三叉战法中存在选股环节，所选股票均为处于弱势震荡整理的类型，尤其是在股价震荡期间形成低点时，虽然原则上是会震荡走高的，但若是加大弱势震荡或出现震荡走弱时，就会形成亏损，且不排除会长期亏损的可能，因为选股的标准是最容易出现上涨的前期整理形态，但并不意味着其后一定会走强。因此，抄底的危害，无疑增加了持股的风险，极易形成亏损。

如图 2-9 所示，碧水源（300070）在弱势震荡中，若在 A 区域发现股价震荡探底并持续回升时，发现自前期 6.79 元的低点后，即出现低点持续震荡的抬高时，即决定在 A 区域抄底买入，则其后震荡中再次呈现震荡走弱的情况，必然造成亏损。因为从 A 区域的趋势来看，当前的 MA60 依然为下行状态，且 MA 缠绕明显，所以实战时一定不要抄底。因为底不走出来，不一定就会是真的底，而三叉战法中的买股时机，则是根据趋势告别弱势转强初期时再买入，所以，在实战时一定要遵守不抄底的纪律，严格按照三叉战法的要求进行操作。

克服抄底的方法如下：

（1）不要总是固执地认为抄底后一旦上涨，获利将十分巨大，一定要从股票趋势运行的规律去看清股价运行的规律，这样就会明白不是股价持续弱势后，就一定会即刻选择上涨，股价的涨跌时机是无法预测的，所以不要总是喜欢去预测，从内心完全摒弃抄底的习惯。

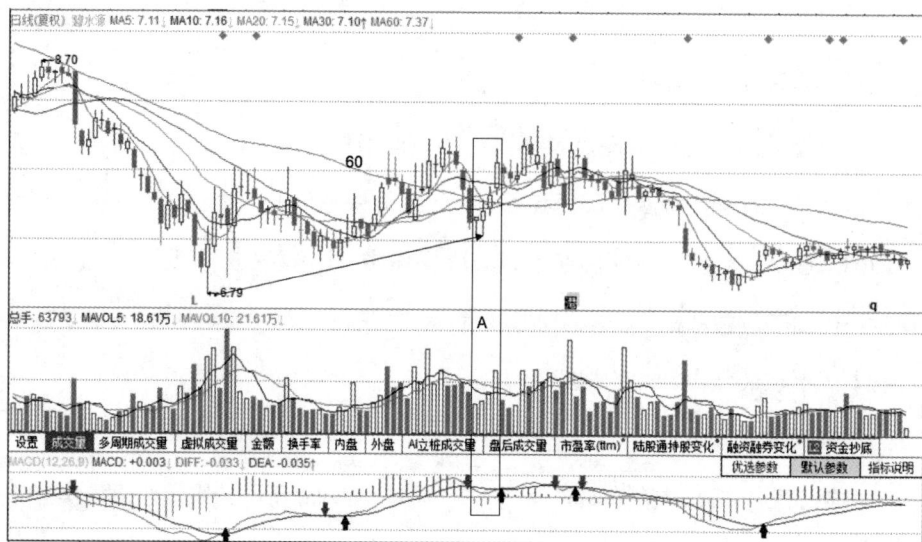

图2-9　碧水源-日线图

（2）通过反复小仓位实践，多从失败中找原因，同时也能够看清股价运行的规律，从而也让自己多一些股票投资的风险意识，这样就不会喜欢去抄底了。

（3）认真学习三叉战法的选股和买股环节，真正明白选股的结果，不一定就能够操作，只有那些符合买股要求的股票，才能操作获利。持续获利操作后，就会真正从行为上自我杜绝抄底操作。

2.3.2　不贪婪

进入股市的投资者，大多数人的内心均存在着不同程度的贪婪心理，虽然许多人都在努力克服贪婪，但事实上大多数人都难以完全克服掉贪婪，从而影响到自己的交易行为。而贪婪又是最易引发错误交易的原因，所以，投资者在实战期间，一定要时刻遵守不贪婪的纪律。

贪婪的危害：

因为股市中的主力均是在利用散户的贪婪，反其道而行之，所以，散户在股市中经常被割韭菜。无论股价运行到哪个阶段，主力操盘所依据的就是大多数人内心贪婪的欲望，比如大幅上涨后仍然期待继续上涨的贪婪，持续下跌后一反弹即令抢反弹者心存侥幸的贪婪，往往成为主力操盘时借机收割散户的行为主导。而当股价持续大幅上涨后，一旦出现回调，很多投资者也会心存贪婪，以为只是短线调整，但实际上却是主力在出货，趋势由此会持续下跌，贪婪的结果也只能是降低收益，甚至是若不及时卖出，则极有可能股价会被打回原点，投资者最终根本无法获利。因此，投资者只要心存贪婪，后果往往只有一个，就是持续亏损。

如图2-10所示，当升科技（300073）若是在A段走势初期买入了这只股票，在持股期间，一旦运行到B区域时，明显形成三死叉共振形态，且A段走势的时间2020年4月初至2021年1月初，也就是其间这只股票持续上涨了8个月，累积涨幅超过了300%，如此巨大的涨幅后，若是投资者依然心存贪婪，不卖出股票，势必会在其后趋势持续下跌中，大幅减少收益。所以，在根据三叉战法实战期间，一定要遵守不贪婪的纪律，严格按照三叉战法的卖出要求，及时卖出股票。

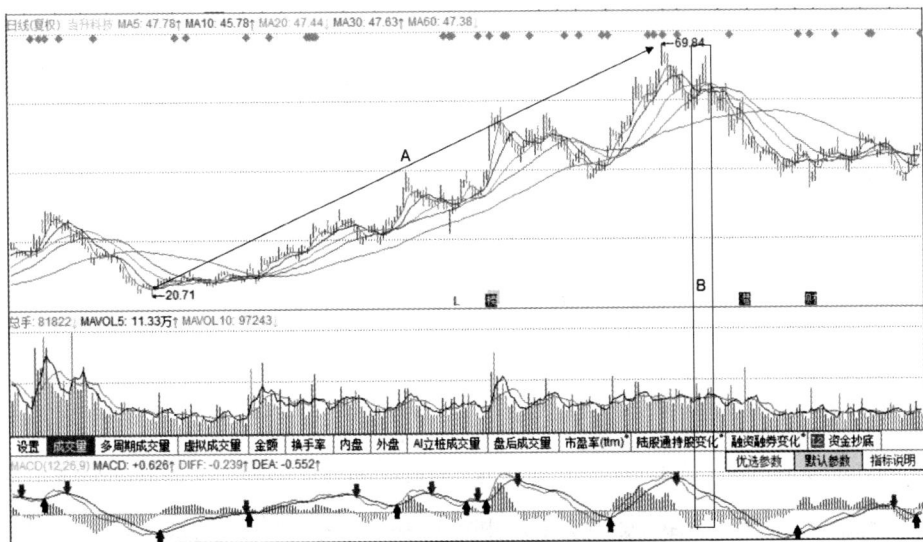

图2-10　当升科技-日线图

克服贪婪的方法如下：

（1）当股价大幅上涨后，即便是其间形成较长时间的震荡整理，也应谨慎将其列入目标股，因为再好的投资标的，也没有只涨不跌的道理。明白了这个道理，就会少一分贪婪，多一分风险意识。

（2）当三金叉共振形态出现时，一定要留意量能不足的上涨，或是量能过大的大阳线上涨，此时一定要明白这两种情况均为不健康的买股形态，千万不能滋生贪婪心理，多观察后自然就明白了此时贪婪的被套和亏损后果，日后操盘就不会心存贪婪了。

（3）不要养成短线追涨杀跌的习惯，所以，操盘期间不可过分关注强势股，是将贪婪从根源上剔除在外的最好方法。

2.3.3 不要频繁操作

频繁操作是操盘的大忌，尤其是习惯于短线操盘的投资者，在根据三叉战法操盘期间，一定不要频繁操作，因为三叉战法属于中短线波段操作，如果频繁操作，不仅无法完整获得日线上涨波段的利润，并且存在很多隐患。

频繁操作的危害如下：

频繁操作的结果会让投资者更为短视，获得一点点小利即浅尝辄止，不仅使得辛辛苦苦选股后，持续观察中股价刚走强买入后一涨就卖了，浪费了自己的时间和精力，还会在日后的操盘中更关注股价的短期波动，且一旦操作失败，就容易亏损出局，从而养成追涨杀跌的习惯，然后习惯于在赌博心理下去操作看似短线强势股，无法真正看清股价的趋势，最终只能导致屡战屡败，还会因此荒废所学的炒股技术。

如图2-11所示的数字政通（300075），如果投资者在A区域发现这只股票出现明显的快速上涨时即以短线思维买入，则在其后股价出现一根抱线的阴线，而当日盘口显示，换手率较高，主力净流出为3 755.2万元，即形成亏损。

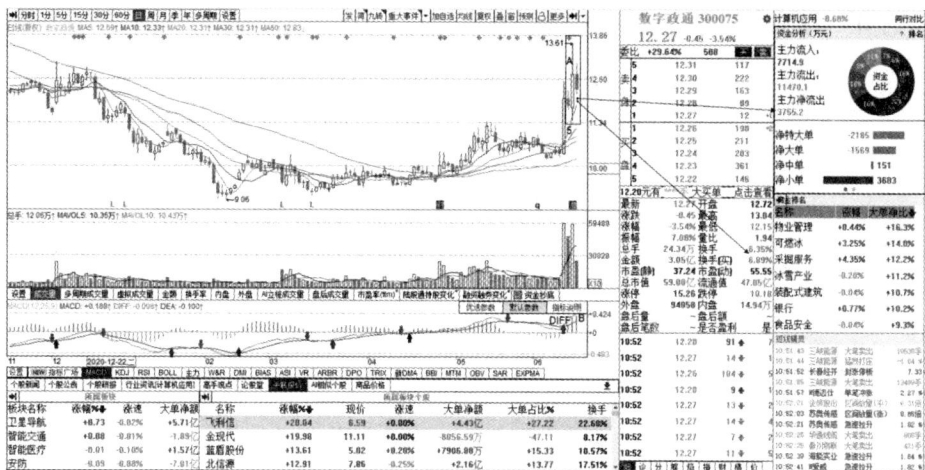

图2-11　数字政通-日线图

若是果断卖出后再去操作其他的短线强势股，则很容易再次重蹈图2-11的覆辙，形成持续亏损。因此，在根据三叉战法实战期间，一定要严格遵守不要频繁操作的纪律，只根据三叉战法中的买卖股票要求进行交易。

克服频繁操作的方法如下：

（1）频繁操作是冲动的结果，一看到股价跌就害怕再跌，一看到股价涨就忍不住冲进去，要想克服这一心理，就必须多研究三叉战法，当明白了何时买、何时卖时，买卖股票就有了坚实的依据，就不会去喜欢频繁操作了。

（2）明白了炒股是为了赚钱，而不是反复买卖，所以，只要根据三叉战法操盘获利后，就不会喜欢频繁操作了，因为三叉战法为中短线波段操作，获利较大，而频繁操作只能获得小利。

（3）操盘前树立风险意识，一切交易，应遵守在安全最大的情况下再去交易，所以，在学习三叉战法时，一定要认真学会买入失败后如何操作，还有及时做好止盈，否则就会越来越怀疑技术，进而去追涨杀跌地频繁操作。

2.3.4 不以消息为交易依据

消息分利好消息和利空消息，因为消息的出现，直接影响上市公司的未来预期，所以消息的出现，经常会表现为对上市公司股价的波动产生一定的影响，但事实上，投资者若根据消息来买卖股票，绝大多数情况下基本难以获利，并且还经常会被割韭菜，甚至形成巨亏。因此，在根据三叉战法实战期间，一定要遵守不以消息为交易依据的纪律。

不以消息为交易依据的原因如下：

消息经常为主力所利用，借以配合主力在不同阶段的操盘需求，如主力建仓时期，消息面经常会出现利空，股价表现为弱势，借以恐吓投资者不敢低位买入股票，而在持续快速上涨中，消息又会经常出现利好，尤其是股价在高位区时，主力又会借助媒体大谈价值投资，以利于主力出货。并且有些消息看似是利好，实际上是根本不会影响到一些企业的。因此，消息往往是迷惑投资者做出错误判断的烟幕弹，不可作为交易的依据。

图2-12为中金网发布的一则关于数字货币的信息，确定数字货币是人民币国际化的重要推手，当前因为数字货币在一些城市试点，市场上在近一年时间内对数字货币所寄予的厚望也很高，经常出现相关的概念股的推荐，若是投资者通过各路消息看到了数字货币的未来发展潜力的话，就去购买相关的数字货币概念股，则往往很难在短期内获利。

如图2-13中的华峰超纤（300180）虽然是一只货币概念股，实际上是一家超细纤维聚氨酯合成革生产的企业，属于化工行业，只是一只具有数字货币概念的股票，与当前刚刚推出的数字货币而言，关联度并不大。

因此，若是投资者在图2-14中任何一个时间买入，短期根本难以获利，甚至会持续亏损，影响投资心理。因此，在根据三叉战法实战时，一定要遵守不以消息为交易依据的纪律。

中金网 全球财经新媒体
CNGOLD.COM.CN

首页 资讯 专题 行情 快讯

您的位置：首页 > 矿业 > 正文

微信

移动版

上一篇
以太坊「寄生」
存储项目 Swar...

下一篇
Osasion欧赛超
级节点FDRPC...

洪灝：央行数字货币——人民币国际化道路上的重要推手

来源 中金网 1小时前

摘要：中国在央行数字货币竞争中走在世界前列。现阶段数字人民币主要立足于境内零售支付，我们并不能期待它在短期内给人民币国际化带来质的飞跃。

区块天眼APP讯：**IMI特约研究员，交银国际董事总经理、首席策略分析师洪灝**在本文中表达了对数字货币发展和人民币国际化的看法。随着各国对数字货币的尝试，我国的数字人民币走在世界布局的前列。数字人民币采用新型技术，提升交易效率，服务中国庞大的14亿消费者，建立起一套坚实的零售支付系统，优化境内零售支付的应用。以数字货币为载体的分布式支付网络，不仅能够改善跨境支付的低效率、高成本和难监管等问题，还能提供一个相对平等的平台，促进多区域实时同步交收外汇交易。国际上，数字人民币有利于打破西方国家构建的体系，打造更加公平的国际支付平台。但是，数字人民币距离真正的人民币国际化，还任重道远。

以下为文章全文：

中国在央行数字货币竞争中走在世界前列。现阶段数字人民币主要立足于境内零售支付，我们并不能期待它在短期内给人民币国际化带来质的飞跃。但是，这种以数字货币为载体、基于点对点的传输模式在跨境支付领域中具有巨大的潜力；不仅能够改善跨境支付的低效率、高成本和难监管等问题，还能提供一个相对平等的平台，促进多区域

图2-12 中金网-2021年6月16日资讯

图2-13 华峰超纤-个股资料-最新动态

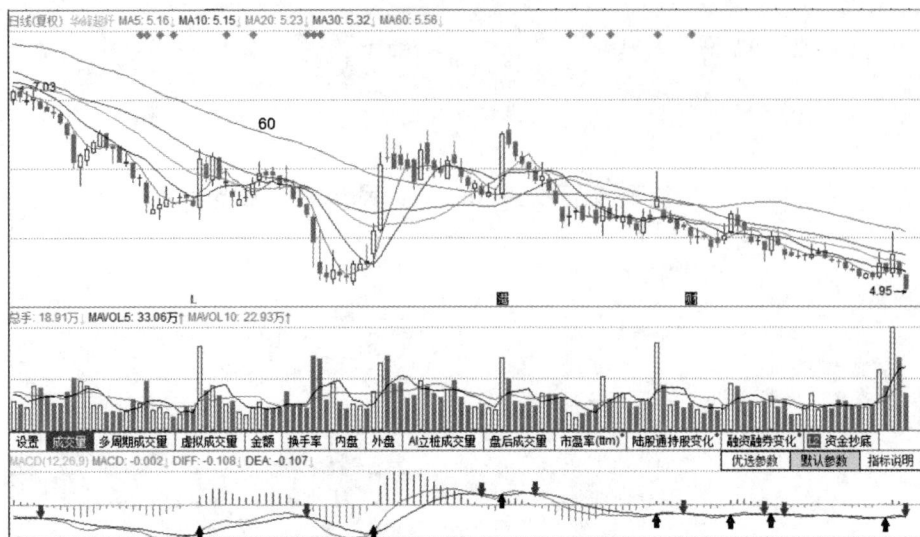

图2-14　华峰超纤-日线图

辨别消息交易的方法如下：

（1）在常态下，上市公司发布的一些利空、利好消息都是正常的，只要不是严重影响上市公司正常的生产经营，就不会构成对公司股价的影响。所以，分析消息对上市公司的影响时，应分析消息本身，看是否只是短期影响。

（2）突发的不可抗拒的力量所导致的利空与利好消息，只有真正影响上市公司的正常生产经营时，才会降低公司的业绩预期。

（3）结合股价当时的走势，判断消息是否会对股价产生影响，因为主力只要介入较深时，绝大多数消息都是不可信的，除非是不可抗力的消息，但是否对上市公司造成实质性影响，仍然要冷静分析后，方可得知。

（4）普通投资者得到一些实质上影响上市公司生产和经营的消息时，往往是滞后于主力的，所以，一定要以平常心看待消息的出现，多观察股价的趋势。因为一切行情大好时，所有的利空消息都会被解读为利好，而行情不好时，所有的利好消息也往往成为利空。

2.3.5　不全仓操作

全仓操作，就是在操作时，总是喜欢将账户内的所有资金都买入股票，喜欢保持着95%以上的持仓状态。因为全仓持股意味着买入量大，一旦上涨，获利会较大，但殊不知一旦股价下跌，亏损也会大。因此，在三叉战法实战期间，一定要遵守不全仓操作的纪律。

全仓操作的危害如下：

全仓操作容易滋生赌博的心理，因此才会投资全部资金，而一旦亏损，甚至是买入后出现小幅波动，就容易影响持股心态，进而会影响投资者对持股的准确判断，产生患得患失的心理。操作失败后，就容易抱着赌博的心理去追涨杀跌，进而频繁操作，形成恶性循环，持续出现亏损。

如图2-15所示，海默科技（300084）在A区域，即便投资者是根据三金叉共振的量价齐升突变在A区域内最右侧的K线当日买入股票，也不可全仓，因为一旦其后进入B区域的震荡期间，投资者会处于小亏损的状态，若是无法认清B区域为健康的上涨趋势初成后的调整，即针对A区域内最右侧启涨长阳线的调整，则很容易对所学技术产生怀疑，甚至是亏损出局，去追涨杀跌的短线频繁交易，必然造成持续的短线亏损。

因此，在根据三叉战法实战期间，一定要严格遵守不全仓操作的纪律。

克服全仓操作的方法如下：

（1）根据三叉战法实战前，一定要树立风险意识，因为虽然根据三叉战法操作时的风险相对较小，但并不意味着无风险，所以，一定要认真学习完所有技术后，再根据买股时的仓位管理要求去操作，这样就不会去全仓操作了。

（2）学习三叉战法的技术时，不是仅仅学会买入失败后如何应对的策略和方法，而一定要明白，任何一种炒股技术都没有百分之百的成功率，失败是正常的，只要成功率高于失败率，即可按照这一技术去操盘，这样也就不会喜欢全仓操作了。

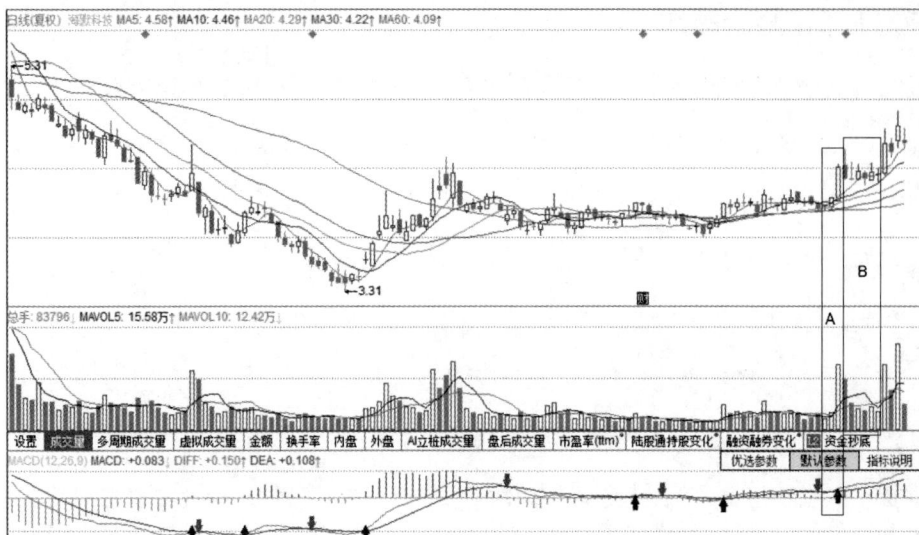

图2-15　海默科技-日线图

（3）投资者在操盘前，努力学习炒股技术固然是很重要的，但一定要明白一个道理，再好的技术，也存在人为的判断失误，而失误不可怕，只要再去认真研究技术，不断匡正即可。越是失败几次后，内心的风险意识就会越强，就再也不会喜欢全仓操作了。反而是初次操作成功后，最容易放松警惕，滋生赌博心理下的全仓操作行为。所以，克服赌博心理，同样是做到不全仓操作的重要方法。

2.4　仓位管理

2.4.1　空仓：选股时要空仓

空仓的概念很简单，就是不买入任何股票，但就是这么一个看似简单的操作，却被许多炒股大神誉为未来持续盈利的基础和关键，甚至有人说，不会空仓，就无法获利。事实上也确实如此，因为不会空仓，当机会到来时，你就无法及时抓住机会买入，自然无法获利，因此，投资者操盘前一定要学会空仓的管理艺术。

空仓时期的操作如下：

在每一轮操作完后，即卖出股票后，都必须保持空仓。这就是说，投资者在选股期间和观察判断三金共振买股形态期间，必须严格保持空仓，不要轻易买入盘中任何一只看似短线强势的股票，因为一旦买入，若目标股出现买入时机，哪怕表现再强势，你也根本无法买入。

如图2-16所示的御银股份（002177），若投资者在完成了一轮操作后，到A区域选股，到B区域这只符合技术要求的买股期间，应一直保持仓位，因为一旦B区域出现三金叉共振的量价齐升突变的强势买入征兆时，方有资金可以及时买入股票。操作完成至A区域选股期间，以及其后到B区域之间的持续观察期间，均是空仓时期。

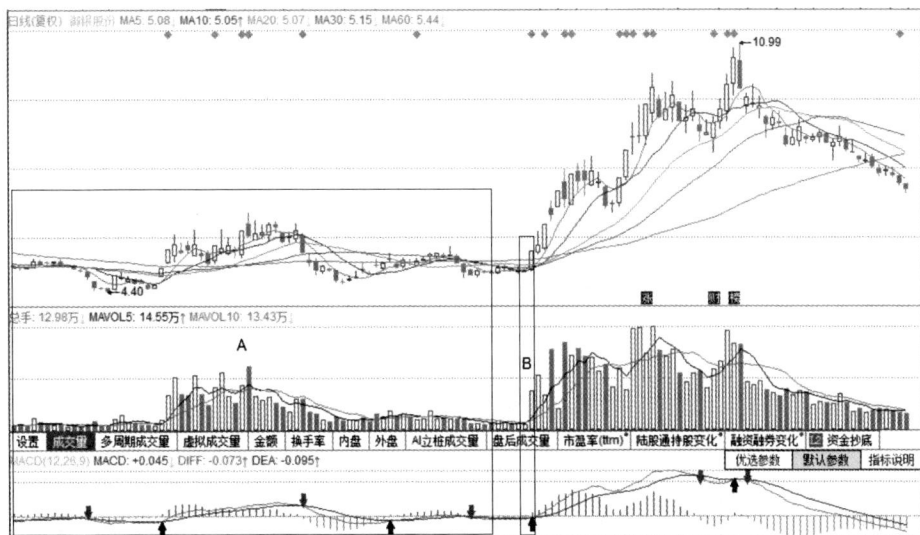

图2-16　御银股份-日线图

实战指南：

（1）空仓是仓位管理中最重要的一种仓位管理方法，虽然看似简单，但执行起来却并不容易，需要投资者时刻牢记三叉战法中的空仓时期。

（2）三叉战法中的空仓期包括两个时期：一是选择时期；二是选股完成后对目标股的观察和判断、分析的时期。这两个空仓时期同样重要，万不可因为一时冲动，而在分析和判断目标股买入形态期间草率买入其他股票。

（3）投资者要想严格遵守空仓的管理，就要在完成每一轮清仓卖出股票后，只要未找到符合要求的目标强势形态时，即保持绝不登录网上交易系统的习惯，这样就不会一时忍不住买入其他股票了。

2.4.2　轻仓：启涨须轻仓

轻仓是三叉战法中一种重要的仓位管理方法，因为不懂得轻仓，以及轻仓的要求，就不懂得如何根据三叉共振形态的强弱，合理买入，就无法将风险控制在最低位。因为在实战中，轻仓不是目的，更多的是一种投资策略。

轻仓的要求如下：

轻仓的股价形态，原则上只要是三金叉共振形态出现时，股价未表现为极强状态时，均应以账户内总资金量的1/3资金买入股票，所以，轻仓的标准是总交易量的1/3左右。

如图2-17所示，双星新材（002585）无论是在长期弱势震荡的A区域，根据类金叉共振后的MA与MACD多头排列的量价齐升买入股票时，还是根据其后B区域上涨趋势调整行情时的三金叉共振的明显放量上涨买入股票时，因为量价均未形成极强状态，所以买入时应保持资金量1/3的轻仓。

实战指南：

（1）投资者在轻仓操作时，具体的仓位标准为总资金量的1/3所折合的股票数量，但具体的轻仓数量比例，可适当根据自身的习惯掌握，但不可仓位过重或过轻。

（2）投资者在轻仓时一定要明白，轻仓不是目的，而是因为趋势在反转初期，短期快速反转不够强烈，从操作的安全角度出发的行为。这也就意味着，当买股形态勉强时，是不允许抱着试试看的态度轻仓买入的。

（3）初步学习三叉战法的投资者，在边学习边实战期间，同样需要轻仓，但此时的轻仓数量应以股票交易的最低量，一两百股为准，不可超过500股，且不可去操作股价过高的股票。

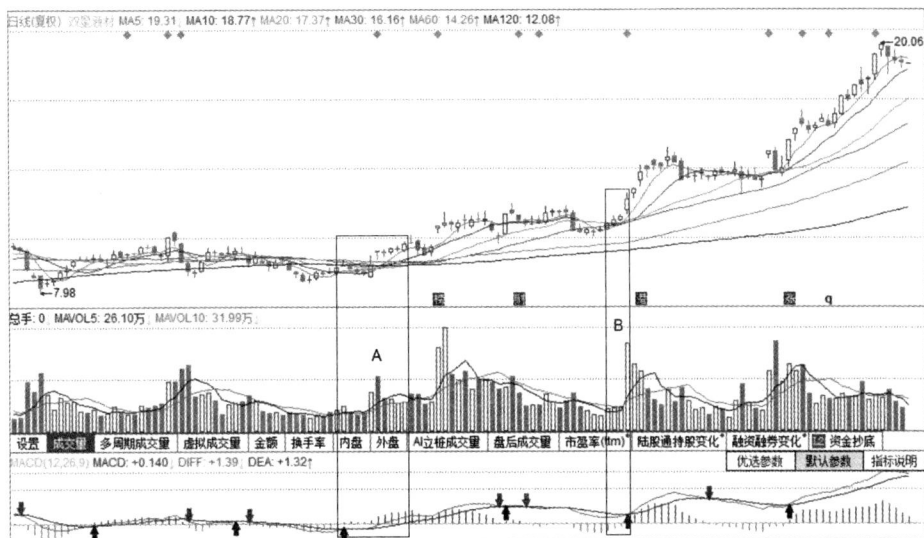

图2-17　双星新材-日线图

2.4.3　重仓：反转要重仓

重仓，是三叉战法中最为重要的仓位管理方法，因为不懂得重仓，不知道在什么时候重仓，就无法获得较大的收益，不能达到操盘获利的最终目的。因此，投资者在根据三叉战法实战前，一定要学会重仓的管理方法。

重仓的要求如下：

（1）重仓的资金比例。为账户内总资金量的2/3左右。

（2）重仓的时机。包括两种情况：一是当三金叉共振或类金叉共振形成时，一旦量价形态表现为短期极强状态时，如分时图上的涨停波出现时，日线图为缩量或平阳涨停；二是前期轻仓买入者，当其后的缓慢上涨中，出现短期强势的加速上涨时。

如图2-18所示，国民技术（300077）在长期弱势震荡进入A区域时，形成MA多头排列、DIFF线突然向上翘起的MACD启涨形态、均量线金叉的类金叉共振形态，且量价齐升突变明显，此时若是投资者轻仓买入了股票，在其后B区域和C区域，股价出现短时加速上涨时，应果断加仓买入，以实现整体资金2/3左右的重仓持股状态。

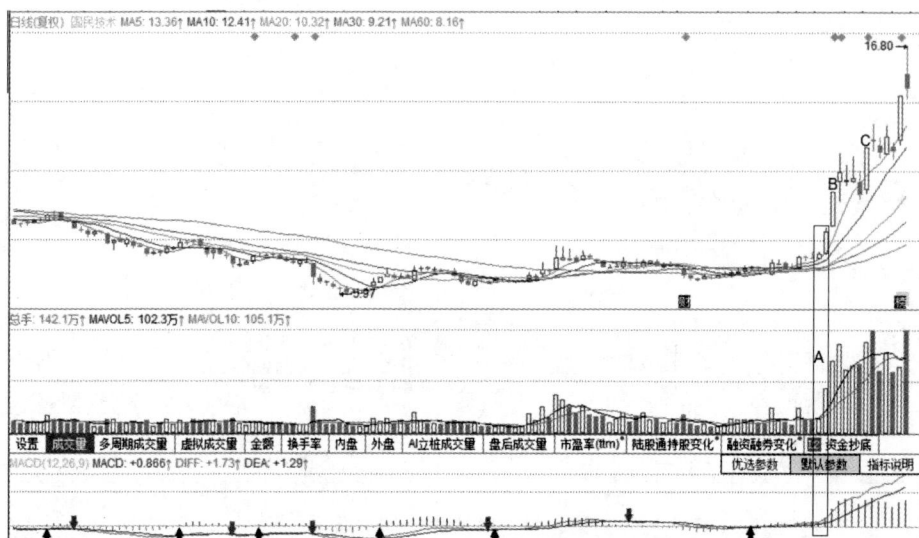

图2-18　国民技术-日线图

实战指南：

（1）重仓的资金量，原则是不得超过总资金量的2/3，但如果是投资者在轻仓介入后，一旦在获利的情况下，出现股价的强势加速上涨时，应尽量不要超过总资金的3/5。

（2）如果喜欢盘中T+0交易的朋友，在前期轻仓买入并获利的情况下，一旦其后强势加速上涨特征明显时，是允许将账户内剩余的资金量全部买入股票的，但一旦强势涨停时，就要学会及时在涨停板上卖出当日买入的股票数量，即严格遵守T+0当日买入，当日再卖出的交易原则，不可全仓持股过夜。

（3）如果一只股票在三金叉共振时，表现极为强势时，则应在封涨停前，直接以总资金最少一半的量去首次买入，最好不要直接以2/3的资金量达到重仓，应在其后继续强势时，再增加重仓的比例。

2.5 操盘步骤

2.5.1 步骤1：选股

选股是三叉战法中的第一个环节，虽然这一环节并不涉及交易，但却是极为重要的一个步骤，因为只有按照选股标准的要求选择出来的目标股，在短期内的持续观察中，才最容易出现反转的走强征兆。因此，投资者在操盘时一定要做好三叉战法中选股的第一个步骤，为其后交易获利打下坚实的基础。

选股的具体要求如下：

技术面+基本面的方法选股，选择技术面弱势整理特征明显，且持续时间较长的股票，如MA各均线反复缠绕的排列状态，或是MACD双线相距较近状态的水平小幅震荡形态的长期弱势震荡整理形态的股票；或是MA或MACD多头上涨趋势中的短期弱势整理形态的股票。同时，基本面表现越强越理想，优选行业龙头股、白马股、绩优股。当一只股票同时满足技术面和基本面的要求后，方可列为目标股。

如图2-19所示的瑞普生物（300119），在B区域发现这只股票表现为A段上涨趋势中的调整行情时，且调整形态为小幅震荡，这时即应观察图2-20个股资料中的财务概况中的净利润、基本每股收益、净资产收益率和资产负债比率，发现这家上市公司业绩常年优良，而通过图2-21的最新动态发现，这是一只白马股和绩优股，为优选品种，且下方2021年一季报的数据，净利润同比增长近60%，符合选股要求，因此可列为目标股，应持股观察。

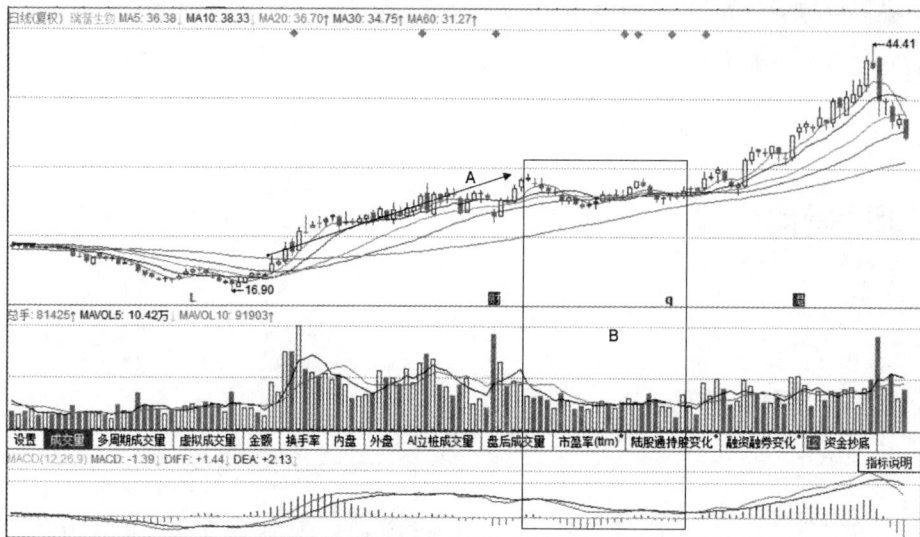

图2-19 瑞普生物-日线图1

瑞普生物 300119

科目\年度	2020	2019	2018	2017	2016	2015
成长能力指标						
净利润(元)	**3.98亿**	**1.94亿**	**1.19亿**	1.05亿	1.33亿	1.10亿
净利润同比增长率	104.88%	63.36%	13.43%	-21.00%	20.37%	308.65%
扣非净利润(元)	2.85亿	1.09亿	1.01亿	8051.92万	1.12亿	9716.56万
扣非净利润同比增长率	161.35%	8.32%	24.82%	-27.88%	14.90%	622.73%
营业总收入(元)	20.00亿	14.67亿	11.90亿	10.47亿	9.70亿	7.93亿
营业总收入同比增长率	36.40%	23.26%	13.61%	7.99%	22.33%	35.48%
每股指标						
基本每股收益(元)	1.0055	0.4894	0.2941	0.2593	0.3368	0.2835
每股净资产(元)	6.07	5.25	4.97	4.83	4.71	4.13
每股资本公积金(元)	2.38	2.33	2.34	2.34	2.33	1.90
每股未分配利润(元)	2.51	1.85	1.43	1.30	1.22	1.10
每股经营现金流(元)	0.96	0.95	0.43	0.27	0.51	0.58
盈利能力指标						
销售净利率	21.97%	15.26%	11.85%	11.91%	15.81%	15.45%
销售毛利率	54.04%	52.33%	50.11%	53.01%	57.35%	58.73%
净资产收益率	17.47%	9.41%	6.02%	5.46%	7.75%	6.72%
净资产收益率-摊薄	16.22%	9.16%	5.92%	5.37%	6.98%	6.86%

图2-20 瑞普生物-财务概况

瑞普生物 300119

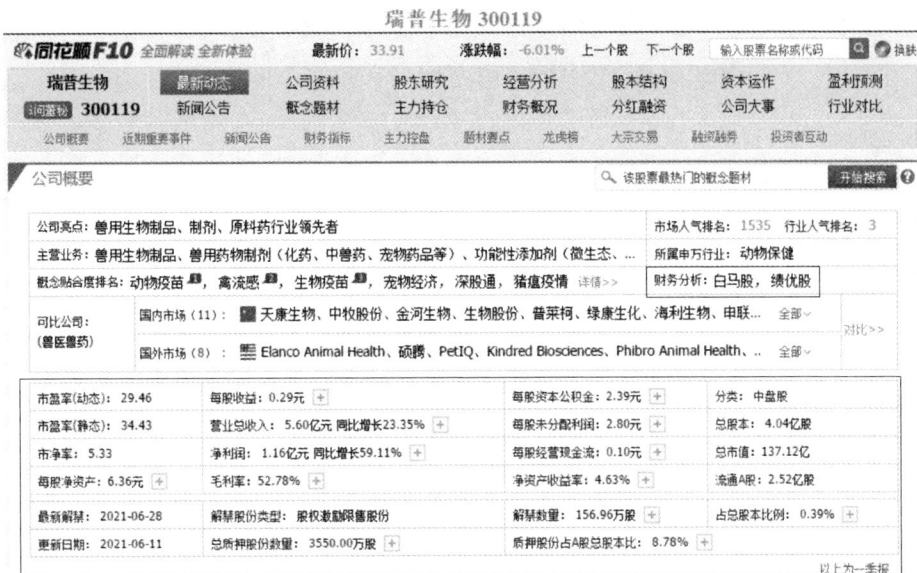

图2-21　瑞普生物-最新动态

实战指南：

（1）在三叉战法中，选股虽然不涉及股票交易，但却是操盘的第一个步骤，也是最重要的核心内容，因为其后的交易均要靠选股过程筛选出的目标股进行分析和判断，所以不容忽视。

（2）在根据三叉战法选择时，一定要先从基本面入手，即技术面呈现出符合要求的弱势特征时，再通过基本面进行筛选。不可反过来选股，因为首先从基本面入手时，很容易受基本面价值投资的影响，而忽略或弱化对技术面走势的要求，造成本末倒置。

（3）选股是一项繁重的工作，要从两市的所有股票中去筛选，而不是通过炒股软件中的条件选股去筛选，然后与选股形态比对，因此，选股前一定要牢记符合选股要求的技术形态。

2.5.2　步骤2：判断买股时机

判断买股时机，就是在所有经过筛选后符合要求的目标股，在持续观察和分析中，一旦符合买股时机的要求时，就要敢于及时买入股票。

因此，判断买股时机是交易时最重要的一个步骤，判断的准确与否，直接关系到其后的持有是否能够获利。而买股时机的判断，就是对三金叉共振的判断，但并不仅仅是这一点，还包括四种主要量价形态来确认买点的强弱，以确认应轻仓还是重仓买入。

判断买股时机的内容如下：

一是必须符合三金叉共振形态的要求。

二是其间根据四种量价买点的强弱状态，决定轻仓还是重仓。

三是在买入股票时，如果达到强势特征的要求时，应根据当日分时图所表现出来的区间放量上涨，及时在涨停前重仓买入，否则就应轻仓。

如图2-22所示，瑞普生物（300119）在完成上一篇内容的选股环节后，就应对这只股票持续观察，发现在A区域出现类金叉共振形态的量价齐升突变，符合买股时机要求，但强势特征不突出，所以应轻仓买入股票，以完成买股操作。

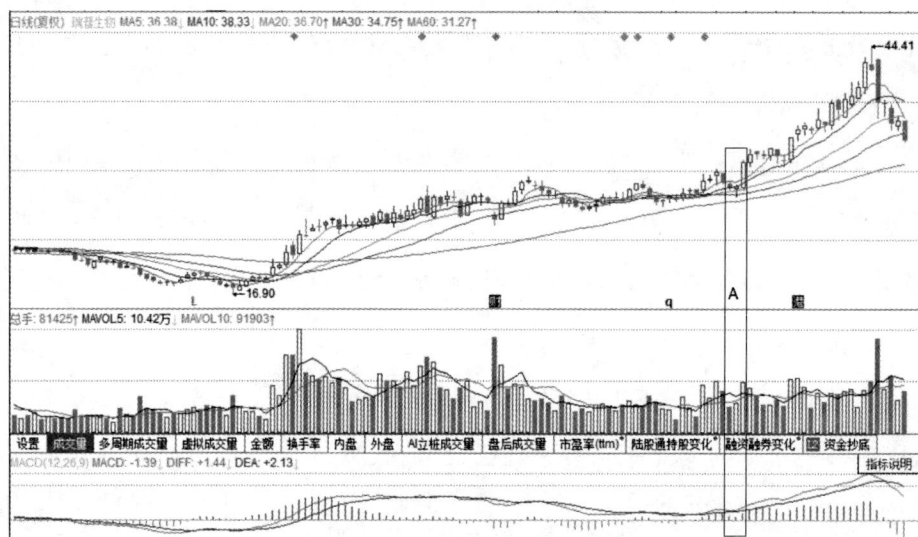

图2-22 瑞普生物-日线图2

实战指南：

（1）在三叉战法操盘期间，判断买股时机是最为关键的一个步骤，直接关系到其后持股是否能够获利，因此，在开始这一步骤的分析和判断时，必须是在选股的基础上对符合要求的目标股进行判断。

（2）判断买股时机时，包括三项内容：一是三金叉共振或类金叉共振形态的判断；二是必须形成以量破价的量价齐升突变；三是根据量价强弱形态，确定买入时的仓位，强势时一定要敢于在股价封涨停前重仓买入。

（3）根据三叉战法实战时，一定要留意类金叉共振的出现，即均量线金叉不明显，或MA金叉不明显，但MACD启涨特征明显时，MA多头排列初期特征明显时，只要量价齐升突变明显，同样是买股时机。

2.5.3　步骤3：持股与否的判断

根据三叉战法买入股票后，接下来就是判断是否能够持股了，因为从持股原则上来看，只要其间股价保持持续上涨，或是出现调整时均为健康的整理状态，未形成明显的量价突变卖点，就应安心持股待涨，直到一轮上涨结束为止。

健康整理状态的判断方法如下：

判断股价是否为健康的整理状态时，主要是通过短期趋势变化时，股价一下跌即明显缩量，一上涨即放量，或是看似放量下跌明显，但下跌中却未跌破重要支撑位，如前期启涨时的阳线，或长阳上涨的高点位置处阳线的低点，或是未跌破前期低点即止跌回升等，从技术指标来看，如股价只是跌破短期均线即止跌，或是跌破中期均线MA20时即止跌回升时，均为健康的上涨趋势中的短线调整，应安心持股。

如图2-23所示的瑞普生物（300119），在根据上述内容完成买股操作后，即图2-23中A区域的买股后，到其后的B区域，发现股价出现略上涨的小阴小阳线震荡，量能明显缩减，未改变MA5的上行趋向，为健康的整理状态，应保持持股。

其后的C段走势中，为K线沿MA5上方的持续上涨走势，属于股价缓慢的上涨状态，同样应安心持股。

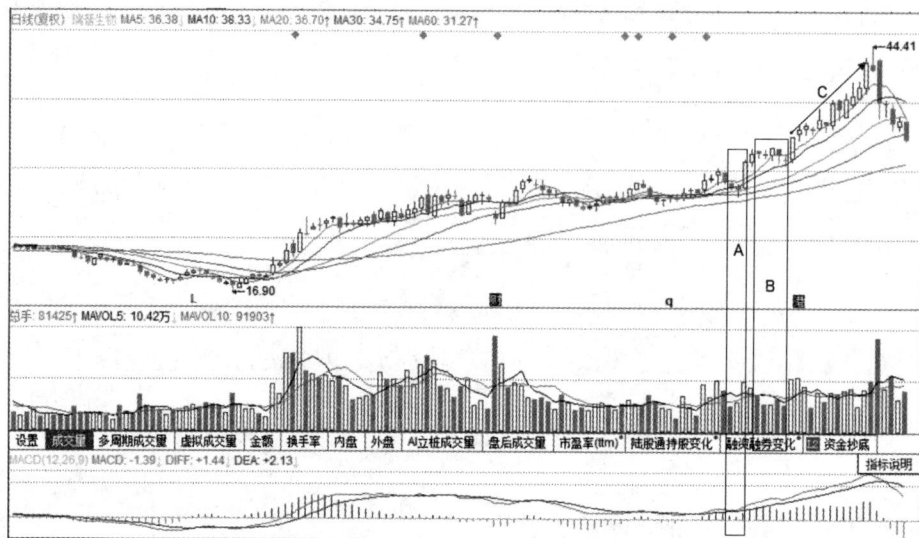

图2-23 瑞普生物-日线图3

实战指南：

（1）持股与否的判断，主要是观察股价出现短期调整时是否调整幅度小，且下跌缩量明显、止跌回升时放量明显，且回升后快速刷新前期高点，即可确认趋势未改变上涨，均应保持持股状态。

（2）判断上涨趋势中出现调整是否为短期调整时，技术指标上关键是看MA20，即股价是否跌破MA20即止跌回升，或是股价接近MA20期间，短中期均线是否相距较近，或处于缠绕状态。

（3）通过量价形态判断是否持股时，最难分辨的是主力的巨量洗盘，因为此时是明显放量下跌，甚至是跌停大阴线下跌，所以，遇到这种情况时，应结合当前的涨幅来辅助判断，也就是判断卖点时的涨幅参考。

2.5.4　步骤4：判断卖股时机

在三叉战法实战期间，一旦完成买股后，卖股时机的判断，事实上是与持股与否的判断同步进行的，因为持股与否的判断关键，是未形成趋势破坏的形态，而趋势破坏的形态，就是三死叉共振和量价齐跌突变明显时的短期趋势快速变化时的征兆，所以，判断卖股时机和持股与否，是两个关联度极高的环节。

虽然在介绍时是分开来讲的，但实战时必须完全掌握卖出时机的判断，才能确认是否在调整出现时为健康的整理，以确认是否持股。因为一旦形成卖股时机，就应果断卖出。

卖股时机的判断方法如下：

在股价持续上涨过程中，一旦持股形成三死叉共振或类死叉共振形态的量价齐跌突变时，应结合股价的涨幅确认是否为卖股时机，即低点的累积涨停一般均会达到100%左右，或是短期加速上涨的涨幅达到40%左右时，即应果断卖出股票。

如图2-24所示瑞普生物（300119）在经过上述内容的持股判断后，即图2-24中B区域买入后的C段持股期间，一旦进入A区域，形成类死叉共振形态的明显持续放量下跌中的巨量下跌，而此时从低点算，即D段走势的累积涨幅已超过150%，C段走势的短期涨幅已超过了40%，所以符合卖股时机的要求，应果断在A区域卖出股票，以完成一轮由选股到买股再到卖股的操作。

实战指南：

（1）卖股时机的判断是三叉战法中最后一个操盘步骤，同时也是最关键的一个环节，因为是否持股的判断，要参照卖股时机的要求来辅助判断，方可确认，尤其是主力快速洗盘时，通常会形成看似明显的量价突变卖点，所以股价涨幅判断为辅助判断的主要方法，甚至是短期涨幅较大时，在无法确认主力是否洗盘时，可以实施减仓操作，待确认主力洗盘结束时再买回来。

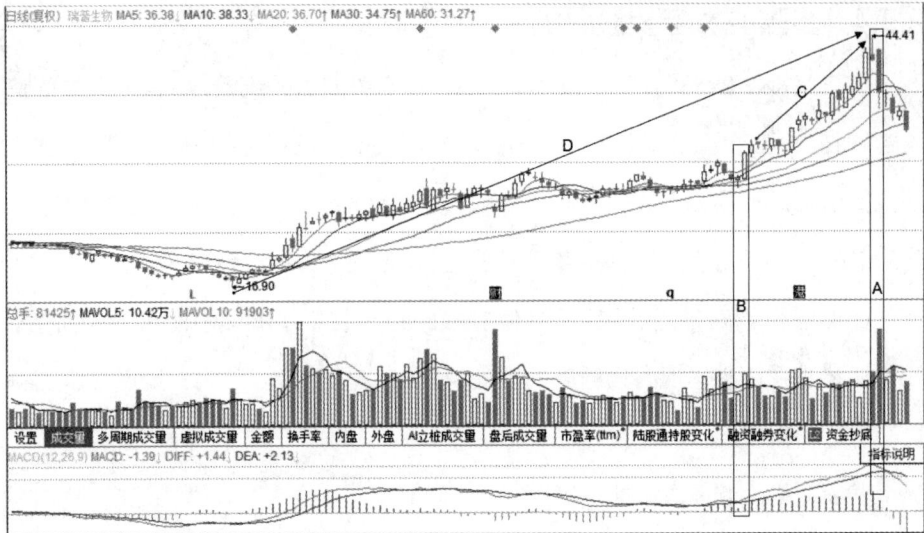

图2-24　瑞普生物-日线图4

（2）因为市场经常出现一些"妖股"或长牛股，如遇到"妖股"时，一旦大幅获利后卖出股票，哪怕很快又恢复上涨，也不应买回来，因为"妖股"的涨跌无常，非常难以预测，所以，其涨幅也是难以准确把握的。只要操作获利即可，而无须懊恼操盘中可能出现的不圆满。

（3）对于一些价值投资的长牛股，因为其涨跌多数是阶段性的日线中线波动为主，往往累积涨幅的判断或许不准确，此时应以短期累积涨幅为主，且通常判断短期顶部形成时的量价特征来确认卖出时机。

2.6　实战要点

2.6.1　在操盘策略下进行操作

投资者在根据三叉战法进行实战时，一定要严格按照操盘策略进行操作，因为所有三叉战法中的交易方法与交易技巧，包括选股时的技术要求与基本面要求等内容，均是基于操盘策略下制定的。

因此，操盘策略对于三叉战法而言，属于三叉战法的操盘核心，是确保三叉战法得以顺利实施获利目的的操盘方针，必须在实战时严格遵守，所有的交易行为，均不可逾越操盘策略的范畴。

操盘策略在三叉战法中各个环节的具体表现如下：

操盘策略总结成一句话，就是日线图上的趋势突变交易的右侧交易策略下，通过上涨波段的中短线持股获利。

在这一策略下，每一个操盘步骤中都体现得十分明显：

一是选股，是通过技术面与基本面的观察，寻找那些在趋势运行规律下，最容易出现短期上涨波段的股票。

二是判断买股时机，主要通过三金叉共振或类金叉形态中的技术指标和量价形成明显的股价上涨趋势初期的征兆，确认上涨波段的开始。

三是持股与否的判断，通过技术指标与量价在日线图上涨趋势中出现短期调整行情时，对这一短期调整行情的确认，以确保继续持股能够获得股价持续上涨所带来的获利。

四是判断卖出时机，是从主力操盘的角度，结合趋势演变中上涨趋势转为下跌趋势时的三死叉共振或类死叉共振形态，或是主力获利后高位快速出货时的量价形态，来确认上涨趋势的结束，从而卖出股票，以完成对整个上涨波段的操作，获得中间安全的整个上涨趋势所带来的收益。

如图2-25所示，创世纪（300083）在B区域出现A段上涨趋势中的调整行情，表现为长期弱势震荡整理，符合技术面弱势的要求，同时图2-26中基本面为国内金属CNC领域龙头，为细分行业龙头股，所以，一是业绩在2020年略差是允许的，符合技术面+基本面的选股策略。

二是在持续观察中，发现M区域形成类金叉共振+量价齐升突变时，可确认为恢复上涨趋势的征兆，应买入股票。

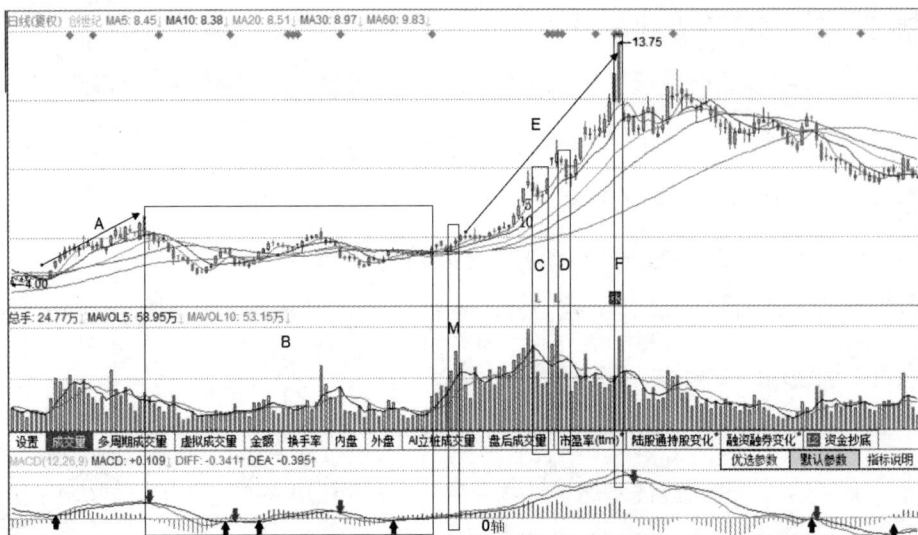

图2-25　创世纪-日线图

图2-26　创世纪-最新动态

三是在其后的持股中, 虽然C区域和D区域出现了短时调整, 但缩量震荡明显, 说明持股依然能够获利, 应保持持股。

四是进入F区域时，虽然未形成三死叉共振形态，但符合类死叉共振+巨量下跌的量价突变，趋势破坏性强，且E段走势出现了超过翻倍的走势，确认为涨幅巨大，应果断卖出股票。

从A区域的选股开始，到F区域的卖出股票，包括其间买股时机的判断，持股的判断，均是在三叉战法的上涨趋势波段操作获利的趋势交易下的右侧交易策略下进行的。

实战指南：

（1）操盘策略是制定三叉战法的获利方针和具体操盘方法的指导思想，目的就是通过寻找股价在持续上涨阶段的运行趋势下，实现低买高卖，从中获取价格差的收益，因为在A股做多的机制下，买入股票后只有股价出现持续上涨，才能实现获利。

（2）投资者在通过三叉战法实战前，一定要从每个操盘步骤的阶段去深刻体会操盘策略在其中的具体作用，这样才能更为深刻地了解操盘策略在三叉战法中的具体应用，在实战时才更能通过三叉战法中的交易方法和交易技巧，在确保不偏离操盘策略的情况下，去一一执行和落实。

2.6.2　始终遵守交易原则与操盘纪律

投资者在根据三叉战法实战期间，一切的操盘方法和交易行为都必须是在交易原则和操盘纪律下进行，因为交易原则和操盘纪律的内容，是为了从大的方面让投资者的每一次交易行为，尽最大可能地不出现目的的偏差，沿着正确方向去操盘，才能最终实现炒股获利的目的。

交易原则和操盘纪律在实战中的具体体现：

一是选股环节，因为不涉及交易行为，但要遵守不以消息为交易依据的纪律，同时选股也是为了其后的趋势突变交易原则下的买入交易建立一个基础。

二是判断买股时机，要充分遵守趋势突变交易原则、强中择强交易原则、现价交易原则,根据实际情况采取慢一步交易原则或快一步交易原则,买入时必须严格遵守5条交易纪律。

三是持股与否的判断时,要着重遵守不贪婪的操盘纪律,时刻提防出现趋势突变时的卖出交易原则。

四判断卖股时机时,要着重遵守不贪婪和不要频繁操作的操盘纪律,同时遵守现价交易原则,并根据当时的情况,注意遵守慢一步交易原则或慢一步交易原则。

如图2-27所示荃银高科(300087)在上涨趋势形成后的B区域调整中,出现了长期弱势震荡整理,符合技术要求,此时一定要坚守不是以消息为依据来选股的。

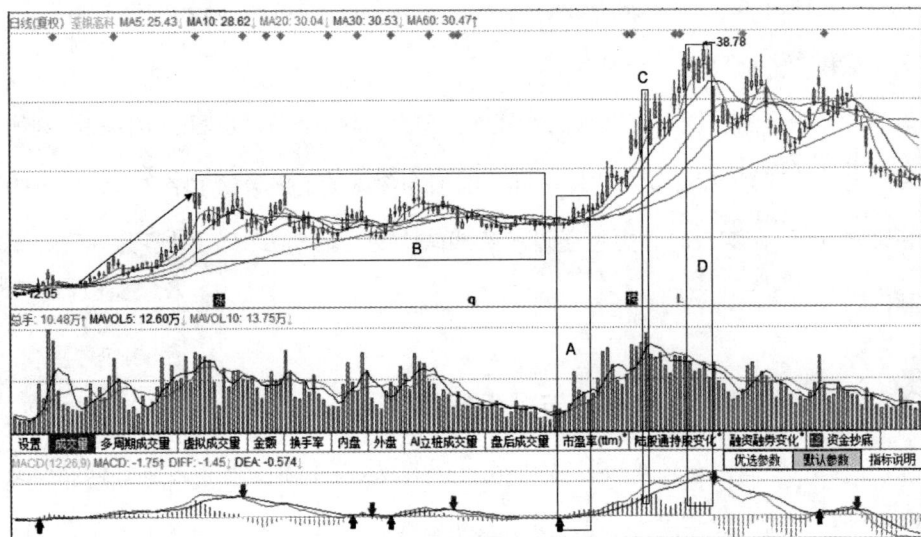

图2-27 荃银高科-日线图

A区域形成三金叉共振+量价齐升突变时,MA多头排列初期明显,符合强中择强交易原则和趋势突变交易原则,由于股价短期未表现极强,所以在遵守慢一步交易原则的同时,应轻仓参与,同时严格遵守5条交易纪律,在A区域内右侧最后一根K线时,买入应坚持现价交易原则,以当时盘中卖1的价格买入。

在其后的持股期间,要遵守不贪婪的纪律,震荡上涨中保持谨慎持股。

至C区域时，在当前短期涨幅达到翻倍和累积涨幅达到翻两倍情况下出现巨量下跌时，遵守不贪婪的纪律，若无法确保是主力在快速洗盘时，即应果断减仓或清仓卖出，未清仓者，到D区域形成类金叉共振的高位放量滞涨的主力出货征兆时，应果断清仓，绝不贪婪。

这就是根据三叉战法在实战期间坚守交易原则和操盘纪律的实战操盘过程。

实战指南：

（1）在三叉战法实战期间，所有涉及买卖股票的交易行为时，必须严格在各交易原则下去进行交易。

（2）操盘纪律是确保三叉战法得以顺利执行和落实的纪律，是不容有丝毫质疑的，所以，只要是在操盘期间，无论涉及哪一个操盘环节，都要严格按照5条纪律的内容去一一对照，坚持超越时坚决改正、无时反复提醒自己的原则。

2.6.3　熟悉三叉共振中各种技术指标后再操作

投资者在根据三叉战法中的三叉共振形态判断买卖时机前，一定要对判断三叉共振形态涉及的三个技术指标进行充分的学习和认识，如MA、MACD、均量线，不能只了解到MA为均线，MACD为异动平均线，均量线只是成交量的周期平均线，只要通过三个指标同时出现相同方向的交叉，即可确认三叉共振形态，因为三叉共振形态形成买卖时机时，不只是简单的交叉，而是根据MA、MACD、均量线各自独特的技术特征，并结合成交量的变化，形成的一种更为精准的判断上涨波段开始与结束时股价强弱状态的各技术指标所呈现出来的特征，只有充分了解各个指标及其特征和优劣，才能在实战期间做到精准判断。

各技术指标在三叉共振形态中的主要作用如下：

MA主要是通过股价在短期趋势突变时的短期均线反映股价的灵敏程度，通过短期均线交叉来确认短期趋势的突变。

MACD则是通过MACD对股价中长期趋势反应较准的优势，在短期均线出现交叉时，对股价中期趋势演变进行的确认；均量线则是通过股价短期趋势突变时量能潮的演变方向，来确认MA和MACD形成技术性趋势突变时的量能演变趋势，同时成交量的不同形态又能够准确地佐证均量线交叉时的强弱状态。

如图2-28所示，金刚玻璃（300093）A区域虽然形成三金叉共振的量价齐升突破，但由于当时均线多头不明显，MA60依然在最上方，所以，应在其后形成明显的上涨趋势中的B区域前的调整时，于B区域再次形成量价齐升突破的三金叉共振时再买入，因为此时的MA短线金叉是在多头排列下形成的短期趋势转强的征兆，而MACD金叉则是结束短期调整发生在0轴上的强势金叉，意味着中期趋势的再度转强，而均量线金叉则是确认短期量能放大的强势，所以，B区域为中短期趋势强势的安全买点。

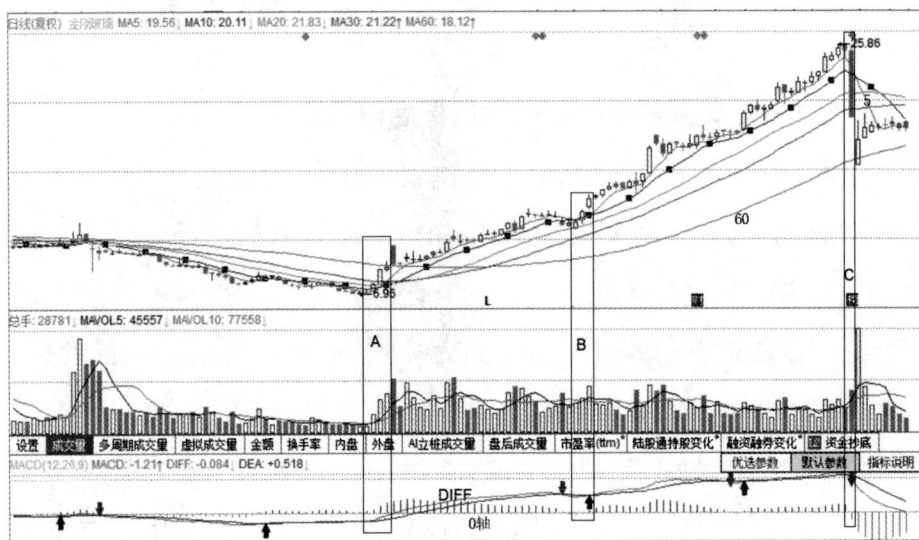

图2-28　金刚玻璃-日线图

进入C区域，出现短期MA死叉，意味着短期趋势的转弱，MACD出现高位死叉后双线向下发散，为中期趋势到顶后短期趋势快速转弱的征兆，而均量线虽然未形成死叉，但持续放量下跌明显，且当前累积涨幅超过300%，应确认为中期趋势转弱初期的短期趋势快速转弱的征兆，果断卖出股票。这就是MACD、MA

和均量线死叉在三叉共振中的主要作用，以及判断买卖点时的重要依据。

实战指南：

（1）在判断三叉共振形态期间，正是由于MA、MACD、均量线三个指标包括MA和MACD两个技术指标，才形成中短结合，同时均量线的量能潮方向及量能大小形态，又充分体现出股价突变时的以量破价，所以，判断行情时是较为准确的，在实战前一定要充分了解这三个指标的具体特征。

（2）因为在三叉战法中，不只是形成标准的三叉共振时，才会构成标准的买卖股票时机，所以，充分了解MA、MACD、均量线这三个指标的优点和缺点，才能在实战中买卖时机到来时，准确地把握住最佳的买卖时机。

2.6.4　根据具体趋势按照仓位管理方法进行交易

投资者在根据三叉战法实战期间，无论是在明确的买卖时机到来时，还是在持股期间出现类似于卖点的量价形态时，或明显的股价加速上涨或快速下跌时，一定要学会灵活根据行情的演变，及时按照仓位管理的要求进行相应的加减仓位的变化，这样才能使投资的收益最大化。

趋势演变中的仓位管理方法如下：

（1）轻仓时机。主要是在三金叉共振或类金叉共振的量价齐升突变的买股时机出现时，股价未表现为短期极强，而是以缓慢上涨出现，但又符合买入买股要求时，即应采取轻仓操作。

如图2-29所示，易联众（300096）在长期弱势震荡整理状态下，进入A区域，形成类金叉共振的量价齐升突破，当K线突破MA5依然量价齐升时，应轻仓买入。

（2）重仓时机。一旦在三金叉共振的量价齐升突变的买股时机出现时，或是在轻仓买入后，股价表现为明显的短时快速的放量上涨，如平量或缩量涨停的分时涨停波出现时，即应重仓买入。

　　如图2-29所示，若是在A区域内右侧长阳线突破MA5依然量价齐升时轻仓买入股票，一旦在当日发现股价快速量价齐升中向上突破E线的震荡高点时后依然在放量上涨，且收盘前依然远在这一高点连线之上时，则应加仓买入，实现重仓的比例。

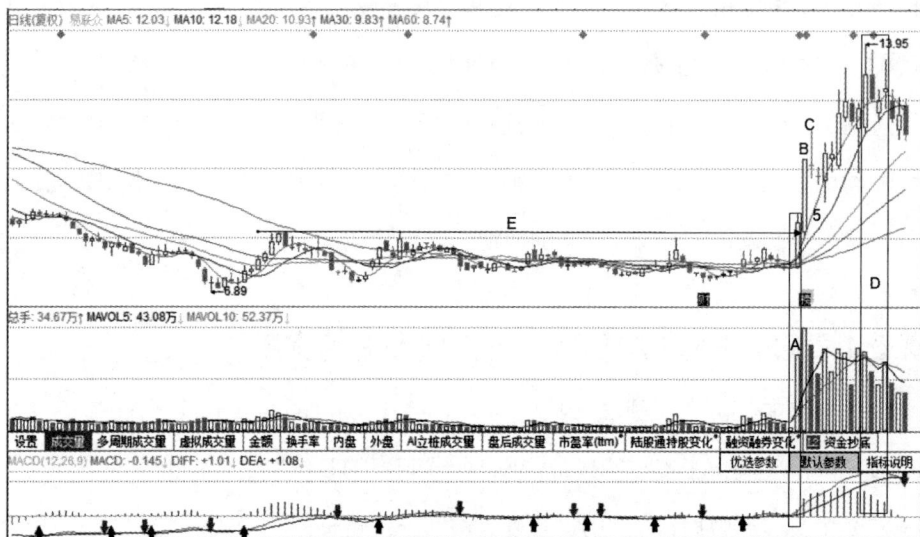

图2-29　易联众-日线图

　　（3）加减仓时机。加仓时机，就是在前期轻仓买入后，一旦加速上涨的量价齐升明显时，应加仓买入，达到重仓标准；减仓时机，则应在持股期间，一旦股价在短期涨幅较大后出现下跌，尚未形成三死叉共振，但形成大于常态接近卖点时的量价齐跌，如放量下跌或持续阴量下跌时，则应减仓操作。

　　如图2-29中A区域买入股票，在下一交易日的B区域，应开盘在MA5附近后即表现持续回升时，及时观察当日的分时图，即图2-30中的情况，于A区域股价线在快速突破昨日收盘线后的震荡上行时，涨幅超过10%后依然放量上涨时，果断将所有账户内的所余资金全部加仓买入，到其后B区域股价涨停时，果断以涨停价卖出A区域加仓的资金数量所折合的股票数量，这一加减仓操作，会至少获利8%，因为创业板股票的最高涨幅为20%。

这就是盘中T+0的加减仓交易。但若是投资者在A区域只加仓至总资金量20%左右的仓位时，即加仓时只实现重仓而未满仓，可选择在其后加速上涨结束时再卖出，如图2-29中进入C区域时，应开盘即观察当日的分时图，即图2-31中的情况，发现A区域低开快速冲高中，一旦B区域在高点回落后再回升到2区域，高点未突破1区域高点即放量回跌时，即应卖出上一交易日加仓的股票数量，而不一定非要等到其后再回落快速冲高的C区域高点，即快速放量回落时再减仓卖出，因为这种短时的快速冲高与回落，说明的是盘中分歧较大，短线持股的风险很高，而上一交易日的加仓，必须确保强势明显时方可持股，一旦安全受到威胁的概率较大时，应通过减仓操作及时落袋为安，收获这部分高位加仓的股票所带来的短线收益。

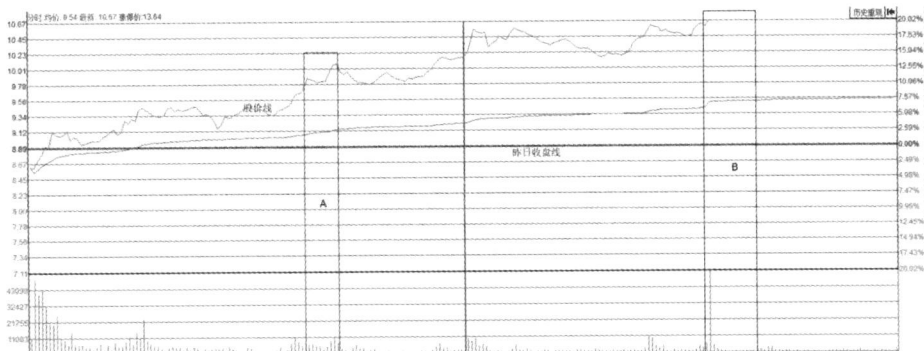

图2-30 易联众-2021年5月25日分时图

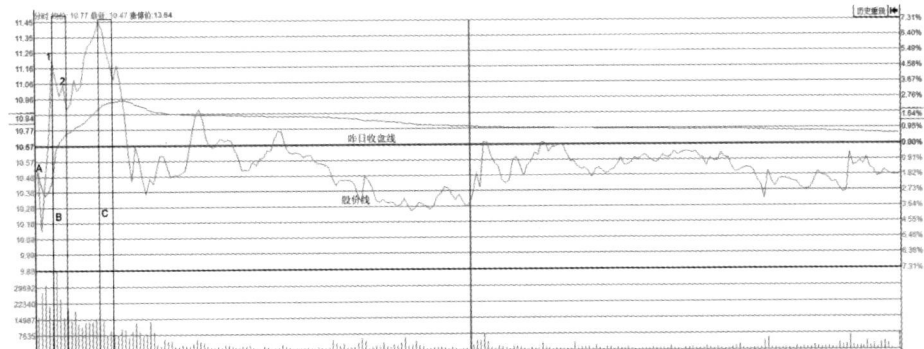

图2-31 易联众-2021年5月26日分时图

（4）清仓时机。一旦股价在大幅上涨后，形成三死叉共振或类死叉共振的量价齐跌或主力出货的征兆时，即是清仓时机。如图2-29中持续上涨的D区域，形成类死叉共振的主力隐藏出货的高位放量滞涨，且此时已实现累积涨幅翻倍，为清仓时机，应果断清仓。

实战指南：

（1）仓位管理在三叉战法中是极为重要的仓位管理方法，主要通过持股仓位的数量变化来应对股价短期的趋势变化而制定的，在实战时一定要严格遵守。

（2）在仓位管理实战中，原则上是上涨波段形成初期的三金叉共振时，只要短期未表现为极强状态，即应轻仓，但买股形态勉强时不允许轻仓。在加仓时，往往三金叉共振后不久出现强势时操作最安全，一旦大幅上涨后出现，则最好不应加仓，此时的加仓必须当日买入后当日再获利卖出，再强势也要卖出。

（3）减仓在实战中应多在提前卖出的类量价卖点出现时使用，卖出大部分持仓股票，待卖股时机明显时再清仓，也可以在大幅获利的情况下提前卖出清仓，可根据自己的操作习惯选择减仓还是清仓。

第3章

MA: 判断三叉共振的
强弱指标

MA是均线的英文简称，在三叉战法中，MA的主要目的是对股价趋势进行判定，虽然多数时候MA的目的是用来判定短期趋势的变化，但事实上MA对中长期趋势的判定同样是准确的，尤其是在使用三叉战法判断趋势或三叉共振时，对MA的要求与其他炒股技术的使用方法是有所区别的，因此，要想学好、学精三叉战法，就必须认真学习三叉战法中MA在日线图上的使用方法。

3.1 MA构成与识别

3.1.1 短期均线构成及识别

在众多均线中，短期均线是最接近于当前股价的两条均线，所以也是最接近股价的两条均线，通常其方向往往意味着股价短期趋势的波动与变化。在日线图上，短期均线不仅是指5日均线MA5，还包括10日均线MA10。

日线图上的短期均线及识别：

日线图上的短期均线包括MA5和MA10，在常态下，MA5距离K线最近，MA10一般为距离MA5最近的均线。在一段明显的上涨趋势中，MA5是K线附近或下方离K线最近的那条均线，MA10则是MA5下方最近的均线；在一段明显的下跌趋势中，MA5为K线附近或上方距K线最近的那条均线，MA10则是MA5上方最近的那条均线；在震荡趋势中，因为各均线相距较近，鼠标应对准均线来根据显示判断。

如图3-1所示，邯郸钢铁（600001）在A段明显的上涨趋势中，MA5是距离K线最近的均线，K线大多数时候是与MA5同步上行的，而MA10则是位于MA5下方距离MA5最近的均线；在B区域明显的下跌趋势中，MA5同样是距离K线最近的均线，与K线同步向下运行，MA10则是MA5上方距离MA5最近的均线。

实战指南：

（1）短期均线是最接近K线的两条均线，系统默认的短期均线为MA5和MA10，无须手动调出，只是不同的炒股软件上MA5和MA10的颜色会略有不同，所以，最接近K线的两根均线在常态下即为MA5和MA10，离K线最近的为MA5，离MA5最近的为MA10。

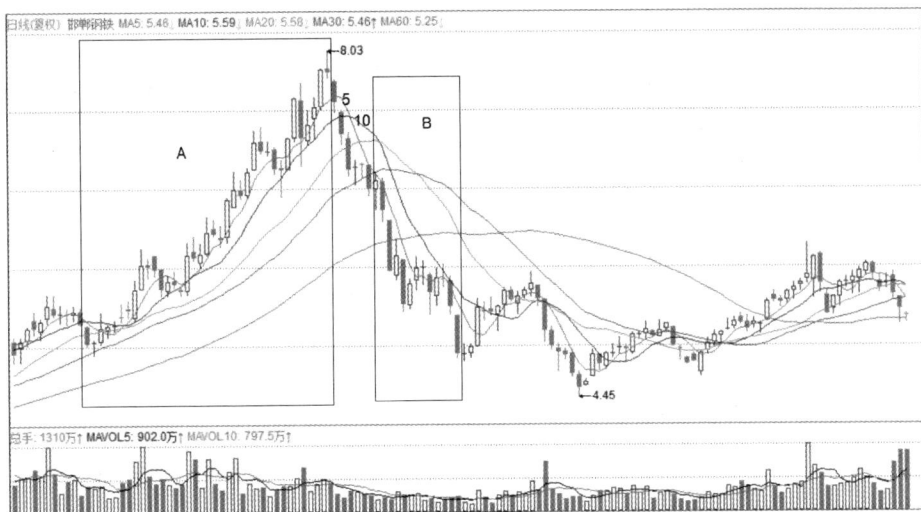

图3-1　邯郸钢铁-日线图

（2）如果是在均线缠绕状态时，分辨MA5和MA10则需要将鼠标对准距离K线较近的K线去观察确认，因为当鼠标对准一条K线时，会提示其周期。

（3）在辨别短期均线时，只要牢记一点，无论上或下，只要牢记离K线最近的均线为MA5，次最近的为MA10，即短期均线，尤其是MA5，会与K线运行方向保持一致。

3.1.2　中期均线构成及识别

在日线图上，中期均线同样为两根均线，即20日均线MA20和30日均线MA30。由于中期均线的统计周期相对长，其方向变化反映出的往往是股价的中期趋势，所以，中期均线的变化在实战中起着承上启下的连接作用，即趋势完全变强或变坏，中期均线的方向与K线的位置，都起着重要的作用。

日线图上的中期均线及识别：

日线图上的中期均线包括MA20和MA30，在常态下，即在一轮明显的趋势下，如上涨趋势中MA20是位于MA10下方最近的均线，MA30是位于MA20下方最近的均线；而在下跌趋势中，MA20为MA10上方最近的均线，MA30则是

MA20上方最近的均线；在震荡趋势中，同样要鼠标对准均线来进行辨认。

如图3-2所示，ST东北高（600003）A区域为一轮明显的下跌趋势，MA20为MA10上方最近的均线，MA30则是MA20上方最近的均线；B区域一轮明显的上涨趋势中，MA20是位于MA10下方最近的均线，MA30位于MA20下方最近的均线，这就是日线图上的两条中期均线。

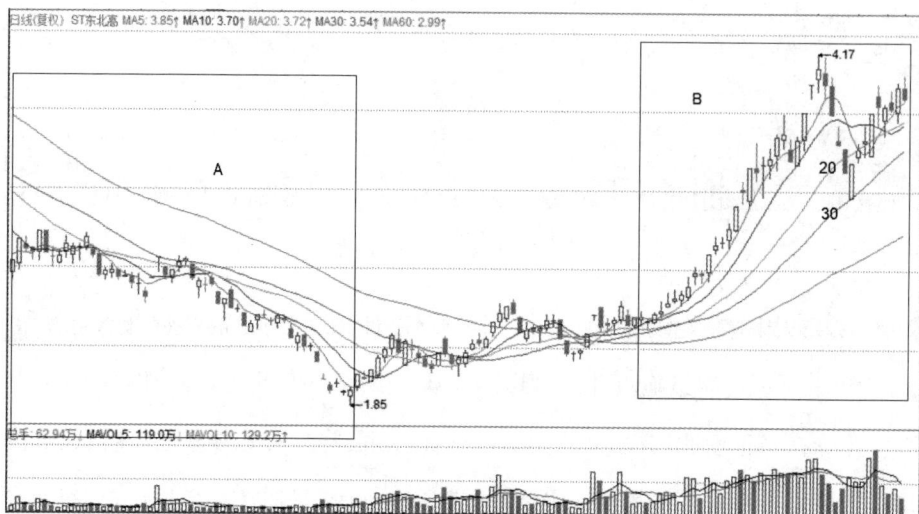

图3-2　ST东北高-日线图

实战指南：

（1）中期均线在实战中往往意味着股价的生命线，即只要中期均线上行明显，K线在中期均线上方，均意味着强势；中期均线下行或K线在中期均线下方时，意味着弱势。但中短期均线缠绕状态时，或是所有均线缠绕时，为震荡趋势。

（2）在一轮明显的上涨趋势中，股价出现较长时间的调整时，往往在中期均线中的MA20或MA30附近，即会止跌并震荡回升，否则一旦跌破后持续下行，多为弱势的征兆。因此，当MA20由上向下与MA30交叉时，为弱势的征兆。

（3）在一轮明显的下跌趋势中，股价出现反弹时，由短期均线开始上行影响中期均线上行时，则意味着反弹的持续和力度强，但只有改变了长期均线的下行方向时，才会构成反转。因此，在震荡趋势中，短中期均线转上行箭头向上发散时，多为反转行情的开始，但此时必须长期均线至少平行时，反转的概率才更大。

3.1.3 长期均线构成及识别

在日线图上，长期均线为60日均线MA60，在炒股软件上系统默认的5条均线中，因为MA60为统计周期最长的一根均线，所以为日线图上的长期均线。在常态下，是无须再手动调出其他更长周期的均线，但为了确保其后三金叉共振时的趋势反转，最好能够手动调出120日均线即MA120，用于观察长期均线的趋势方向，以确认三金叉共振的强势为趋势反转。

长期均线的识别：

三叉战法中的长期均线，系统默认的只有MA60一根，但不习惯观察周线图的投资者，可再手动调出日线图上的MA120。识别长期均线时，在一轮明显的趋势中，只要是位于日线图最上方或最下的均线，即为MA120，MA120上方或下方最近的均线为MA60。

如在上涨趋势中，最下方的均线为MA120，MA120上方或附近的均线，为MA60；在下跌趋势中，最上方的均线为MA120，MA120下方最近的均线为MA60；在震荡趋势中，MA60与其余中短期均线为缠绕状态，需要鼠标对准查看后，方可确认，但MA120在此期间多为在各均线上方，或同样与各均线呈相距较近的缠绕状态。

如图3-3所示，上电股份（600627）在A区域一轮明显的上涨趋势中，MA120为最下方的那条均线，MA120上方最近的均线为MA60；在B区域一轮明显的下跌趋势中，MA120为最上方的那条均线，MA120下方最近的那条均线为MA60；但在C区域的震荡行情中，长期均线MA120与MA60均与其他均线处于缠绕状态，分辨时可用鼠标对准均线去进行一一识别。

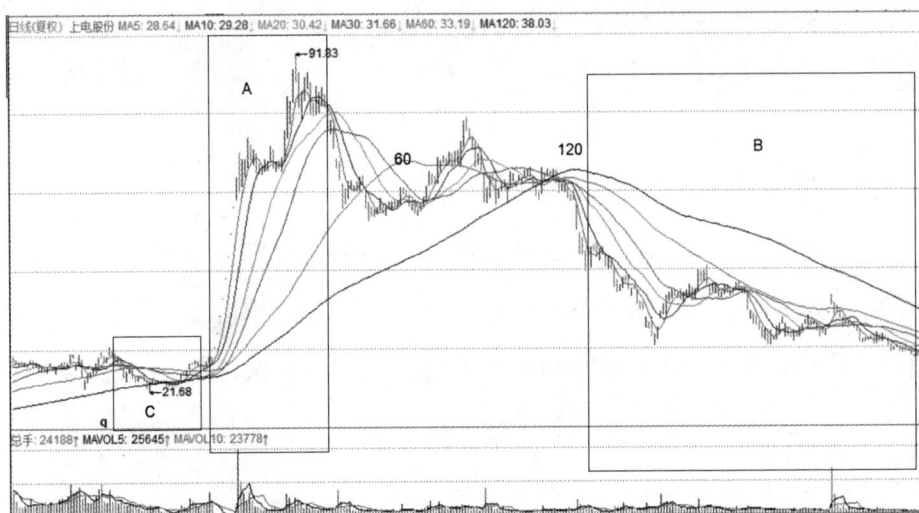

图3-3　上电股份-日线图

实战指南：

（1）三叉战法中的长期均线为日线图上默认的是MA60，这一点与其他的操盘技术略有不同，因为通常在均线分析中，日线图的MA60只被视为中期均线，半年线MA120和年线MA240才被视为长期均线。

（2）在使用三叉战法实战期间，因为长期均线只是作为趋势方向的参考，所以一般是无须调出MA120的，但为了确保趋势由弱转强时为反转行情，应手动调出MA120，因为一旦在三金叉共振时MA120的方向是略向下或是位于各均线上方时，判断反转时很容易失误，错把反弹当作反转，所以，最好还是手动调出MA120。

（3）长期均线在三叉战法中，通常只是通过其运行方向来确认趋势，如三金叉共振期间，MA60与MA120为平行略上行或上行时为最佳，尤其当MA120位于其余各均线上方时，不可相距太远，或处于下行状态，否则很难形成真正的趋势反转。

3.2　MA显示与增减方法

3.2.1　炒股软件默认的MA数量

在炒股软件中，无论是大智慧还是同花顺，或是券商的炒股软件，系统在安装打开后，都会默认显示5条均线，这一点无论是在除了分时图的那一周期图，均如此显示。而在三叉战法中，基本上这5条均线已经够用，但为了确保趋势的反转，最好手动调出MA120。

系统默认的均线数量及辨认方法如下：

在日线图上，系统会默认显示MA5、MA10、MA20、MA30、MA60等5条均线。辨认均线周期时，只需将鼠标对准其中的一根均线，系统即会显示出其周期。

如图3-4所示，包钢股份（600010）日线图上，系统默认显示出MA5、MA10、MA20、MA30、MA60 5条均线，只要打开任何一个除分时图外的其他K线图，均会默认显示这5条均线。

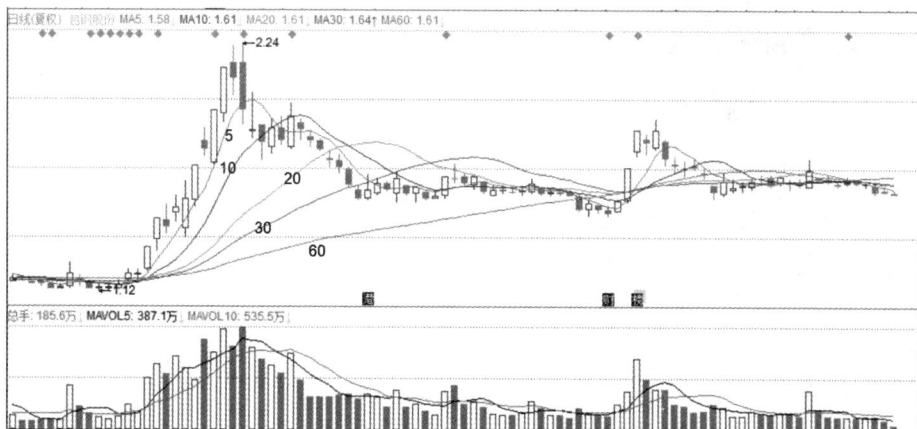

图3-4　包钢股份-日线图

实战指南:

(1)几乎所有的炒股软件中,系统默认的均线数量均为5条,具体显示的颜色略有不同,并且可在设置中进行不同周期的均线显示颜色进行调整,因此判断均线周期时,不可只以颜色来区分,因为一旦换到其他的炒股软件时,容易出现差错和判断失误。

(2)在常态下,系统默认显示的5条均线判断日线趋势时已够用,但最好将MA120也调出来,这样就会养成从更长周期判断趋势的习惯,因为许多入市不深的投资者都不习惯于观察周线图或月线,而即便观察日线图,只要均线周期足够长,同样可以确认趋势,尤其是日线图趋势交易中的波段操作,这种对长周期均线的观察,更能避免日线趋势反转在判断上的失误。

3.2.2　均线参数的修改方法

在了解炒股软件中系统默认显示的均线数量和周期后,如果想要改变显示的均线条数,也就是均线的显示数量,或是想改变均线的统计周期时,甚至是增加或删减均线数量时,就需要对均线的参数等内容进行修改,增加或减少显示数量,或改变均线的统计周期。

改变均线参数的方法如下:

以日线图为例,首先调出日线图,鼠标对准K线图显示区域内的任意一个地方,右击,在弹出的快捷菜单中选择"修改指标参数"命令,如图3-5所示。

弹出"技术指标参数设置"对话框,如图3-6所示。

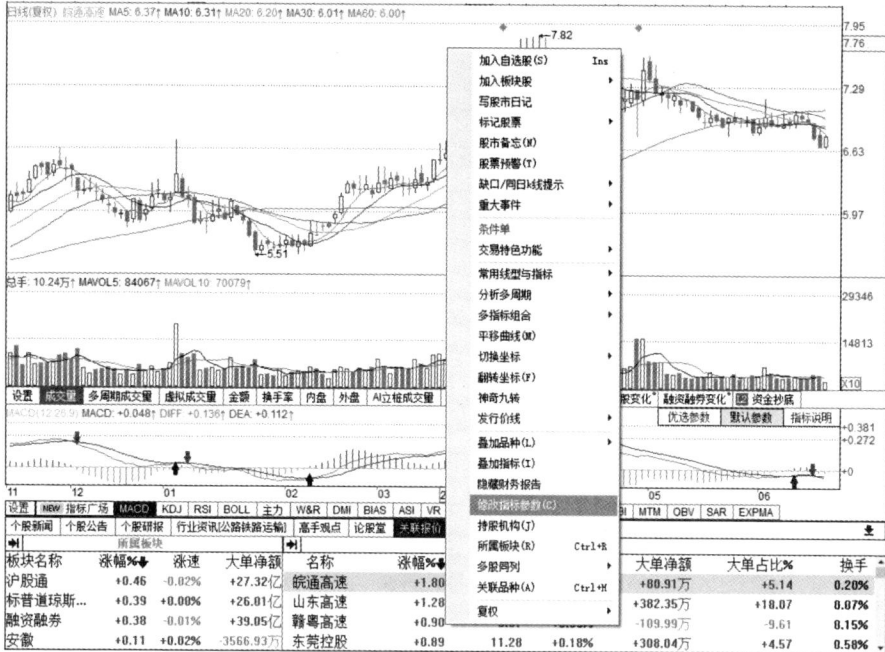

图3-5　皖通高速–日线图1

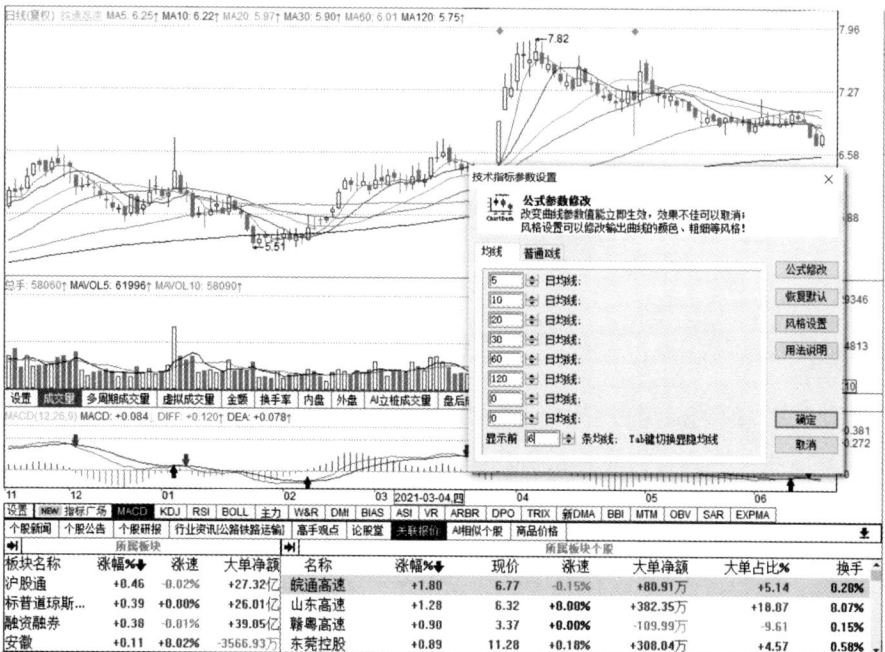

图3-6　皖通高速–日线图2

如图3-6所示,如果需要改变均线周期时,只需将所改的统计周期进行修改即可,若增加新的均线时,如增加MA120时,可在60日均线下方的空白处填写上120,同时在对话框最下方一排"显示前"右侧显示的原5条日均线的数字改为"6",检查修改的结果无误后,再单击"确定"按钮,即会形成图3-7中增加MA120后的结果。

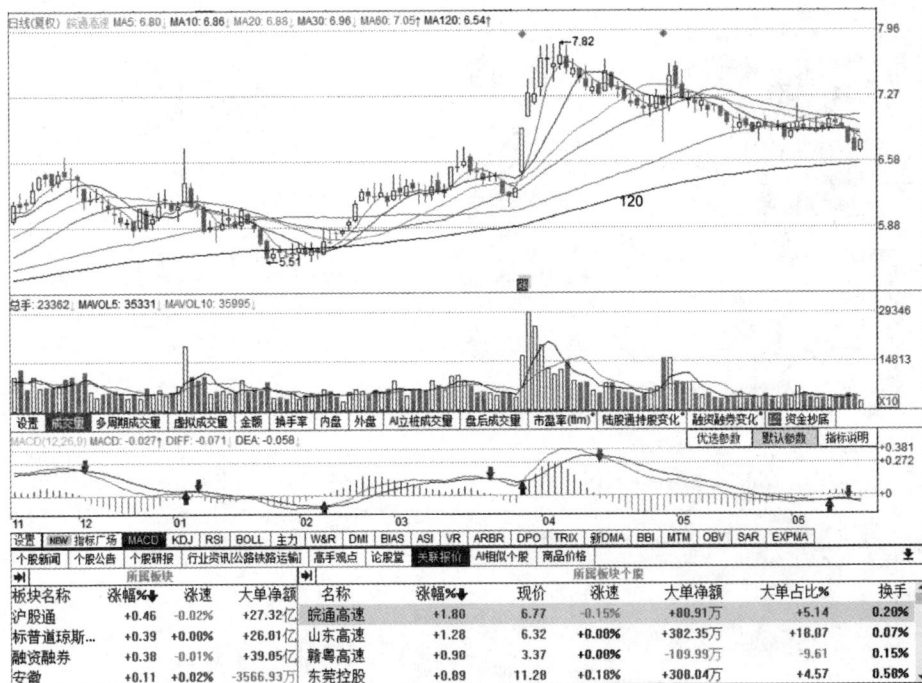

图3-7 皖通高速-日线图3

实战指南:

(1)在一般的操盘过程中,无须修改均线的统计周期,除非一些有着特殊技术要求的炒股技术,才会改变原有的均线统计周期和数量。

(2)在三叉战法实战时,只涉及MA120的辅助使用,因此,投资者在修改均线参数时,只需再增加一根120周期的均线即可,但一定要在增加后,同时改变原有的显示均线数量,因系统默认只显示5条均线数量,增加一根均线后,必须改为显示6根均线方可，减少均线数量时，同样改变显示减少后的均线数量。所以，在修改完成后，必须统一检查一下，确认无误后再单击"确定"按钮。

（3）投资者在修改均线参数时，只要对某一周期图的参数更改后，无论当时选择的是大盘或个股的周期图均可，一旦修改后，炒股软件上这一周期的K线图上，即会全部自动变更为修改后的结果。

3.3　三种MA排列形态

3.3.1　多头排列

多头排列是指短期均线在长期均线之上向上发散运行的排列状态，意味着日线图上所有的5条均线的周期收盘平均价均在不断向上运行，所以，MA的这种多头排列一旦形成，就意味着一轮明显的上涨趋势开始了。

多头排列的要求如下：

在短期均线于长期均线之上向上发散运行的排列状态中，表现为MA5、MA10、MA20、MA30、MA60由上依次向下排列，各均线向上发散运行的状态，像一面弧形的扇子在向上打开的形状。

如图3-8所示，三一重工（600031）在整个A区域，均线表现为MA5、MA10、MA20、MA30、MA60由上依次向下排列，各均线向上发散运行的状态，为MA多头排列形态，说明股价的趋势为上涨趋势。

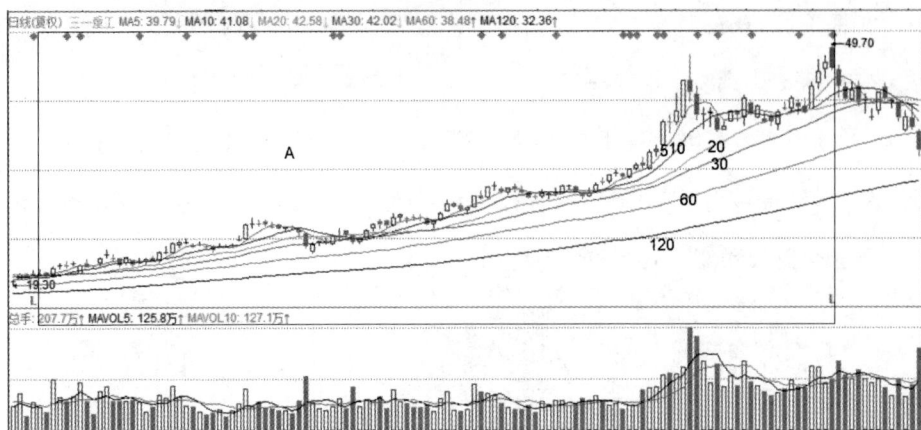

图3-8 三一重工-日线图

实战指南：

（1）MA多头排列是利用均线判断股价上涨趋势的常用方法，因为三叉共振形态属于MA多头排列初期时的表现，所以，必须学会这种MA多头排列的形态，这样对三金叉共振的理解会更为深刻。

（2）当MA呈现出多头排列期间，一旦出现短期均线的向下运行或平行甚至缠绕时，往往为健康的整理状态，尤其是多头排列下首次出现的这种调整，股价累积涨幅并不高时，安全性更高，为三叉战法中持股的形态。

（3）如果在MA表现为多头排列初期，MA60依然下行明显，或是呈略下行状态时，只要其后的持续上涨中，MA60不能改变这种下行状态，则往往意味着股价多为宽幅震荡行情，而非反转行情。

3.3.2 空头排列

空头排列，是指短期均线在长期均线之下向下发散运行的排列状态，意味着日线图上所有的5条均线的周期收盘平均价均在不断向下运行，所以MA的这种空头排列一旦形成，就意味着一轮明显的下跌趋势开始。

空头排列的具体要求如下：

在短期均线于长期均线之下向下发散运行的排列状态中，表现为MA5、MA10、MA20、MA30、MA60由下依次向上排列，各均线向下发散运行的状态，像一面弧形的扇子在向下打开的形状。

如图3-9所示，民生银行（600016）在A区域，K线周围的均线表现为MA5、MA10、MA20、MA30、MA60由下依次向上排列，各均线向下发散运行的状态，为MA空头排列，说明当前股价的趋势为下跌。

图3-9　民生银行-日线图

实战指南：

（1）MA空头排列是利用均线判断股价下跌趋势的常用方法，但在MA空头排列下，是不适合三叉战法操作的，对这类股票，在选股中应坚决回避，尤其是大盘处于空头排列期间，应拒绝操作盘中的任何股票。

（2）在利用5根均线判断空头排列时，只要是发现MA60依然保持在最上方呈下行状态，这一期间出现的任何短期均线上行，均应视为反弹行情，不应参与，因为三叉战法只适合操作多头状态的股票。

（3）只要大盘处于MA空头排列状态，均应时刻保持空仓，即便个股表现再强，也应坚决不操作，因为这类独立行情往往变幻莫测，一般投资者是难以准确把握的。

3.3.3 缠绕排列

缠绕排列，是指各均线在相距较近状态下的反复缠绕震荡状态。由于在此期间日线图上的5条均线相距较近，所以，说明各周期的收盘平均价处于相近的状态，因此，属于股价在相近的位置震荡徘徊。如果缠绕排列时间相对长，则往往成为三叉战法中的技术选股形态，因为长期弱势后，股价短期发动上涨的概率最高。

缠绕排列的具体要求如下：

当各均线在相距较近状态的反复缠绕时，是指系统默认显示的5条均线，或者加上MA120，均呈现相距极近，股价短期的涨跌幅度又不大，但从具体的震荡形态来看，缠绕排列中又存在两种情况：各均线相距极近，股价表现为几乎呈一字形的窄幅震荡；均线缠绕中各均线不断向上或向下小幅拉开适当距离，又聚拢为较近状态继续缠绕，表现为幅度略大的宽幅震荡。

如图3-10所示，四川路桥（600039）在A区域，各均线处于相距较近状态的反复缠绕状态，股价涨跌的幅度并不大，为MA缠绕排列，说明当前的股价趋势为震荡趋势。

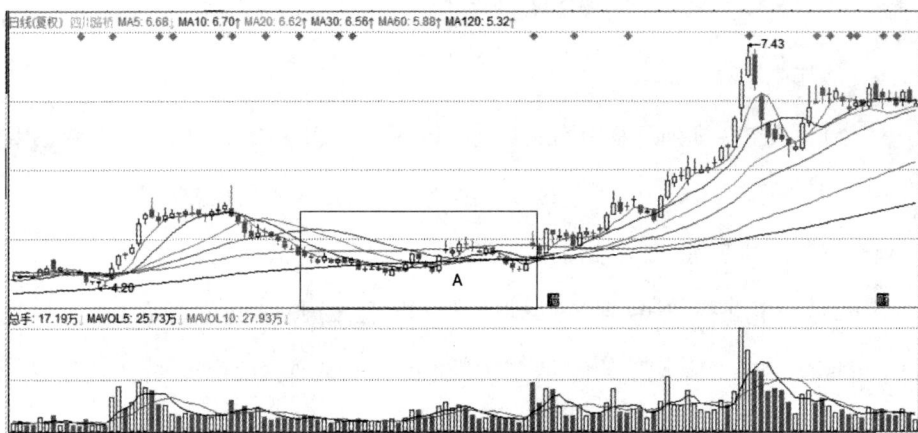

图3-10　四川路桥-日线图

实战指南：

（1）MA缠绕排列是利用均线判断股价震荡趋势的常用方法，同时也是三叉战法中重要的利用MA选股时的技术形态，因此，一定要学会这种缠绕排列的MA形态。

（2）在通过ＭＡ缠绕排列选股期间，最好能调出ＭＡ120，最佳状态是ＭＡ120在其他均线缠绕状态时，能够与其他均线也出现了缠绕，往往后市一旦启动上涨，多为趋势反转的大行情。

（3）如果在5条均线缠绕排列期间，ＭＡ120依然位于最上方，往往向下与各均线距离较近时，或是其间出现一两次各均线缠绕向上时，股价短时突破过ＭＡ120后又回落到其余各均线处继续缠绕，这种形态同样是其后最容易出现启涨的形态，选股后应时刻持续观察。

（4）若是在5条均线缠绕排列状态下，ＭＡ120在最上方时，与下方的各均线相距较远，甚至呈向下运行时，往往其后股价是难以出现大反转行情的，即便突破ＭＡ120，也多为宽幅震荡。

3.4　三叉共振中的MA形态

3.4.1　短期MA金叉与将死不死

短期ＭＡ金叉与将死不死是三金叉共振形态中，MA表现最为强势的一种排列状态，如果一旦在实战中形成三金叉共振期间，出现短期MA金叉与将死不死，一定要注意观察这种MA的短期金叉和将死不死形态，是否为强势状态，以便及时抓住上涨行情的开始时机。

短期ＭＡ金叉与将死不死的具体要求如下：

（1）短期ＭＡ金叉，是指MA5向上与MA10形成的金叉，强势状态时，往往其他较长期的均线会呈现略向上发散的状态。

在此期间若MA5和MA10是在其余均线上方时，只表现为MA5略下行跑到MA10下方，然后形成短期MA金叉，在此期间为标准的MA多头排列初期形态；若MA10与其他均线处于缠绕状态时，MA5则是下行到各均线下方，向上与MA10出现金叉时，其他各均线必须呈上行略发散状态，尤其是MA60和MA120必须至少保持平行，方为强势。

如图3-11所示，古越龙山（600059）在A区域，当形成金三叉共振期间，上方K线周围的均线显示为MA5和MA10在其他均线上方的向上交叉的短期均线金叉，符合MA的判断要求，MACD与均量线均为金叉形态，符合三金叉共振要求，同时表现为股价缓慢上行的涨潮量能潮，应及时买入股票。

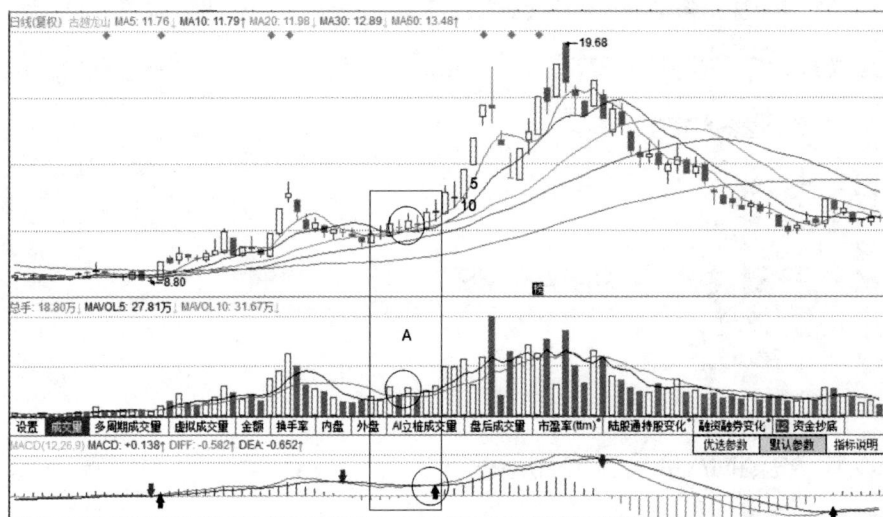

图3-11　古越龙山-日线图

（2）MA将死不死。是指各均线在缠绕状态中，逐渐转为平行略上行的多头排列初期时，即各均线间的距离拉开幅度不大时，MA5突然向下震荡下行时，即将与下方的MA10交叉之际，未形成交叉即转为上行，其余各均线也在MA5上行的带动下呈逐渐向上发散状态时，为MA强势。

如图3-12所示，同仁堂（600085）在上涨趋势调整行情中，当均量线与MACD形成双金叉共振时，上方K线附近的MA表现为MA5在上方向下运行时，在即将与MA10形成交叉时，未交叉即转为上行，为MA将死不死形态，符合金叉共振要求，同时持续放量上涨的量价齐升突变明显，应果断买入股票。

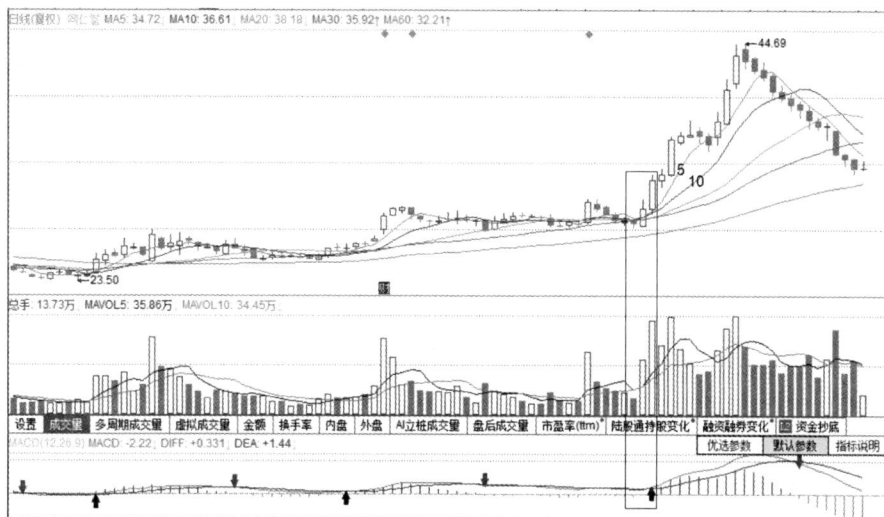

图3-12　同仁堂-日线图

实战指南：

（1）在三金叉共振形态中，短期MA金叉是最为常见的MA金叉，也是股价短期转强的信号，但为了确保三金叉共振期间的短期MA金叉为趋势反转初期的强势，所以，MA多头排列初期是辅助判断的标准，尤其是当只有MA5震荡到最下方的缠绕排列时，经常出现大角度向上与多头均线的金叉，只要其余均线向上发散趋向明显，即为均线趋势反转的征兆，但必须满足其他要求时，方可构成买股时机。

（2）MA将死不死形态，是MA在缠绕排列的整理状态下，趋势转多头排列初期时的一种短线窄幅震荡的结果，所以是看似转弱实则强势的征兆，恢复MA多头排列初期同样是判断强势与否的关键。

（3）如果单独使用均线判断行情时，往往短期MA金叉是行情反弹的征兆，而MA将死不死多数发生在上涨趋势中首次出现调整时，是最安全的上涨趋势介入的最佳时机，但均必须结合量价形态来确认。但若是在三叉战法中，如果

MACD也形成启涨或金叉，则无须过多在意是否形成均量线金叉，只要量价齐升明显，同样为买股时机。

3.4.2　短期MA死叉与将金不金

在三叉战法中，短期MA死叉与将金不金是判断三死叉共振形态期间MA弱势的重要形态，只要其间均量线与MACD同样表现为死叉或短期弱势明显，即可确认三死叉共振形态成立，趋势发生向下运行的弱势，就应及时卖出股票。

短期MA死叉与将金不金的具体要求如下：

（1）短期MA死叉。是指当短期均线在长期均线上方运行时，一旦出现上方的MA5向下与MA10形成交叉时，即为短期MA死叉。但在判断行情时，只要其间符合三死叉共振或类死叉共振的卖股条件时，方可卖出股票。

如图3-13所示，上汽集团（600104）在持续上涨的A区域，当MACD与均量线形成双死叉共振期间，上方K线附近的MA表现为MA5向下与MA10交叉的短期均线死叉，符合三死叉共振的要求，同时量价齐跌突变持续明显，应及时卖出股票。

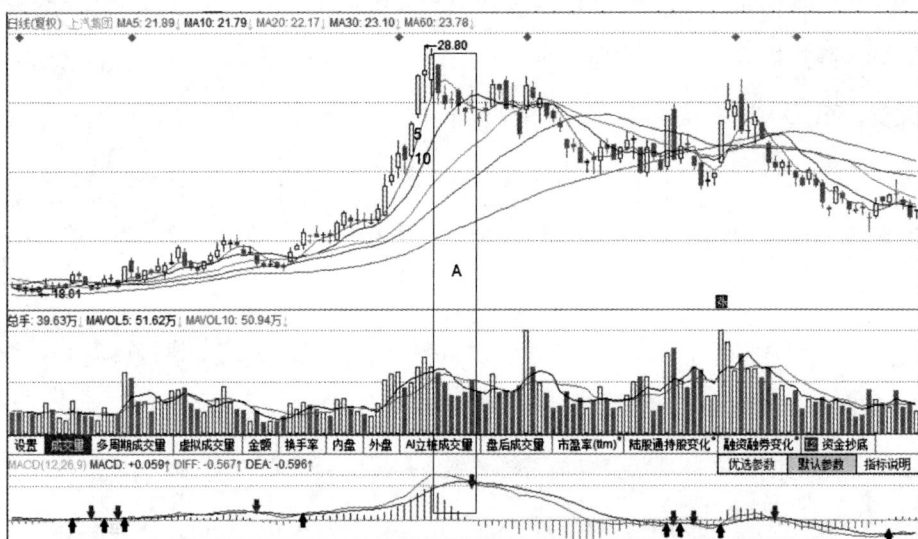

图3-13　上汽集团-日线图

（2）MA将金不金。是短期均线在长期均线下方运行时，一旦MA5向上运行到其他均线下方不远时，在即将与上方的均线形成金叉时，未交叉即转为继续掉头下行。通常在三叉战法中，为MA5跌破MA10后与MA10形成的将金不金，为短线弱势的表现，但必须同样符合卖股要求时，方可卖出股票。

如图3-14所示，湖北能源（000883）在A区域形成均线和MACD双死叉共振期间，上方K线附近的MA5在MA10下方向上运行时，在即将与MA10形成金叉时，未向上交叉，而是转头继续向下运行，为MA将金不金形态，符合类死叉共振的要求，同时量价齐跌明显，应及时卖出股票。而就这只股票而言，A区域其实并非最佳卖点，因为在之前的B区域，股价在涨幅接近翻倍时，出现类死叉共振的高位巨量下跌，所以，B区域时即应果断卖出股票，而A区域是下跌趋势初成的卖点。

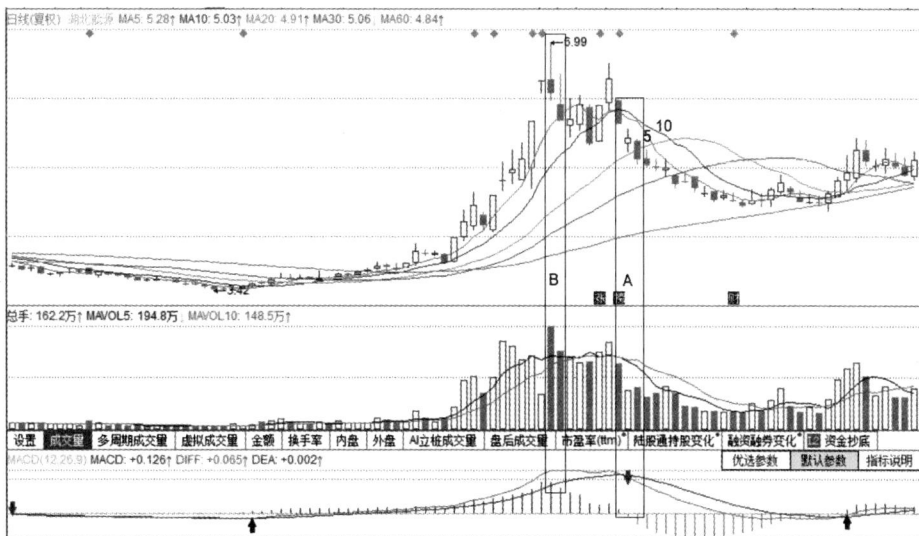

图3-14　湖北能源-日线图

实战指南：

（1）在根据三叉战法实战期间，短期MA死叉与将金不金只是MA的一种短期弱势形态，不可单独以此来判断趋势变化，而要结合MACD和均量线与量能潮来确认卖出时机。

（2）当股价在持续上涨中，虽然最先出现调整时，均为短期MA表现为死叉，但若是股价在震荡状态下，也经常表现为这种均线的小幅震荡，为盘整的表现，除非是MA5为大角度向下时，方为弱势的表现，但若是量能不支持，或不能持续，则不会造成转势，因此，必须结合当前涨幅，来确认是否为趋势快速反转向下的征兆。

（3）在单独使用MA判断行情时，往往MA死叉为反弹结束的征兆，而MA将金不金在反弹行情中，多为MA5与MA60形成的将金不金，通常此时各均线与上方MA60相距较远，所以只要出现，就意味着反弹的结束。

第4章

MACD: 判断三叉共振的趋势指标

MACD是异同移动平均线的英文简称，这一指标在三叉战法中起着十分重要的作用，虽然市场上使用MACD的投资者较多，但具体的使用方法在三叉战法中是有一些区别的，MACD虽然大多数时候用来辅助MA确认中长期趋势，但有些特殊情况下，MACD突然启动时，同样可以作为牛股加速上涨时的主要依据。因此，学习三叉战法，同样必须深刻了解MACD的使用方法。

4.1 MACD主要构成

4.1.1 双线：DIFF线与DEA线

双线是MACD的主要指标，是由运行较快的DIFF线和运行较慢的DEA线组成，是快线DIFF和慢线DEA的合称。由于双线运行方向之间的距离变化，意味着行情的不同演变，所以，在利用MACD判断行情时，主要就是依据MACD双线来观察。

MACD双线与行情演变如下：

当双线持续向上运行时，往往行情为上涨，尤其是双线在上行时之间的距离在不断向上变大，称为双线向上发散，更是股价持续上涨中不断加速上涨的表现，在此期间，快线DIFF线一直保持在慢线DEA线的上方；当双线持续向下运行时，往往行情为下跌，尤其是双线在下行时之间的距离在不断向下变大，称为双线向下发散，是股价持续下跌中不断加速下跌的表现，在此期间，快线DIFF线一直保持在慢线DEA线的下方。

如图4-1所示，三峡水利（600116）A区域双线持续震荡向上运行，为股价上涨走势，其间双线向上发散时则上涨行情出现加速；B区域双线持续向下运行，股价为下跌走势，其间双线向下发散明显时行情出现加速下跌。这就是MACD双线运行与股价行情演变的主要情况。

实战指南：

（1）在通过双线发散运行判断行情时，一定要提防一种MACD背离的现象，即MACD双线的运行方向与K线的运行方向相反的情况，一旦出现，即应放弃MACD指标的使用。

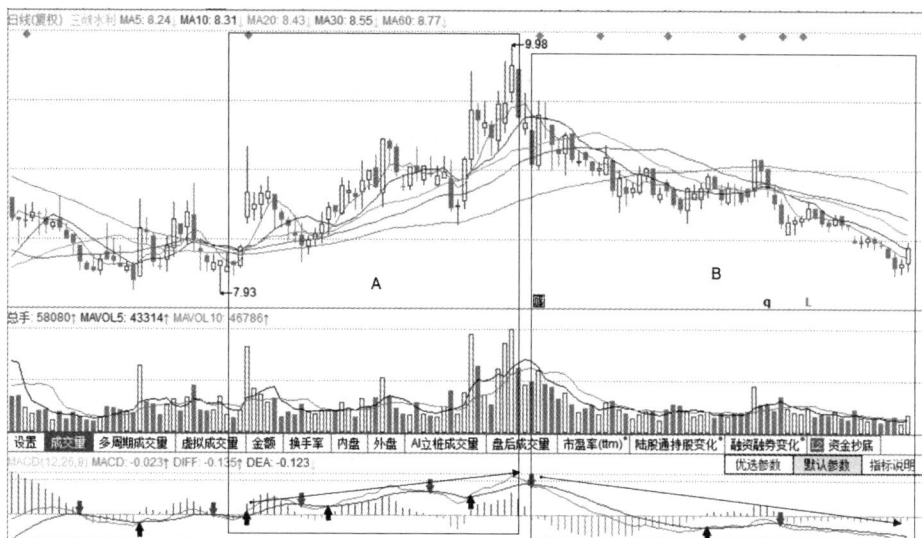

图4-1　三峡水利-日线图

（2）在MACD双线中，快线DIFF一直起着引领慢线DEA的作用，即在明显上行期间，DIFF线是位于DEA线上方的，是向上引领DEA线的；明显下行时，DIFF线是位于DEA线下方，是向下引领DEA线的。

（3）根据MACD判断趋势真正的强弱与行情的持续时，不能简单地只通过双线的观察来确认，而要结合双线与0轴的位置来判断。

4.1.2　量能柱：红柱与绿柱

量能柱，就是MACD多空动能的大小反映，因为在MACD指标中，多空动能的大小不是以数字形式出现的，而是通过一根根竖立的细线量能柱来反映的，即红色的量能柱为红柱，位于指标区0轴的上方，代表多方动能的大小；绿色的量能柱为绿柱，位于指标区0轴的下方，代表空方动能的大小，观察起来十分直观和便捷。

量能柱与行情演变如下：

当行情持续上涨时，量能柱为红柱，也会持续变长，随着双线向上运行，多方量能在持续增强；当行情持续下跌时，量能柱为绿柱，也会持续变短，随着双线向下运行，空方动能在持续增强；当行情快速转强时，红柱会突然明显变长，当行情快速变弱时，快速变短并消失，绿柱出现并快速变长；当红柱持续变短时，意味着上涨行情渐缓，直到变为绿柱，行情会转弱；当绿柱持续变短时，意味着下跌行情渐缓，直到变为红柱，行情会转强。

如图4-2所示，开创国际（600097）A区域为红柱持续变长，说明多方动能持续增强，行情持续上涨。

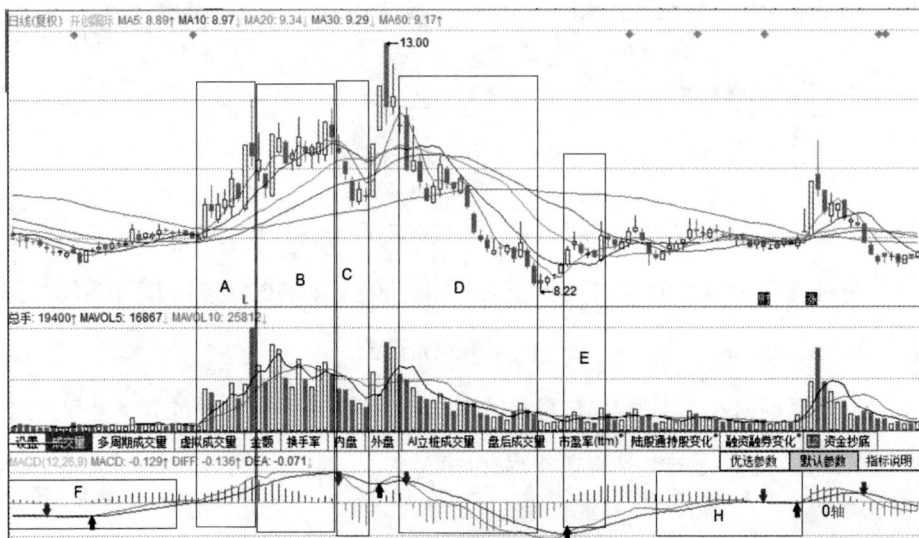

图4-2　开创国际-日线图

B区域红柱持续变短，说明多方动能不断减弱，意味着行情涨势的渐缓。

C区域绿柱持续变长，说明空方动能不断加强，意味着行情持续下跌。

D区域左半部分绿柱由较短逐渐变长，说明空方动能不断增强，意味着行情持续下跌，右半部分绿柱开始持续变短，空方动能不断减弱，意味着下跌行情的渐缓。

E区域绿柱转为红柱后不断变长，说明多方动能在加强，意味着行情的回暖。

F区域为较短的绿柱与红柱，说明多空动能相对均衡，意味着行情为震荡。

实战指南：

（1）在根据MACD量能柱判断行情时，应辅助判断，结合双线的运行方向来佐证即可，这也就意味着只有量能柱持续变化且变化较明显时，行情才会出现明显的加速，若是量能柱较短时，为小红柱或小绿柱，只能说明多空动能力量均不大，意味着行情的盘整，在弱势震荡行情中，参考的意义并不大。

（2）单独使用MACD指标判断行情时，有两种MACD量能柱形态需要引起注意，一种是MACD二次翻红，即红柱在持续变长时突然出现持续变短，但未出现绿柱即恢复持续变长，为上涨趋势调整结束的征兆；二是MACD二次翻绿，是指绿柱在持续变短时未出现红柱，而是继续恢复持续变长，为下跌行情结束反弹继续下跌的征兆。

4.1.3　0轴：多空分界线

0轴是MACD一个重要的指标，因为不仅区分量能柱时可以通过量能柱与0轴的位置来确认，同时0轴和MACD双线的位置，也决定着当前的趋势强弱。因此，0轴在MACD指标中为一条多空分水岭。但是0轴不会在技术指标区域显示，需要投资者自行去判断其位置。

0轴的位置和判断方法如下：

0轴是位于上方红柱与下方绿柱之间的水平线，判断时应以红柱与绿柱之间的交界位置为准，而不应以技术指标区域内的中分虚线为依据。

如图4-3所示，林海股份（600099）在最下方的技术指标显示区域中，位于上方红柱与下方绿柱之间的水平直线，即是0轴，判断起来只要根据红柱与绿柱交界的水平线判断即可。

实战指南：

（1）在实战期间，MACD各个指标在0轴上方时，意味着多方动能占主导地位的强势状态，一旦MACD各指标在0轴下方时，均为空方动能为主导的弱势。

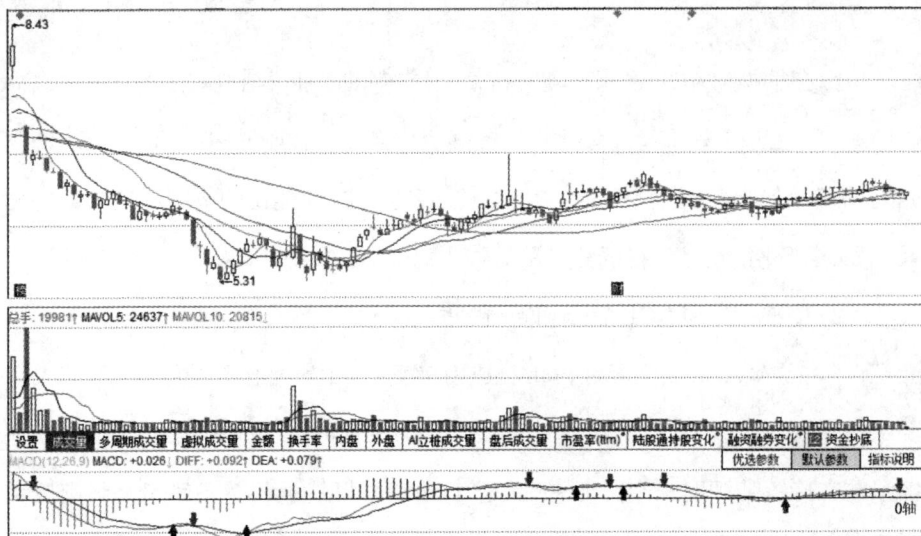

图4-3　林海股份-日线图

（2）在使用MACD这一技术指标时，一定要明白，虽然0轴是判断行情时极为重要的一个标准，但是0轴却是动态的，是无法单独通过0轴来判断行情的，必须借助双线和量能柱的变化进行判断，才能得出具体的行情强弱状态。

（3）在实战时，有一点看似强势或看似弱势的形态需要引起注意，即MACD双线在震荡趋势中，无论双线是在0轴上方还是下方，只要双线为震荡趋势，均为整理状态。

4.2　三种MACD判断趋势的方法

4.2.1　MACD多头上涨趋势

MACD多头上涨趋势，又称MACD多头，是判断上涨趋势时，市场上用于判断上涨趋势时经常使用的一种MACD形态，判断的结果十分准确，与MA判断上涨趋势的结果一样准确，所以，如果投资者只要判断上涨趋势时，利用MACD或MA均可。

MACD多头上涨趋势的具体形态如下：

在MACD多头形态中，双线必须双双向上突破0轴后持续保持着继续向上运行的状态，即可确认上涨趋势成立。若是其间出现双线或DIFF线的平行或向下运行时，只要在0轴附近出现止跌回升，即为上涨趋势的调整行情结束，将恢复上涨趋势的走势。

如图4-4所示，伊力特（600197）A区域MACD双线相继向上突破0轴后持续向上运行，为多头上涨趋势；B区域先是出现DIFF线的向下运行，其后双线相距较近的向下运行，但明显在其后的C区域即在0轴上方较远位置即止跌回升，为上涨趋势短期调整的结束后，恢复多头上涨趋势的走势。

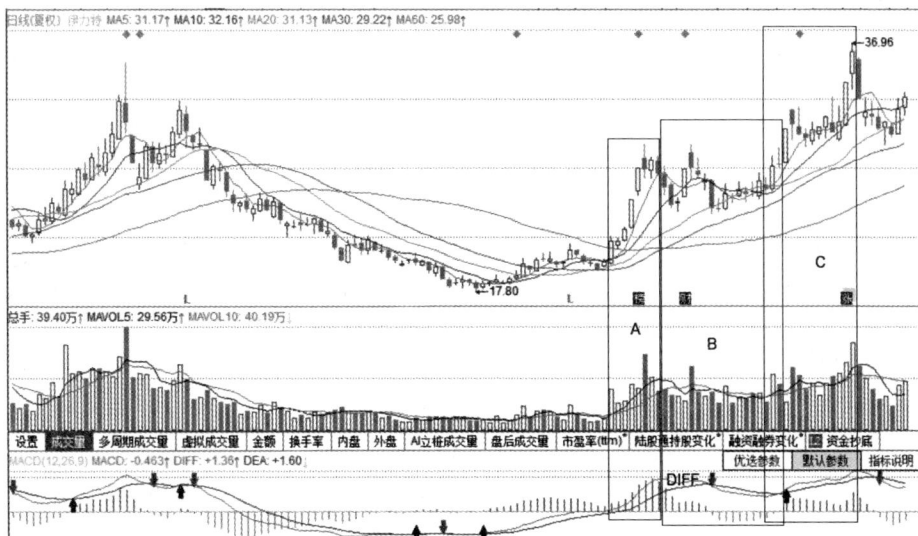

图4-4　伊力特-日线图

实战指南：

（1）在利用MACD多头判断上涨趋势时，应以双线向上突破0轴后持续上行为准，而不能仅仅在只有DIFF线突破0轴，但DEA线保持上行但尚未突破0轴时，即确认为上涨趋势。

（2）使用MACD判断上涨趋势时，若是双线始终处于0轴上，表现为相距较近的水平小幅震荡时，则不应确认为上涨趋势，因为这种形态属于震荡趋势。

（3）如果投资者在利用MACD多头趋势辅助判断强势状态时，若其他主要判断趋势的指标表现为强势时，只要双线中DIFF线突破0轴，即便DEA线未突破0轴，但保持明显上行状态时，即可确认为强势，只要量价齐升明显，同样为买股信号。

4.2.2 MACD空头下跌趋势

MACD空头下跌趋势，又称MACD空头形态，是市场上判断股价下跌趋势时经常使用的一种判断方法，基本上与MA判断下跌趋势的结果是一样的，但即便是空头下跌趋势之初，往往也已错过最佳卖股时机，所以，MACD空头下跌趋势只是判断趋势明显强弱的征兆，并不会构成买卖时机。

MACD空头下跌趋势的具体形态如下：

在MACD空头形态中，双线必须双双向下跌破0轴后持续保持着继续向下运行或在0轴下方震荡的状态时，即可确认下跌趋势成立。若是其间出现双线或DIFF线的向上运行时，则多为下跌趋势的反弹行情，通常时间会极短，所以，为下跌中继的概率较大，是不适合参与的，因为一旦向上接近0轴时，甚至是突破0轴，往往也会震荡或直接转为下跌。

如图4-5所示，大名城（600094）在A区域MACD双线明显持续跌破0轴，并持续下行，为MACD空头下跌趋势，其后的B区域虽然双线持续上行，但在0轴下方即中止上行转为双线水平震荡，所以，依然为弱势震荡的走势。

实战指南：

（1）在利用MACD空头形态判断下跌趋势时，如果是MACD在顶背离状态下出现，只要量价表现为阴线阴量的量价齐跌，即应卖出股票。但大多数情况下，这种MACD空头形态不应作为买卖股票的依据，因为一旦形成明显的MACD空头形态，股价早已跌幅较大。

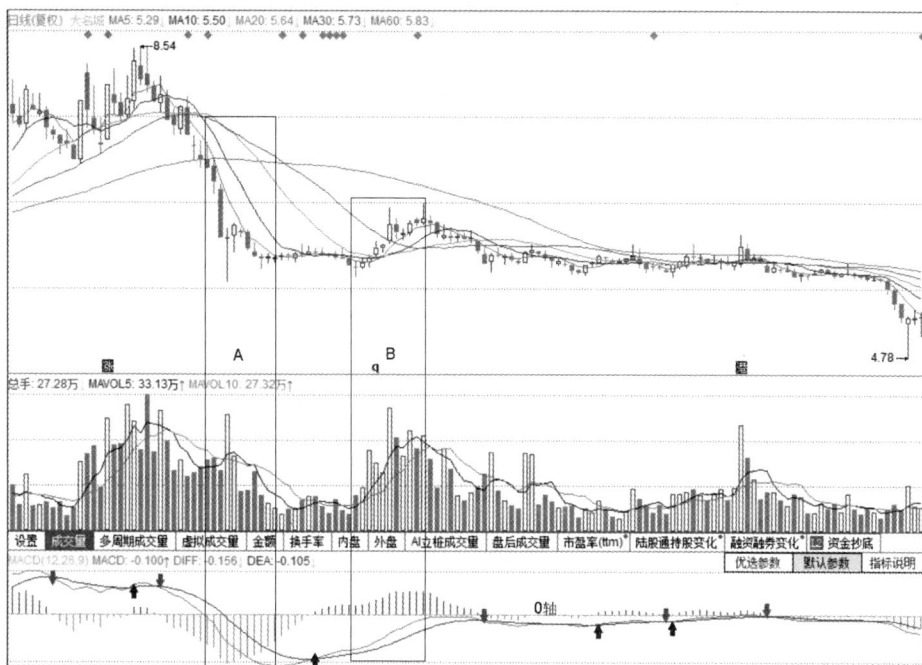

图4-5　大名城-日线图

（2）MACD双线跌破0轴后持续下行为标准的较弱状态的下跌趋势，但如果MACD双线在0轴下呈震荡走势时，同样为弱势，只不过可能只是出现下跌渐缓的情况，所以，这种形态下的股票同样不应参与。

4.2.3　MACD震荡趋势

MACD震荡趋势是利用MACD震荡形态判断股价震荡趋势时极为准确的一种方法，与MA缠绕排列时的判断结果是一样的。而震荡趋势意味着股价的整理。因此，MACD震荡形态同样是三叉战法中一种重要的技术选股形态，一定要认真了解这一形态。

MACD震荡趋势的具体形态如下：

当MACD表现为震荡趋势的形态时，只要确认MACD双线在一定时间内处于相距较近、几近黏合状态的持续水平小幅震荡，即可确认为震荡整理趋势。只要这种MACD震荡趋势的整理状态时间持续较长，即为三叉战法中符合技术选股要求的股票。

如图4-6所示，同方股份（600100）在A区域出现双线相距较近、几近黏合状态的水平小幅震荡，可以确认当前股价为震荡趋势。

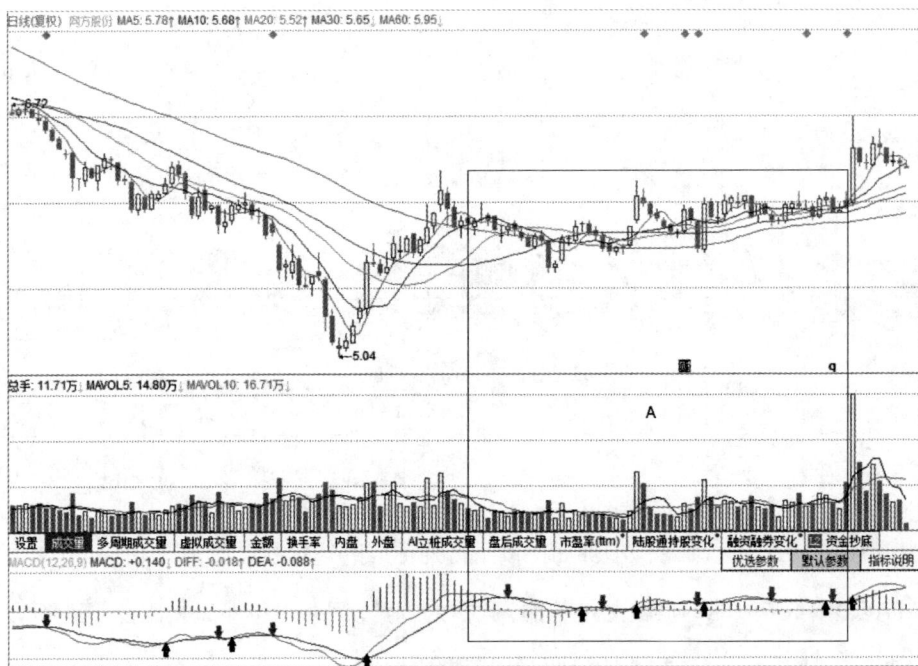

图4-6　同方股份-日线图

实战指南：

（1）MACD震荡趋势经常在股价整理期间出现，所以是重要的股价整理期间的MACD形态，但由于在此期间MACD表现为反应钝化，所以，不可以此作为买卖股票的依据，只能是一种上涨前的蓄势观察，因为整理后存在下跌的概率并不低。

（2）在三叉战法中，不是所有的MACD震荡趋势都属于符合技术选股要求的股票，因为只有这种震荡整理的时间较长，达到选股要求时方可。但在趋势交易中，是可以通过上涨趋势中MACD震荡趋势结束时，积极参与行情的。

（3）在利用MACD震荡形态判断震荡趋势时，一定要留意一种特殊情况，就是双线在相距较近状态下呈现出小幅向下运行的状态，即双线向下角度即便持续较小，也不属于选股要求的MACD形态，因为这种情况属于股价盘跌或小幅阴跌时的MACD弱势形态。

4.3　MACD的优缺点

4.3.1　缺点：经常出现钝化现象

投资者在使用MACD这一指标时，经常会因为MACD指标在极端行情下出现钝化现象，难以准确判断出短期行情的演变，因为在极端行情中，如股价持续强势的上涨期间，或是股价持续下跌的弱势状态下，MACD在股价超买与超卖严重的情况下经常出现钝化，难以通过其方向判断出股价短期的趋势变化，尤其是在日线图及以下的短周期图上，这种钝化经常出现，是MACD最大的缺点。

MACD钝化的形式及表现：

（1）高位钝化。当股价在持续快速上涨期间，DIFF线在向上运行到区间显示的顶部后，因为显示范围的限制，不再继续上行，而出现沿区间上沿平行的状态，而股价短期的涨跌，在严重超买状态下，MACD运行的方向不明，无法通过MACD判断短期行情。

如图4-7所示，诺德股份（600110）在A区域，MACD双线向上运行到高位区后，DIFF线出现沿显示区上沿水平运行的状态，为DIFF线高位钝化，是因为盘中持续超买严重造成的，根据DIFF线很难观察到短线的趋势方向。

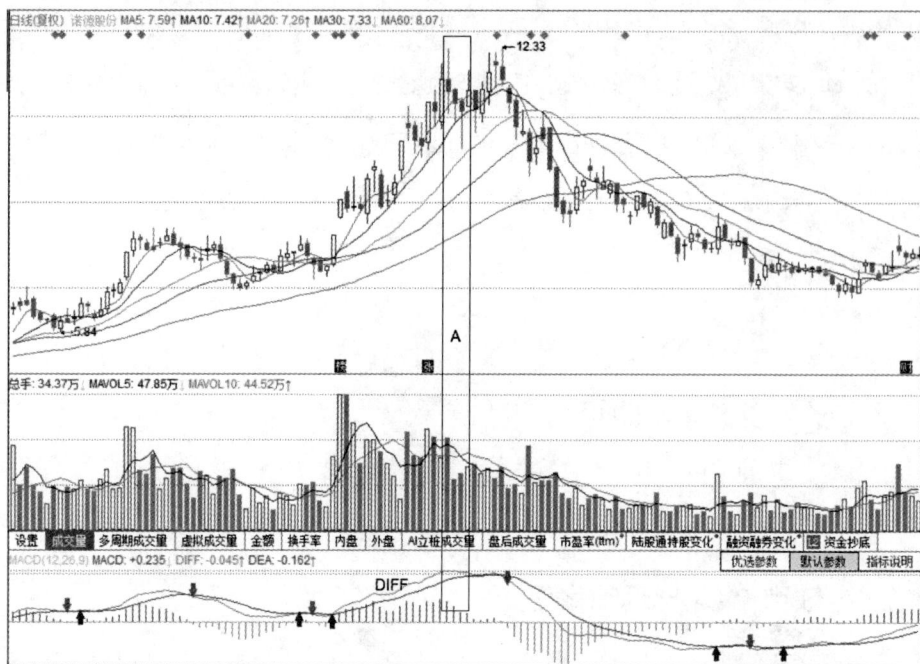

图4-7　诺德股份-日线图

　　(2)低位钝化。当股价在持续快速下跌的弱势期间，因为盘中严重的超卖，和显现范围的限制，DIFF线在到达底部后难以下行，出现沿区间下沿平行的情况。此时，同样难以通过MACD判断股价短期趋势的变化。

　　如图4-8所示，永鼎股份(600105)经过B区域的持续下跌，MACD双线已向下运行到底部区域，进入A区域后，DIFF线出现沿显示区间下沿平行运行的状态，为DIFF线的低位钝化，此时根据DIFF线是很难判断出现短期趋势走势的。

　　实战指南：

　　(1)DIFF线低位钝化时，往往为极弱行情的严重超卖时期，而受到运行区间的限制，使得DIFF线在到达区间显示的下沿后，无法继续显示其运行方向，而严重超卖时，股价依然在波动，但只要超卖状态存在，DIFF线就会表现为低位平行。

　　(2)DIFF线高位钝化时，往往为极强行情的严重超买时期，受到运行区间的限制，使得DIFF线在到达区间上沿后，只要超买状态存在，DIFF线就依然会沿上沿平行，但股价的短期波动却较大。

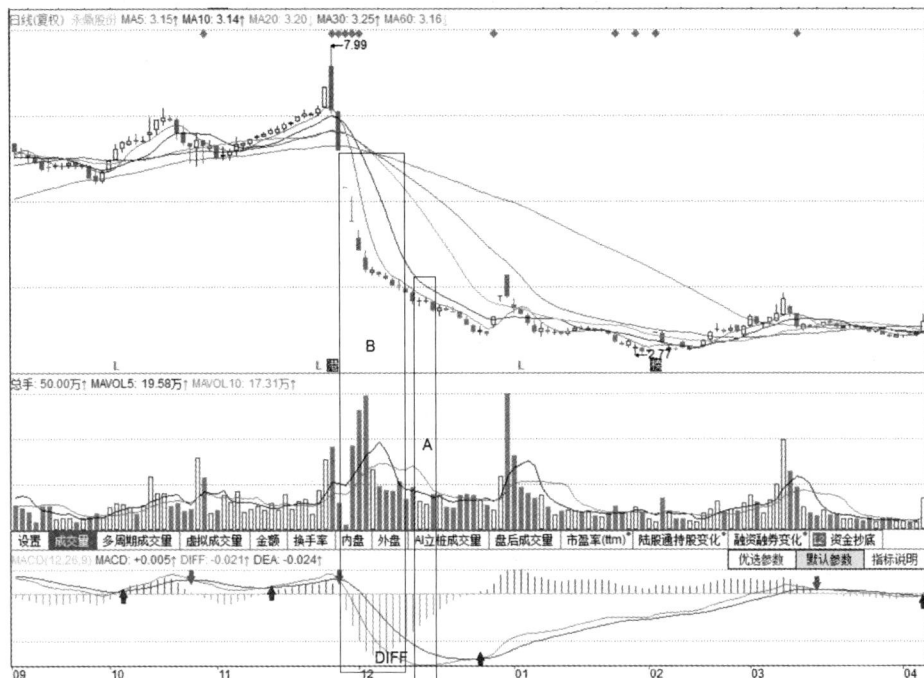

图4-8　永鼎股份-日线图

（3）当股价处于震荡趋势期间，DEA也会出现钝化，但由于在此期间判断行情的主要依据是DIFF线的变化，所以，通常实战时对DEA的钝化与否是关联不大的。

4.3.2　优点：反映中长期波段趋势明显

MACD虽然是一种超买超卖类指标，但反映股价的趋势时是较为准确的，尤其是股价中长波段的趋势，也正是由于MACD的这种短期在超买与超卖状态下在顶和底的徘徊，造成中长期趋势的高低点十分明显。所以，通常周线以上的K线图上，运用MACD判断趋势的波段运行是十分准确的。而在日线图上，只要不发生MACD背离，常态下对股价波段运行趋势的判断同样准确，这是MACD的最大优点。

MACD对趋势运行中波段高低点的准确判断：

主要是在周线图上，当MACD双线运行到接近技术指标显示区域的底部区域时，往往是股价弱势中即将展开上涨的低点区域，而若是MACD运行到0轴以上接近顶部的高位区时，则多数是股价上涨波段结束时的高点区域。在利用日线图观察时，必须保证不发生背离，且往往MACD形成多头上涨时才是明显的强势介入时的时机，而高位时同样在不背离的情况下，能够准确判断出趋势运行中的波段高点。

如图4-9所示，中国船舶（600150）周线图上，在持续下跌中进入A区域，MACD双线在低位略震荡后即出现回升，A区域成为股价波段运行中的低点区域，而持续上涨中运行到B区域，当MACD双线向上运行到顶部高位区后，略震荡即转为向下运行，B区域成为波段运行中的高点区域。

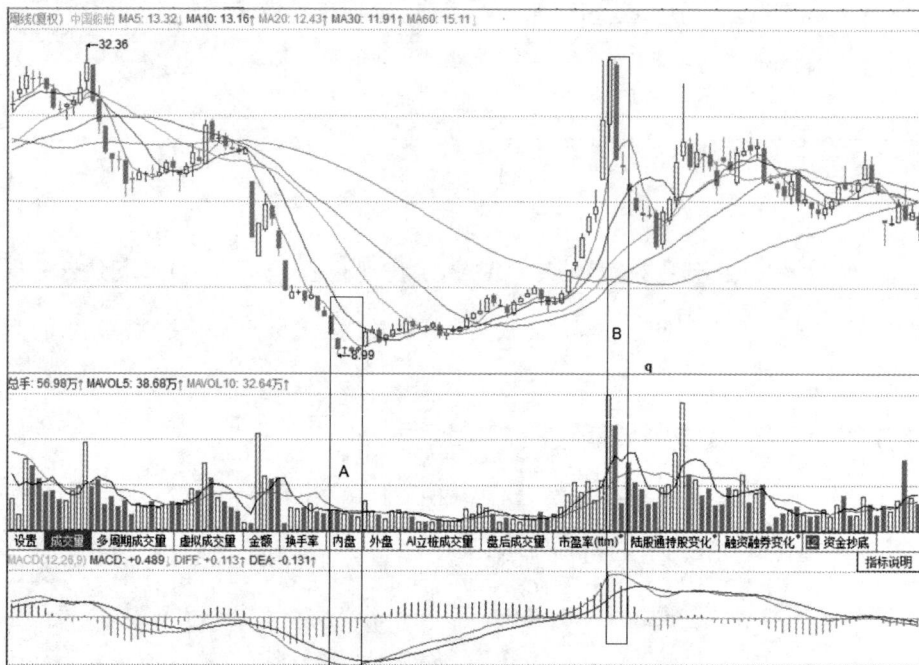

图4-9　中国船舶-周线图

因此，在周线图上，只要不发生MACD背离，根据双线的运行位置和方向，很容易寻找到中长线波段的高点和低点，成为中长线操作中重要的参考依据。

实战指南：

（1）在利用MACD判断股价的中长趋势运行中的高低点时，运用周线图上的MACD运行变化来判断较为准确，只要双线在底部区域震荡止跌转强时多数为低点，双线在顶部高位区震荡由上行转为下行时多为高点。

（2）投资者在通过MACD判断日线图趋势时，必须确保未发生背离时，双线反映出的波段高低点才准确。而周线图上也会出现背离，只是相对于日线图或以下的各短期K线图，MACD的背离在周线图上出现得相对少。

（3）由于MACD反映股价中长期趋势较准确，所以，在利用MACD判断日线图的波段趋势时，一定要观察MACD背离是否发生，所以，必须结合其他指标，方可准确判断出股价的趋势演变。

4.4 三叉共振中的MACD形态

4.4.1 MACD金叉与将死不死

在判断三金叉共振期间，MACD金叉与将死不死是两种强势时的形态，但由于MACD在日线图上经常表现为背离与钝化，所以，不管是否出现低位钝化，只要在MACD金叉与将死不死期间未出现背离，即为符合三金叉共振要求的MACD形态。

具体要求如下：

（1）MACD金叉，是指在运行中，当DIFF线运行到DEA线下方后，一旦出现向上运行，并与DEA线形成向上交叉时，即为MACD金叉。由于三金叉共振期间为股价弱势反转初期的短期强势状态，所以，在此期间的MACD金叉多数是发生在0轴以下或0轴附近的位置。

如图4-10所示，士兰微（600460）在上涨趋势调整行情中的A区域，形成长期弱势震荡整理，当进入B区域，均量线与MA形成双金叉共振期间，MACD也形成DIFF线向上与DEA线的向上箭头显示的交叉，可以确认为三金叉共振形态的成立，同时量价齐升突变明显，应及时买入股票。

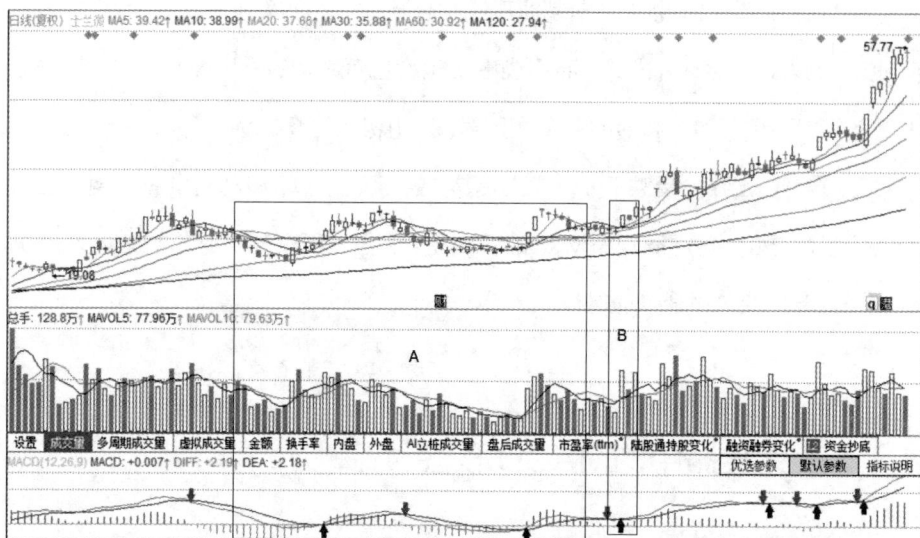

图4-10　士兰微-日线图

（2）MACD将死不死，是指股价在运行中，当DIFF线运行到DEA线上方后，出现向下运行时，未与下方的DEA线交叉形成死叉，而是在接近DEA线之前，即刻转为向上运行。在三金叉共振形态中，MACD将死不死多发生在0轴附近，经常出现在0轴上方不远处，不可过低。

如图4-11所示，南钢股份（600282）在A区域形成均量线和MA的双金叉共振期间，下方技术指标显示区的MACD表现为上方DIFF线在平行略下行中，向下即将与DEA线交叉形成死叉时，未交叉即又明显掉头转为上行的形态，为MACD将死不死，发生在0轴略上方的附近，符合三金叉共振要求，同时量价齐升突变明显，应果断买入股票。

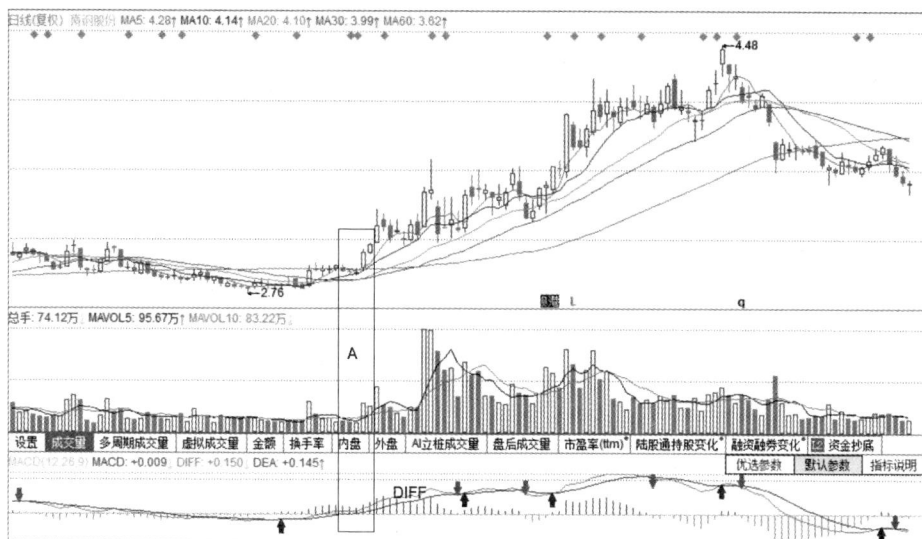

图4-11　南钢股份-日线图

实战指南：

（1）在三金叉共振形态期间，当MA与均量线金叉形成时，MACD金叉出现时，属于标准的三金叉共振，而MACD将死不死因为属于MACD强势状态，所以，只有出现在非高位区，即0轴附近时，才为强势特征，因此也属于准三金叉共振形态。

（2）若是MA与均量线出现双金叉共振期间，MACD表现为将死不死时是在偏于顶部的高位区时，多数这种上涨行情为日线图较大幅度的震荡，非趋势反转，即便是反转行情时，其后MACD也会表现为顶背离式上涨，即股价短期存在上涨后形成阶段顶的概率极高。

4.4.2　MACD死叉与将金不金

在判断三死叉共振期间，MACD死叉与将金不金是两种弱势形态，但由于MACD在日线图上经常表现为背离与钝化，所以，不管是否出现高位钝化，只要在MACD死叉与将金不金期间未出现背离，即为符合三死叉共振要求的MACD形态。

具体要求如下：

（1）MACD死叉。即在持续上涨中，MACD双线运行到顶部区域后，当DIFF线在DEA线上方向上运行期间，一旦出现向下运行，与DEA线形成交叉时，即为MACD死叉。在MA与均量线双死叉共振期间，MACD这种死叉通常为高位死叉，但同样存在一种类死叉共振形态，即MACD死叉前双线相距较近，但死叉后DIFF线会表现为突然向下角度加大时，同样为弱势的MACD死叉，应确认为三死叉共振。

如图4-12所示，黄河旋风（600172）在A区域出现均量线死叉时，股价在累积涨幅翻倍后的高位区，量价表现为持续放量下跌，虽然MA尚未形成死叉，但形成MACD在顶部的DIFF线向下与DEA线交叉的死叉，如图4-12中向下箭头所示，因此，可以确认A区域为类死叉共振，同时持续放量下跌明显，应及时卖出股票。

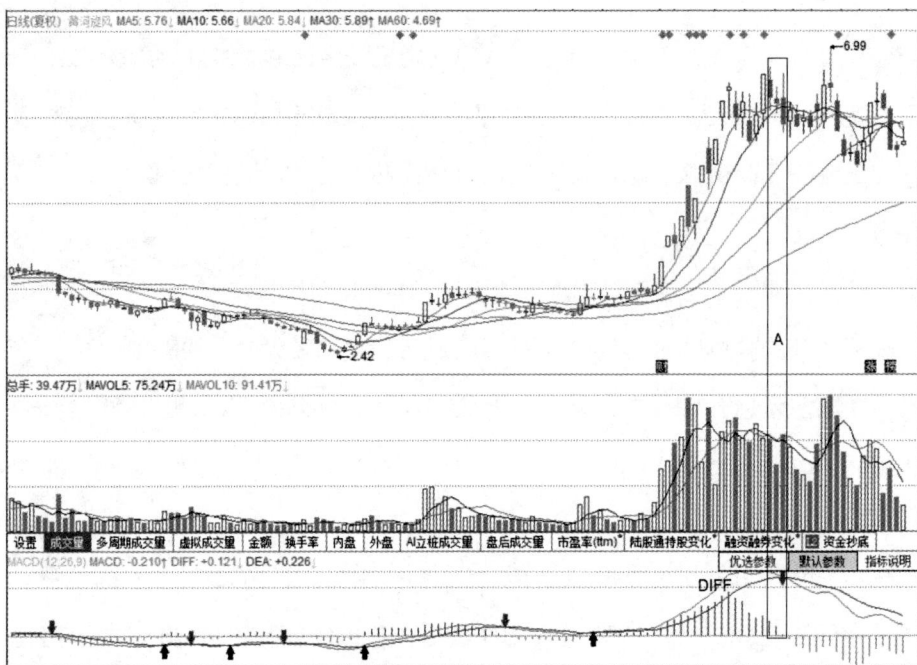

图4-12　黄河旋风-日线图

（2）MACD将金不金，是指当MACD运行到顶部高位区时，或是0轴以上的高位区时，一旦双线在震荡中DIFF线跑到DEA线下方，当DIFF线转为上行时，在即将与DEA线金叉时未交叉，而是即刻转为继续下行，则为MACD将金不金形态。一旦MA与均量线双死叉共振，即应确认为三死叉共振的卖股形态。

　　如图4-13所示，中青旅（600138）在持续上涨的A区域，在形成MA与均量线双死叉共振期间，下方技术指标显示区域内MACD表现为DIFF线在DEA线下方运行时，当向上运行时，在即将与上方的DEA线交叉形成金叉时，未交叉即掉头转为下行，为MACD将金不金形态，A区域符合三死叉共振形态的要求，同时量价齐跌明显，应果断卖出股票。

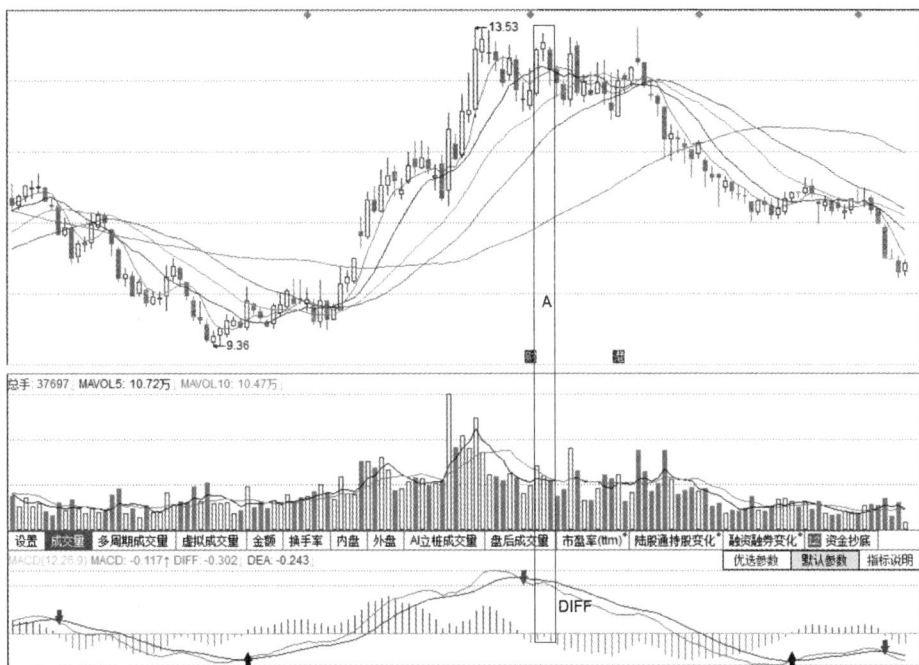

图4-13　中青旅-日线图

　　事实上就这只股票而言，最佳卖点是之前创出13.53元新高后呈类死叉共振的高位放量滞涨时，即应卖出股票，而不一定非要等到A区域形成三死叉共振时再卖出。

实战指南：

（1）在判断三死叉共振时，一旦MA与均量线形成双死叉共振期间，利用MACD判断时，MACD死叉属于标准的三死叉共振形态，但MACD将金不金时为无法持续上行的弱势状态，所以，也应确认为类三死叉形态。

（2）在判断三死叉共振形态中的MACD死叉时，一定要提防一种类死叉共振形态，即双线在相距较近的盘整中，当DIFF线向下与DEA线的交叉不明显时，若DIFF线明显向下与DEA向下分散明显时，应视为MACD死叉的弱势状态。

（3）MACD将金不金的出现，经常是在MACD高位顶背离期间才会形成，而即便是单独使用这种形态判断趋势时，由于将金不金后双线向下分散的弱势明显，所以，只要其间量价齐跌明显，就应卖出股票。

第5章

均量线：确认三叉共振的动能指标

均量线同样是三叉战法中的一个重要指标，市场上使用这一指标的投资者并不多，但在三叉战法中，均量线反映的事实上是成交量的一种趋向，因此，使用均量线这一指标时，必须结合量价的形态，并明白不同三叉共振形态形成交易时机时的量价形态，这样才能准确把握好买卖股票的交易时机。

5.1 均量线的显示

5.1.1 均量线显示的位置

均量线是反映成交量水平的平均线，与均线是一样的道理，是通过一定时期内成交量平均水平的指标，英文显示为MAVOL，再在后面加上统计周期即可，如日线图上的MAVOL5，即是5个交易日的平均成交量水平。由于均量线反映的是一定周期内的成交量水平变化，所以均量线是显示在成交量显示区域的量柱周围。

系统默认的均量线数量：

在炒股软件中，系统会自动默认显示两条均量线：MAVOL5和MAVOL10。如日线图上的均量线包括5日均量线MAVOL5，所代表的是5个交易日的成交量的平均值；10日均量线MAVOL10，所代表的是10个交易日的成交量的平均值。

如图5-1所示，长春一东（600148）在中间成交量显示区域内，鼠标对准上方的一根线时显示为MAVOL10，即为10日均线量线，另一根则为5日均量线，因为系统只默认显示这两条均量线，使用起来十分方便。

实战指南：

（1）在实战中，很多投资者一般均不会观察均量线，只会观察单根或持续多根的成交量柱的变化，但事实上，如果结合均量线，就能够更好地判断出成交量的一种演变趋向。所以，即便不是运用三叉战法判断行情时，也应多观察一下均量线的变化。

（2）由于炒股软件中系统默认的只有5周期和10周期两根均量线，因此，均量线在使用时，多数判断的只是成交量的一种短期变化趋向，所以对均量线的观察，事实上是通过成交量的短期趋向和量的大小变化，来佐证MA和MACD金叉的动能方向和这种方向的力度。

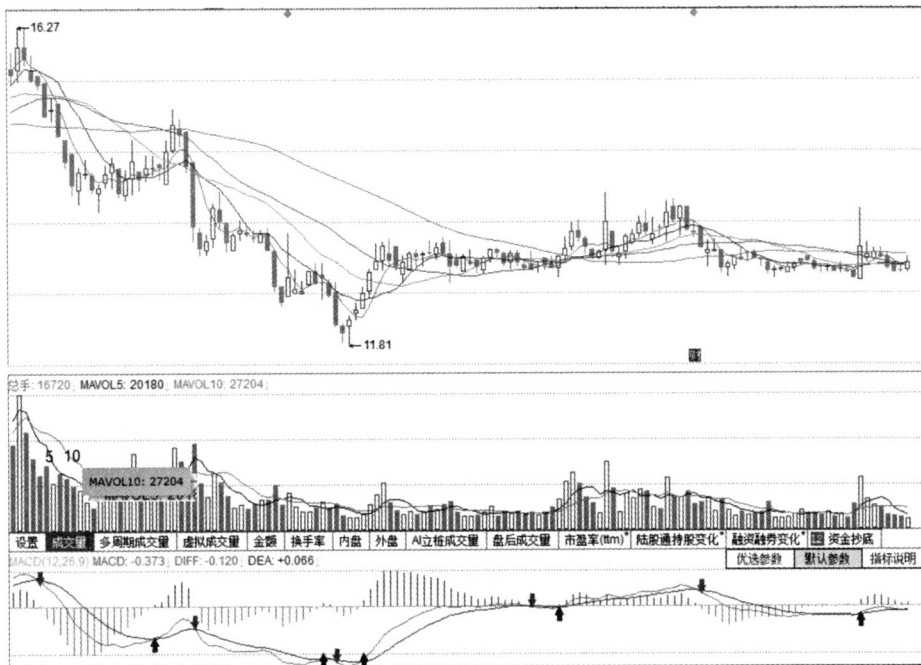

图5-1　长春一东-日线图

5.1.2　均量线参数的修改方法

由于股价在强势转弱或弱势转强初期，均为短期变化明显的状态，所以，在三叉战法中，系统默认的这两条5周期和10周期的均量线已经足够使用，但是学习均量线这一指标时，与其他指标一样，同样要学会修改均量线指标参数的方法。

修改均量线参数的具体方法如下：

以日线图为例，首先调出日线图，如调出图5-2廊坊发展（600149）的日线图，鼠标对准A区域的成交量显示区域中的任意空白处，右击，在弹出的快捷菜单中选择"修改指标参数"命令，如图5-2所示。

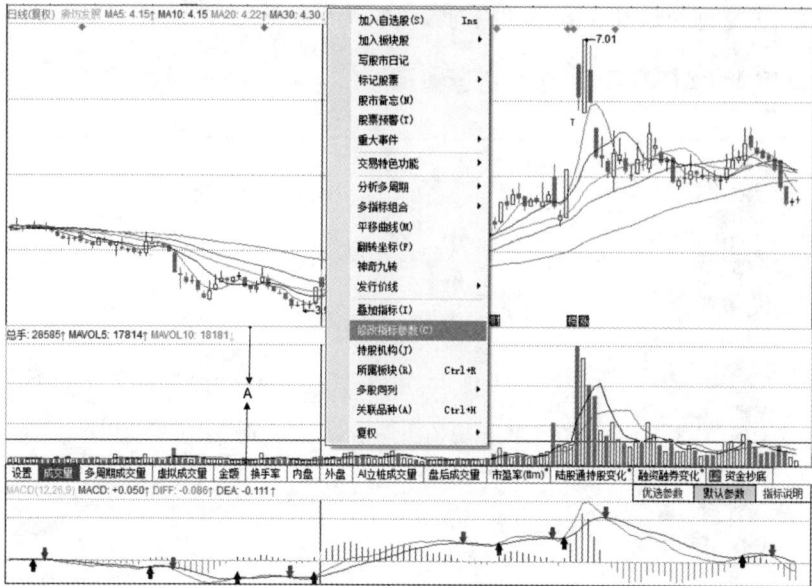

图5-2　廊坊发展-日线图1

弹出"技术指标参数设置-成交量"对话框，如图5-3所示。

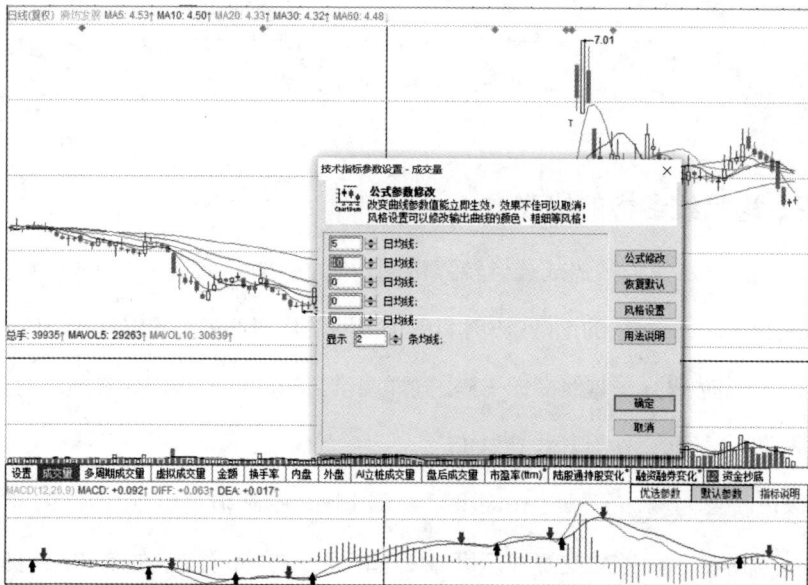

图5-3　廊坊发展-日线图2

如图5-3所示，如果需要改变均量线周期时，只需将所改的统计周期进行修改即可，若增加新的均量线时，可以在第三排中的数据进行修改，如只想显示MAVOL5一根均量线时，无须改动，只要在对话框最下方一排"显示前"右侧显示的原2条改为"1"，检查修改的结果无误后，再单击"确定"按钮，即会形成图5-4中只显示MAVOL5后的结果。

图5-4 廊坊发展-日线图3

实战指南：

（1）在使用三叉战法实战时，系统默认的2条均量线已完全够用，投资者无须进行更改或添加。

（2）如有特殊需求，投资者需要更改均量线的统计周期时，与均线的修改方法基本上是一致的，只是在选择修改参数的对话框时，一定要选择在成交量显示区内右击，所以安全的修改方法是鼠标点击任意一根均量线，以免于修改均线时发生不小心的错误修改与设置。

（3）修改均量线的参数后，一定要记住修改显示条数的数量，因为数值更改后，若不改变显示的条数，增加的不同周期的均量线是无法显示出来的。

5.2 均量线应用

5.2.1 均量线反映的是成交量的方向

在使用均量线前，一定要明白一个道理，均量线与均线的应用方法基本上是一致的，都是通过平均价的趋向，推导价格趋势的演变。只不过均线是以收盘平均价判断价格的演变趋势，而均量线则是通过平均成交量的演变来判断量的演变导致的价格趋势变化。因为量决定价格，所以是先有量才会有价。因此，量的大小和变化方向，直接决定了价格的演变方向。

均量线与成交量的方向变化如下：

均量线的变化方向与成交量的大小有着极大的关系，当均量线上行时，成交量会持续变大；当均量线下行时，成交量会持续变小。

但是，量能的突然变大，也会促使MA5明显快速上行，只是阴量时均量线的上行是没有意义的，只有突爆阴量后缩小且转为阳量后，阳量能够持续放大导致的均量线上行才更具意义，因为阴量状态中股价的短期趋势是下跌的。

因此，阳量的突然变大中均量线上行，才更具有买入时的参考意义。

如图5-5所示，永泰能源（600157）在A区域，整体上两条均量线呈震荡上行状态，成交量柱也持续为增长的阳量放大状态，只在其间的1区域、2区域为两根巨量阴量，为突然变大的巨量阴量，而5区域虽然也为阴量柱，但相对较小，且均量线均处于上行状态，参考意义不大。

因此，在卖出股票时，应结合当前的涨幅等因素来确认类死叉共振的卖点。而B区域，两条均量线呈震荡下行状态，为弱势下跌的表现，在此期间出现偶尔3区域的阳量突然变大时，通常为下跌走势中的短时止跌反弹，买入的参考意义不大，反而是前期未卖出者应当借机逃命的反弹高点。只有A区域中的3区域均量线金叉后上行的阳量持续突然变大时，才是买股时的参与时机。

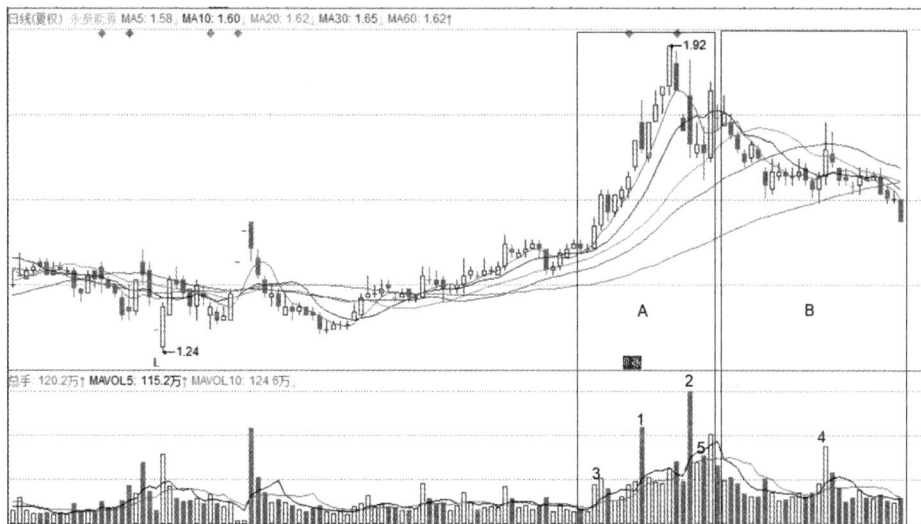

图5-5　永泰能源-日线图

实战指南：

（1）均量线的方向与成交量大小的变化是成正比的，即量越大，均量线就会呈现出上行的状态，无论量表现为阴量或阳量。

（2）如果均量线持续上行中，成交量表现为阴量的持续放大状态时，往往说明股价的上涨即将进入尾声，若量柱为较大阴量柱时，股价在高位区的这种情况往往就会形成好的卖股时机，因此，三叉战法中存在主力出货的短线最佳卖股时机。

（3）如果均量线在持续上行的过程中，成交量表现为阳量的持续放大，往往是一种量价涨的量价齐升状态，在上涨初期形成时，就会构成一种短线买点。

（4）如果MAVOL5表现为缓慢下行，但成交阳量却在持续缩小或保持极小的状态时，往往是股价加速上涨时因持续快速涨停所导致的成交量小的原因，所以是股价极强的量价背离状态，持股中一旦出现，不可轻易卖出。

5.2.2　根据均量线判断行情时应结合量能潮方向

在根据均量线判断行情时，尤其是根据三叉共振判断买卖股票的时机时，量能潮是一个不容易出现的成交量指标，因为在量能潮出现时，往往均量线也会表现出与量能潮变化的方向相同的趋向演变。

因为此时量能潮与均量线的演变方向会合二为一，成为股价缓慢变化时的方向。所以，在根据均量线判断行情时，量能潮是不容忽略的一种成交量现象。

量能潮与均量线的方向与行情如下：

当均量线缓慢上行时，量能潮为持续小幅增长的阳量柱，称为涨潮时的量能潮，股价表现为缓慢上涨；当均量线缓慢下行时，量能潮为突爆大量后的持续缩减状态，只要量能潮中均为当前较大阴量柱状态，即为退潮时的量能潮，股价会表现为快速大幅的下跌。

如图5-6所示，东安动力（600178）在A区域、B区域和C区域均形成以阳量为主的持续小幅增长状态，为涨潮时的量能潮，两条均量线保持着震荡上行的状态，说明行情持续缓慢的小幅放量上涨状态；D区域的成交量柱为阴量为主的持续减弱的状态，两条均量线保持着持续下行，为退潮量能潮，说明行情在持续下跌。这就是不同的量能潮与均量线方向与行情变化的关系。

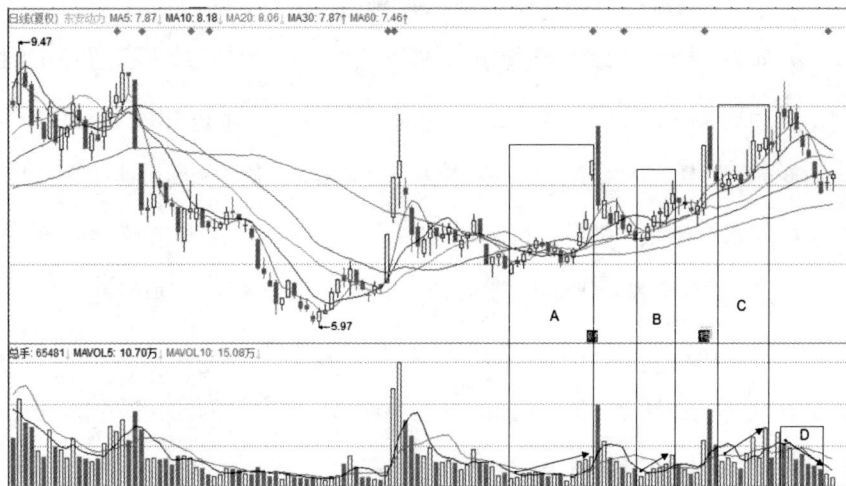

图5-6　东安动力-日线图

实战指南：

（1）量能潮是成交量缓慢递增或递减的一种方式，为健康的股价变化时的量能反映。然而在现实中，因为股票在运行中有着熊长牛短的特征，即主力介入时不喜欢散户发觉，所以上涨初期时的量能潮经常出现，但下跌初期多数不会出现，因为当前热度高，为市场投资者积极参与时的大量水平，所以，退潮量能潮出现的相对少，只不过是大量状态的量能潮。

（2）量能源的出现，是股价缓慢变化时的一种成交量形态，此时多数均量线会与量能潮的方向保持一致，但因为卖出股票时，主力往往都希望高位卖出大部分持股以获利，因此，上涨末端的量能潮往往呈现不规则的情况，经常出现与均量线相左的现象，或表现为震荡滞涨。

（3）若是股价在大幅上涨的高位区，则不应主要以量能潮的观察为主，包括三死叉共振的卖股时机是否出现，而多应以MACD和MA死叉共振，或是短期指标线DIFF线或MA5的大角度下行期间，巨量下跌的短时放量下跌为主要依据。

5.3　金叉共振中的均量线形态

5.3.1　均量线金叉或将死不死：量价齐升突变

均量线金叉或将死不死，是均量线强势的特征，也是三叉战法中三金叉共振或类金叉共振形态中均量线金叉时的两种表现，量价齐升则是当金叉共振中出现均量线金叉强势特征时，必须形成量价齐升突变，实现以量破价的要求时，才能确认均量线这一指标的强势特征。

具体要求如下：

（1）均量线金叉或将死不死。均量线金叉是指MAVOL5由下向上与MAVOL10形成的交叉；将死不死，则是MAVOL5在MAVOL10上方运行期间，出现向下运行，在即将与MAVOL10形成死叉时未出现交叉，而是转头继续向上运行。

如图5-7所示，金种子酒（600199）在A区域中的1区域形成短期MA金叉时，3区域也形成MAVOL5向上与MAVOL10的均量线金叉，其后的4区域又形成

MAVOL5在上方运行时下行期间，在向下与MAVOL10即将交叉时未死叉即转上行的均量线将死不死，而下方2区域的MACD也形成金叉，均符合三金叉共振的形态要求，这时即应观察量价形态以确认买点。

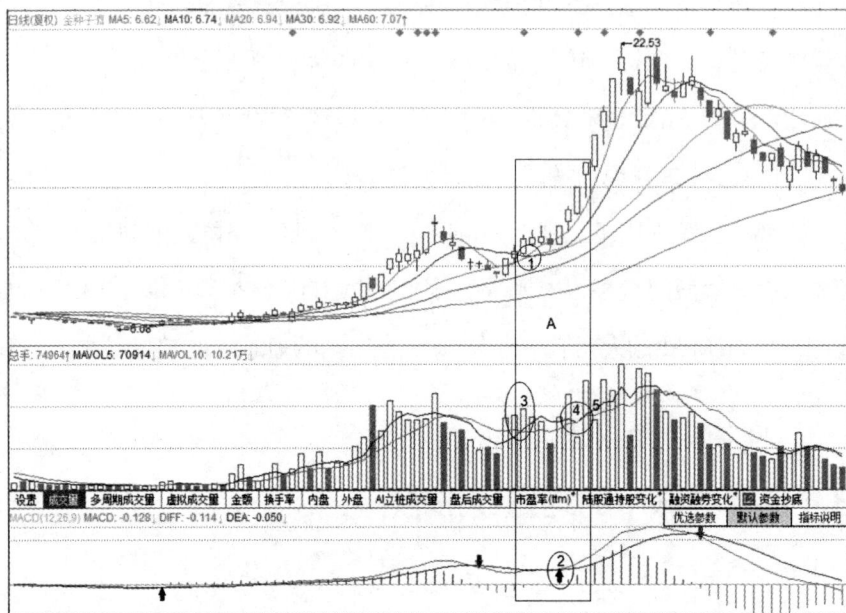

图5-7　金种子酒-日线图

（2）量价齐升，是指在均量线金叉或将死不死出现期间，成交量柱突然或持续变为较长的阳量柱，K线为阳线上涨，即明显放量上涨、持续放量上涨或是平量与缩量涨停等量价齐升的突变形态。

如图5-7在A区域形成三金叉共振期间，量价齐升突变表现为持续大量状态的温和放大，为明显放量上涨状态，应及时买入股票。就这只股票而言，不应在确认三金叉共振的买点时再买入，而应在1区域形成短期MA金叉时的恢复上涨趋势初期，3区域表现为持续阶梯式放量的均量金叉时，即以量价齐升突变的类金叉形态买入股票。

实战指南：

（1）均量线金叉或将死不死是判断三叉共振形态是否成立时均量线的一种表

现，严格来讲，只有均量线金叉才是标准的符合三金叉共振中均量线要求的形态，但由于均量线的将死不死意味着MAVOL5未死叉MAVOL10，即转为上行，所以是未死叉后的均量线上行的强势特征，从形态上看是更强于均量线金叉的形态。

（2）量价齐升是最终确认均量线金叉的强势是否有效的标准，也是买股时重要的量价形态，在实战中这一点尤为重要，即便是未出现均量线金叉，而只有MA和MACD形成双金叉共振，或是MA多头排列初期明显，MACD快速启动形态明显，哪怕未形成任何一个金叉时，只要量价齐升明显，同样为买股时机。

5.3.2   均量线缓慢上行：涨潮量能潮

均量线缓慢上行期间的涨潮量能潮，是股价缓慢上涨时的一种均量线和成交量表现形态，虽然从均量线形态上看不属于均量线金叉，但MACD和MA双金叉共振期间，属于未形成均量线金叉的类金叉共振，但由于成交量形态上属于持续较缓的以量破价的量价齐升强势形态，只不过是均量线金叉出现的过早或金叉不明显而已。因此，均量线缓慢上行的涨潮量能潮同样是判断类金叉共振形态中均量线符合要求的强势买股时机。

具体要求如下：

（1）均量线缓慢上行。是指均量线在之前出现明显或不明显的金叉后，MAVOL5在MAVOL10上方，两条均量线呈角度较小的缓慢向上运行的状态。

如图5-8所示，中盐化工（600328）在A区域形成MA5向上与其余四条均线形成的MA金叉后的多头排列初期，MACD表现也形成金叉后DIFF线向上突然翘起的启涨形态，在此期间的均量线并未形成金叉，只是略震荡后即形成两条均量线的缓慢上行，这时就要及时判断是否形成涨潮量能潮。

（2）涨潮量能潮。是指成交量在当前量能较小的水平下，即由小阳量柱开始，出现持续温和的放大状态，或呈明显的后一根阳量高于前一根阳量的阶梯式小幅放量状态，最右侧的一根阳量柱必须达到明显高于低量水平的小阳量柱，或是呈小阳量柱较参差的或略高或矮的温和放量状态，但同样是最右侧一根阳线为明显高于最初的小阳量柱水平，且至少要有三根量柱时方可确认，K线在此期间也会呈现出明显的震荡上涨状态。

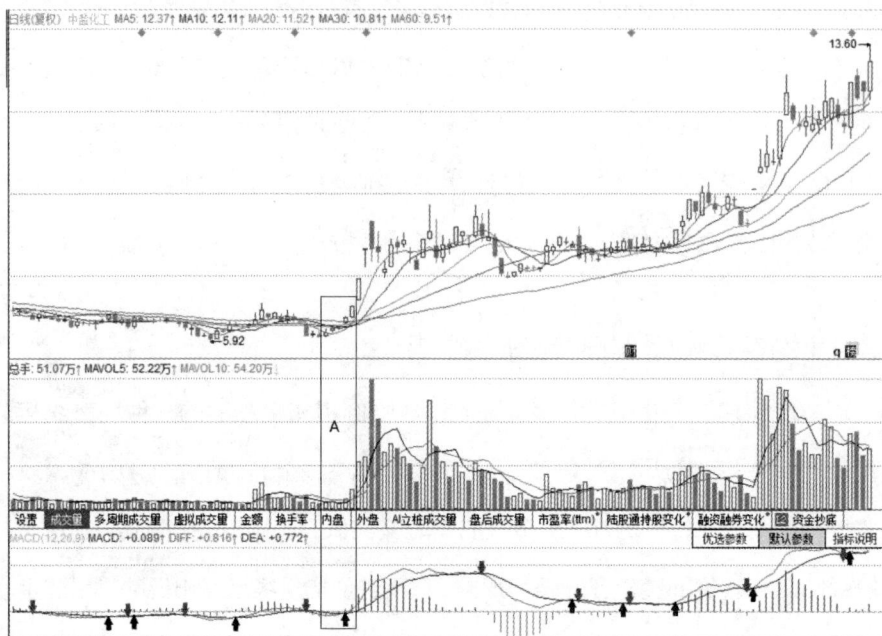

图5-8　中盐化工-日线图

如图5-8中A区域，在两条均量线缓慢上行中，成交量为阳量，小幅持续增长，且最右侧的阳量柱明显放量，为涨潮量能潮，因此，符合类金叉共振形态的涨潮量能潮的买股条件，及时买入股票。

实战指南：

（1）均量线缓慢上行的涨潮量能潮出现时，成交量柱应多为阳量，表现上可以阶梯式小阳量放量，或是小阳量温和放量的形式出现，但最右侧一根阳量柱必须明显要高于弱势震荡期间的量能水平，即比较时可与涨潮量能潮出现的第一根阳量柱比较。

（2）在涨潮量能潮中，允许其间出现一两根阴量柱，但量柱不可过大，且不可持续过多，否则就容易造成股价回落震荡，所以判断的关键是最后一根阳量放量必须明显超过低量水平方可。

（3）如果均量线缓慢上行的涨潮量能潮出现时，若股价出现涨停，量柱可无变化，为小阳量甚至缩量小阳量均可。此时必须结合当日分时图的短期区间放量的涨停波来寻找买股时机。

5.4　死叉共振中的均量线形态

5.4.1　均量线死叉或将金不金：量价齐跌突变

均量线死叉或将金不金的量价齐跌，是判断三死叉共振为卖股时机的重要均量线形态和量价形态，只是由于此时是在大幅上涨的高位区，因此，均量线形成死叉或将金不金期间，量价齐跌必须为当前大阴量状态的K线阴线下跌，才能证明短期趋势的快速变弱。

因此，必须明白均量线死叉或将金不金的量价齐跌的具体要求，才能结合MA和MACD的形态准确判断出卖股时机。

具体要求如下：

（1）均量线死叉或将金不金。均量线死叉，是当MAVOL5持续在MAVOL10上方运行期间，一旦向下运行时，与下方的MAVOL10形成明显交叉；将金不金，则是均量线在震荡期间，MAVOL5震荡到MAVOL10下方后，一旦转为上行，在即将与上方的MAVOL10形成金叉时，未交叉即掉头转为继续下行。

如图5-9所示，央视传媒（600088）在持续上涨中创出新高的16.65元期间，即出现MAVOL5向下与MAVOL10的死叉，但均线与MACD未形成死叉。直到其后的B区域，才在形成MA和MACD死叉期间，均量线形成MAVOL5向上即将与MAVOL10交叉时未交叉即掉头下行的均量线将金不金形态，符合类死叉共振形态的要求，这时即应观察量价形态确认卖点。

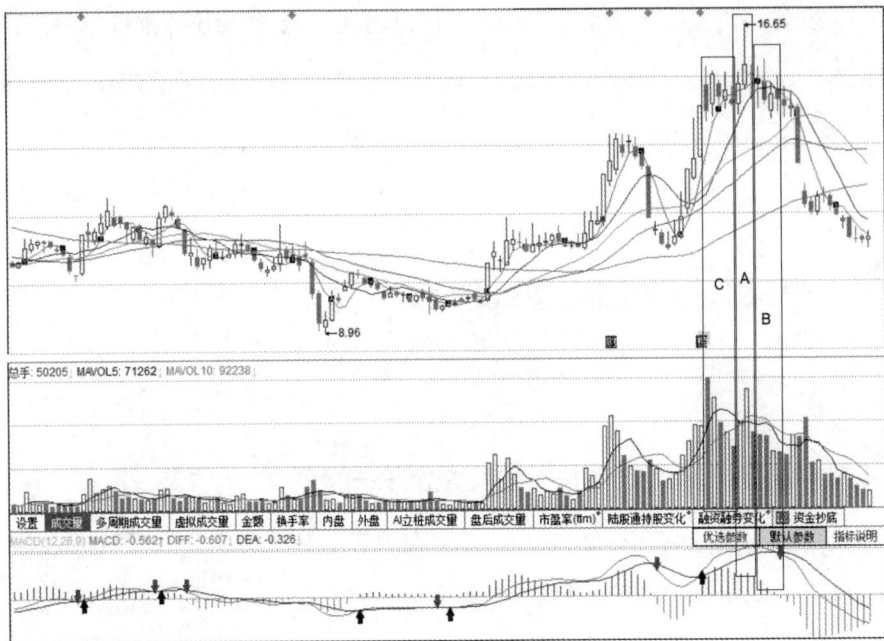

图5-9　央视传媒-日线图

(2)量价齐跌突变。在根据量价齐跌判断卖股时机时,存在两种情况:

一是标准的三死叉共振形态形成后,只要表现为阴线阴量的下跌,即为趋势转弱的量价齐跌卖股时机。

二是表现为类死叉共振或DIFF线、MA5表现为大角度下行时,量价齐跌必须形成巨量下跌或明显放量下跌、持续大阴量下跌时,方为量价齐跌突变的卖股时机。

如图5-9中B区域形成三死叉共振期间,量价表现为持续阴量下跌,符合量价齐跌突变要求,应果断卖出股票。就这只股票而言,最佳卖点不是B区域类死叉共振时的量价齐跌,而是C区域股价在大幅上涨的C区域形成高位放量滞涨的主力出货初期时。

实战指南:

(1)均量线死叉或将金不金的量价齐跌是均量线和量价的两种不同形态,在判断时一定要分开来看,均量线死叉或将金不金是通过均量线的形态来判断,而量价齐跌则需要通过成交量与K线来判断。

（2）均量线死叉或将金不金的量价齐跌出现时，因为涉及了三叉战法中的卖股时机，所以，在不同的情况下，存在着不同的具体要求。如标准的三死叉共振形态中，量价齐跌只要是阴线阴量的状态，即可确认卖股时机。

（3）如果在根据均量线死叉或将金不金的量价齐跌卖股时，一旦在类死叉共振形态期间，如均量线死叉不明显，或MACD死叉不明显时，量价齐跌必须达到明显卖点的巨量或放量下跌标准时，方可构成卖股时机。

5.4.2　均量线震荡或缓慢下行：退潮量能潮

均量线震荡或缓慢下行的退潮量能潮，是三叉战法中一种未形成标准的三死叉共振形态的卖股时机，由于是卖股时机的判断，所以，此时的均量线在表现为缓慢下行时，退潮的量能潮与买股时的涨潮量能潮区别很大，所以，一定要学会认真判断退潮时的量能潮，才能有效把握住趋势转弱时的最佳卖股时机。

具体要求如下：

（1）均量线震荡或缓慢下行。主要是指MA5在持续向上运行时，当转为平行小幅震荡时，或是转下行时不过于明显，呈现出角度较小的缓慢下行。

如图5-10所示，羚锐制药（600285）在持续上涨的高位区，MACD出现DIFF线高位钝化的下行后与DEA交叉的死叉，MA尚未形成死叉，两条均量线却出现明显持续缓慢地向下运行，这时就要及时观察成交量的情况。

（2）退潮量能潮。是指成交量形成极大放量状态后，一旦出现一根较大阴量柱时，又出现持续变短不过于明显的阴量缩量柱，持续至少两三根时，即为退潮量能柱，股价此时呈持续下跌状态。

如图5-10中的A区域，当MACD形成高位死叉期间，成交量在略放量为阴量后，出现缓慢的阶梯式的阴量持续减量，为退潮量能潮。因此，应以类死叉共振形态的均量线缓慢下行的退潮量能潮确认为卖股时机，果断卖出股票。

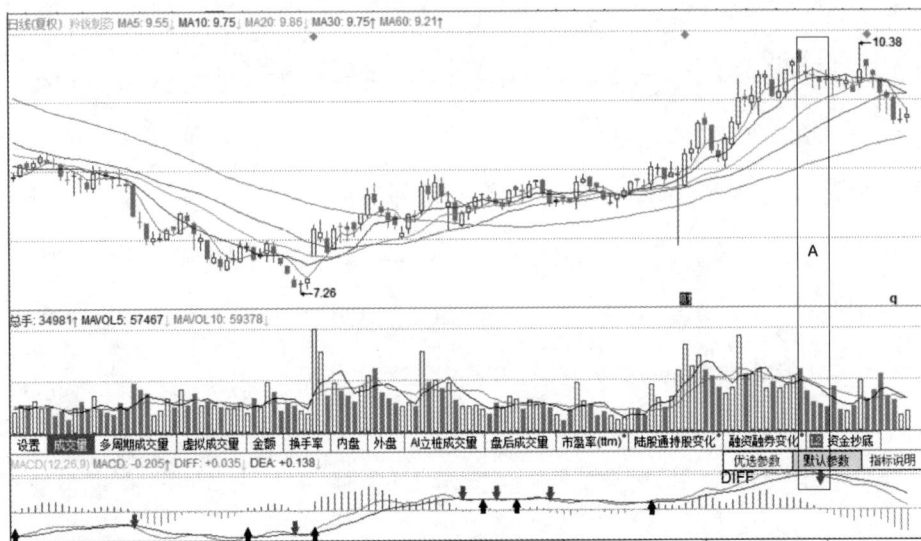

图5-10　羚锐制药-日线图

实战指南：

（1）均量线震荡或缓慢下行的退潮量能潮是均量线转跌迹象不明显时，通过单根量柱与股价未形成明显的量价齐跌卖点时，通过持续的小幅缩量的量价齐跌来确认卖股时机的方法，所以，属于类死叉共振的一种卖股时机的判断。

（2）均量线震荡或缓慢下行的均量线退潮量能潮，主要是指均量线中的MAVOL5是处于平行小幅震荡或是向下运行的角度不大时，通过成交阴量的持续大阴量的缩量所形成的退潮量能潮来确认卖股时机，因此是大阴量首次出现时不明显放量，甚至是略微量，但能够在持续出现较大阴量缩量状态时来确认卖点。因此，在退潮量能潮中，阴量即便看似缩量明显，缩量后的量柱依然为当前较高水平的阴量柱。

（3）一旦均量线震荡或缓慢下行的退潮量能潮出现时，只要MA和MACD满足卖出要求的形态，即便未形成双死叉共振，或是在退潮量能潮中的阴量缩量中出现阴量放量，则是快速转弱的征兆，但若是这种阴量缩量持续中K线下跌时，同样是转弱的卖出时机。

第6章

选股: 选到好股才能
买到好股

选股, 在三叉战法的操盘过程中, 虽然并不涉及具体的交易, 但却是十分重要的一个操盘步骤, 因为选股是在股价趋势运行规律下, 通过一只股票最有可能在未来成为牛股的形态出发, 并结合基本面进行分析和观察, 即从牛股形成的内因角度出发, 而选择出的短期内最容易成为牛股的股票。

所以, 毫不夸张地说, 要想在控制风险的前提下实现大幅获利, 必须学会如何选股, 因为只有事先确定好目标, 才能更为集中地寻找到走牛的股票。

6.1 选股策略

6.1.1 技术面为主、基本面为辅的选股策略

投资者在根据三叉战法选股期间，一定要在技术面选股的基础上，再通过基本面的辅助判断来确认目标股。因为一只股票出现上涨，虽然主要是技术面弱势整理的结果，但如果基本面不支持，也就是上市公司的业绩一直没有什么起色，则公司股价也是难以实现上涨的。

因此，选股时一定要采取技术面为主、基本面为辅的策略。

技术面为主、基本面为辅的具体选股策略如下：

技术面为主，就是选股时首先从股票的技术走势，通过MA或MACD观察这只股票是否呈现出弱势整理状态；基本面为辅，就是通过个股票资料中，主要是通过财务指标判断公司业绩是否处于良好的盈利状态来确认这只股票的未来是否具有转强的基因，从而确认目标股。

如图6-1所示，大东方（600327）在A区域表现MA长期反复缠绕、MACD双线相距较近状态的水平小幅震荡，为长期弱势震荡整理的技术形态。再观察图6-2中持续三年的净利润、基本每股收益、净资产收益率等发现，这只股票的业绩持续盈利，可以确认为绩优股。符合技术面为主、基本面为辅的选股策略，应将其列为目标股。

实战指南：

（1）在技术面为主、基本面为辅的选股策略下选股时，首先应从一只股票的技术面走势中，寻找那些处于弱势整理状态的股票，因为股价上涨前都是要经过

一定时间的整理，而技术选股事实上选的是一只股票上涨前的蓄势阶段。

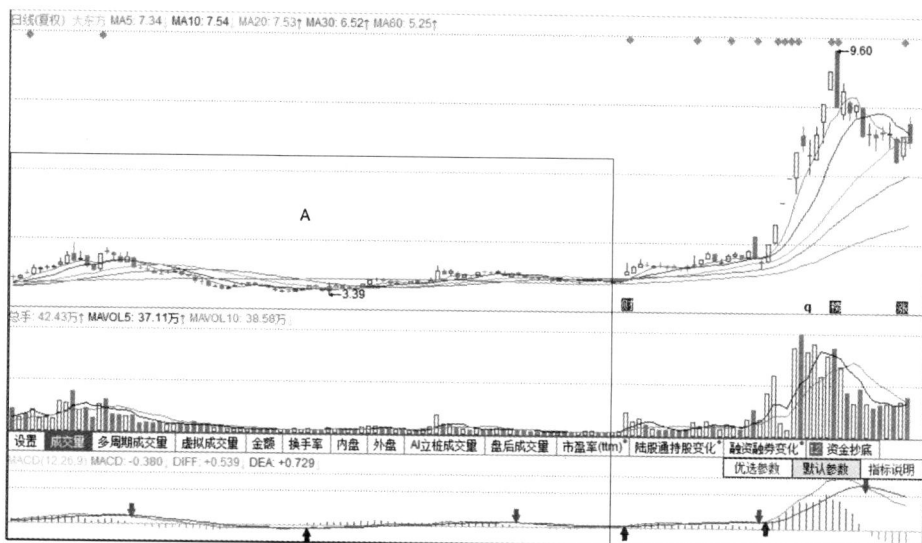

图6-1　大东方-日线图

图6-2　大东方-财务概况

（2）一旦股价从技术走势上呈现出弱势整理形态，只要基本面业绩保持盈利，则说明这只股票未来短期是具有上涨内因的，但是否能够出现反转式上涨，则应再从技术面去观察。

（3）在技术面为主、基本面为辅的选股策略下，投资者一定不要过于偏重技术面的选股，忽略基本面，但也不要因为过于注重基本面的价值，而忽略技术面。因此，选股时必须采取技术面结合基本面的选股策略。

6.1.2　弱势选股策略

弱势选股，是三叉战法中最为重要的一个选股策略，因为从三叉战法的本身来看，由于是寻找股价趋势反转后的强势征兆来通过上涨波段持股获利，所以，买入时当然要在强势时买入，但选股时则必须从强势前的弱势角度去蓄势选股，这样才能从容地判断强势出现的时间。因此，选股时一定要坚持弱势选股策略。

弱势选股的具体策略如下：

在弱势选股中，不仅包含技术面的弱势，长期弱势或短期弱势的技术状态均可，同时也包括基本面的弱势，但在基本面上，则要求选择那些长期强势中的短期弱势类股票，即长期业绩优良的股票，出现短期业绩差的情况。但在选择技术短期弱势类股票时，应为短期基本面强势的状态。

如图6-3所示，中盐化工（600328）在A区域的2020年12月至2021年2月，MA与MACD、K线均表现为长期窄幅震荡的弱势特征；再来看基本面的情况，如图6-4中最新动态的资金分析中显示这是一只白马股，属于长期业绩优良的情况，而图6-5中财务概况中显示最近三年持续增长明显，但在2020年全年虽然为收益较大状态，但明显大幅低于2019年，属于优质股的短期弱势，因此，属于长期技术面弱势的基本面短期偶尔弱势的情况，符合选股要求。

而在2021年3月下旬至4月下旬的B区域，股价表现为上涨趋势调整行情的短期弱势，符合技术面短期弱势的特征，再来看图6-5中下方2021年一季报的概况，发现一季报同比增长22.8%，符合短期基本面强的情况。因此，无论是A区域还是B区域，均为符合选股要求的状况，应将其列为目标股。这种选股方法就是在弱势选股策略下所进行的技术面与基本面选股。

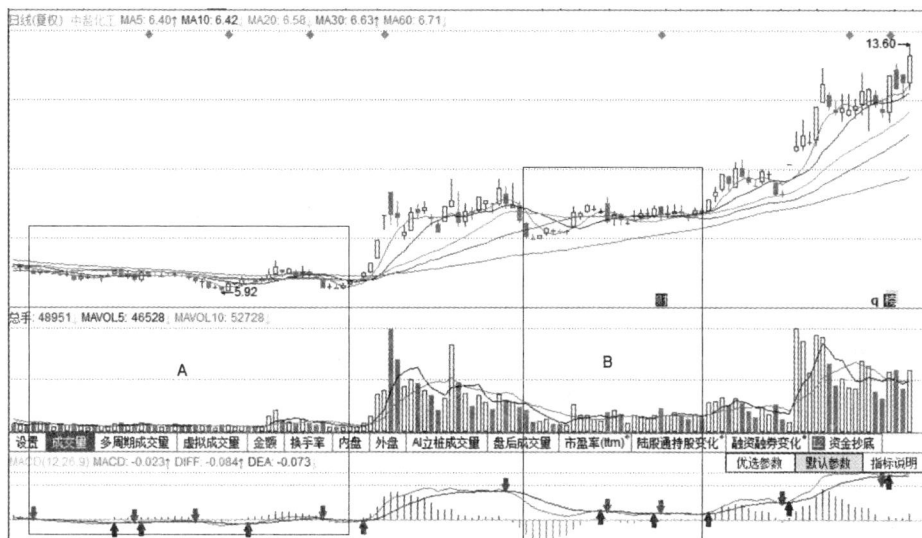

图6-3 中盐化工-日线图

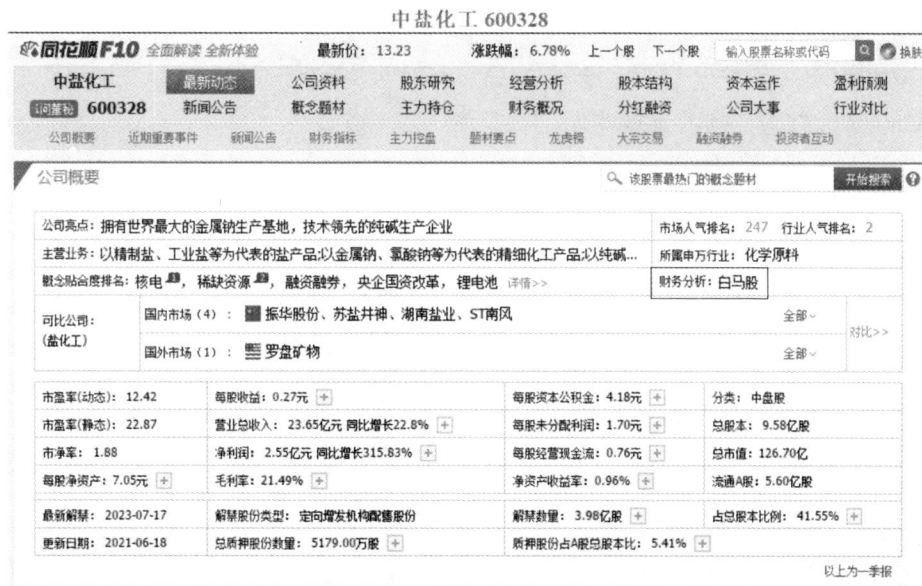

图6-4 中盐化工-最新动态

中盐化工 600328

科目\年度	2020	2019	2018	2017	2016	2015
成长能力指标						
净利润(元)	**5.54亿**	**8.95亿**	**8.71亿**	**2.10亿**	**8327.95万**	**-3311.64万**
净利润同比增长率	-38.12%	2.74%	313.96%	152.74%	351.47%	-328.43%
扣非净利润(元)	5.38亿	3.15亿	2.60亿	1.99亿	6409.96万	-5721.52万
扣非净利润同比增长率	70.81%	20.94%	30.60%	210.96%	212.03%	-3211.49%
营业总收入(元)	97.53亿	107.38亿	99.26亿	32.86亿	25.25亿	23.68亿
营业总收入同比增长率	-9.18%	1.21%	15.06%	30.15%	6.64%	-12.85%
每股指标						
基本每股收益(元)	0.6040	1.0707	1.0421	0.4805	0.1930	-0.0920
每股净资产(元)	6.78	6.49	5.50	5.03	4.56	3.38
每股资本公积金(元)	4.18	4.04	2.32	2.32	2.29	1.05
每股未分配利润(元)	1.44	1.29	1.91	1.44	1.02	1.04
每股经营现金流(元)	1.72	1.95	1.94	1.43	0.64	0.80
盈利能力指标						
销售净利率	6.31%	10.78%	11.84%	12.32%	4.57%	-3.22%
销售毛利率	17.53%	27.89%	37.86%	40.31%	32.10%	27.57%
净资产收益率	9.05%	16.52%	11.60%	10.02%	5.19%	-2.68%
净资产收益率-摊薄	8.53%	16.50%	11.11%	9.55%	4.17%	-2.73%
运营能力指标						

图6-5　中盐化工-财务概况

实战指南：

（1）在弱势选股策略中，投资者一定要明白，这种弱势不仅仅只是包括技术面的弱势，还包括基本面的弱势。

（2）在弱势选股策略下，基本面的弱势与技术面的弱势不同，必须是上市公司的基本面，即业绩长期在较好的状态下，突然出现短期较差。但必须对造成当前业绩差的原因进行客观分析，只有影响因素不是致命时，其未来才具有投资价值。

（3）投资者在根据弱势选股策略选股时，应优先选择那些行业或细分行业处于龙头地位的股票，或是长期绩优股，也就是长期业绩优秀越明显、短期业绩越差时，往往是最好的介入时机。

6.2 技术面选股方法

6.2.1 长期弱势震荡整理

长期弱势震荡整理，是股价充分整理时的技术特征，因为股价在持续上涨前，整理的时间越充分，则主力介入时越是不显山露水，后市越容易在上涨时出现持续，所以长期弱势震荡整理的股票，是通过三叉战法捕捉牛股的一种方法，尤其是长期弱势震荡幅度小的股票，其后一旦启动，最容易成为短期翻倍的黑马股。

长期弱势震荡整理的具体技术要求如下：

判断长期弱势震荡整理状态时，可通过MA和MACD，MA在日线图上必须表现为5条均线在相距较近状态下的反复缠绕状态时，MA120或处于与其他均线的缠绕状态，或呈上行、平行状态；MACD表现为双线相距较近状态的长期小幅水平震荡；K线基本上处于长期横盘小幅震荡状态，震荡幅度越小越理想。时间上，在此期间至少要有30根左右的K线时，方为长期弱势震荡整理。

如图6-6所示，中新药业（600329）在2020年12月下旬至2021年2月中旬的A区域，K线周围的5条系统默认显示的MA表现为在相距较近反复缠绕，MA120在其余各均线下方不远的位置，呈水平状态；MACD双线为相距较近状态的小幅水平震荡，K线小幅震荡，符合长期弱势震荡整理的技术标准，这时即可对这只股票的基本面进行分析，以确认是否完全符合选股要求确认为目标股。

实战指南：

（1）判断一只股票是否为长期弱势震荡整理出现时，主要包括四个方面的内容：MA为反复缠绕的震荡排列；MACD双线为长期弱势震荡；K线处于长期小幅震荡状态；K线在长期弱势震荡期间，必须保持在30根左右。

（2）判断长期弱势震荡整理状态时，因为弱势震荡整理包含两种情况：一是宽幅震荡；二是窄幅震荡。所以，原则上越是股价震荡幅度越小的股票越理想。

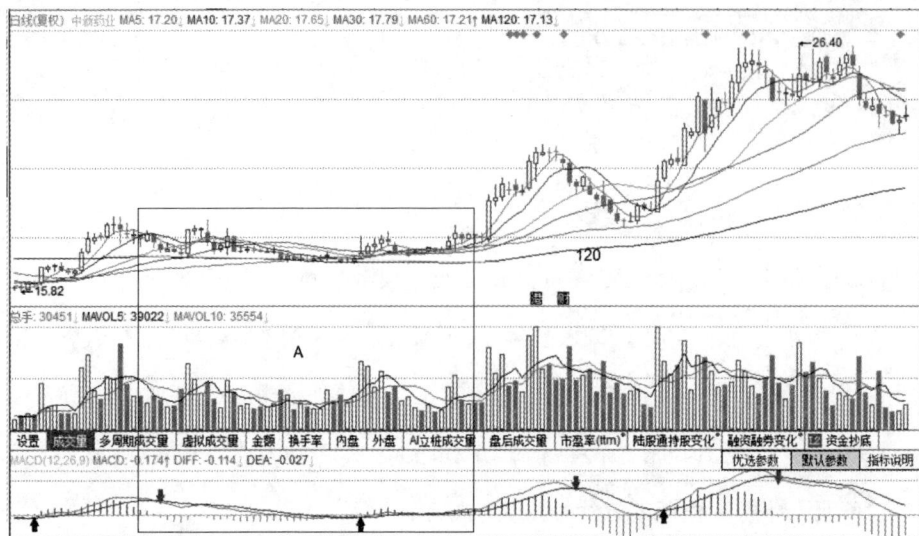

图6-6　中新药业-日线图

（3）长期弱势震荡整理形态出现时，可以是股价大幅下跌后的长期弱势中形成的小幅震荡，也可以是持续上涨后形成的略回调或直接转为长期弱势震荡整理。后者往往是一些业绩长期优良的白马股或蓝筹股，即价值投资标的。

（4）投资者在根据长期弱势震荡整理的技术选股时，如从主力的角度进行判断时，可以观察股价在震荡期间是否经常出现持续的小阳量，因为持续小阳量是主力低位吸筹的表现，所以可以辅助判断，因只有主力介入深的股票，后市上涨才越可期。而从基金主力的建仓时间来看，国家规定最多不能超过三个月，所以，长期弱势震荡的时间，虽然原则上是越久越好，但主力建仓时因为要遵守规定，所以，从主力的角度观察，更能坚定信心去持续观察。

6.2.2　短期弱势整理

因为在三叉战法的操作中，是通过股价在上涨波段的持股来获利的，所以，长期弱势震荡整理的选股，主要是判断其后股价出现反转走势时才具有意义。而短期弱势整理的出现，一旦出现在趋势已经反转为上涨阶段中时，其后趋势恢复上涨时，也会成为可操作的目标。因此，短期弱势整理同样是选股时的一种重要技术形态。

短期弱势整理的具体技术要求如下：

判断短期弱势整理时，首先要确认前期的上涨趋势，因为只有在强势上涨期间出现的短期弱势整理后，股价恢复强势的概率最高，因此，判断短期弱势整理时的首要方法，就是在MA多头排列或MACD多头上涨趋势期间，一旦股价出现短期下跌调整时，短期MA或DIFF线出现震荡或下行，往往就是短期弱势整理的开始。

如图6-7所示，恒力石化（600346）在A段明显的MA多头上涨趋势中，进入B区域股价出现震荡调整，短期均线出现小幅震荡，MACD也表现为震荡趋势，表明股价进入短期的震荡弱势整理，符合技术面短期弱势整理的要求，这时即可对其基本面进行分析，以确认是否符合选股要求并列为目标股。

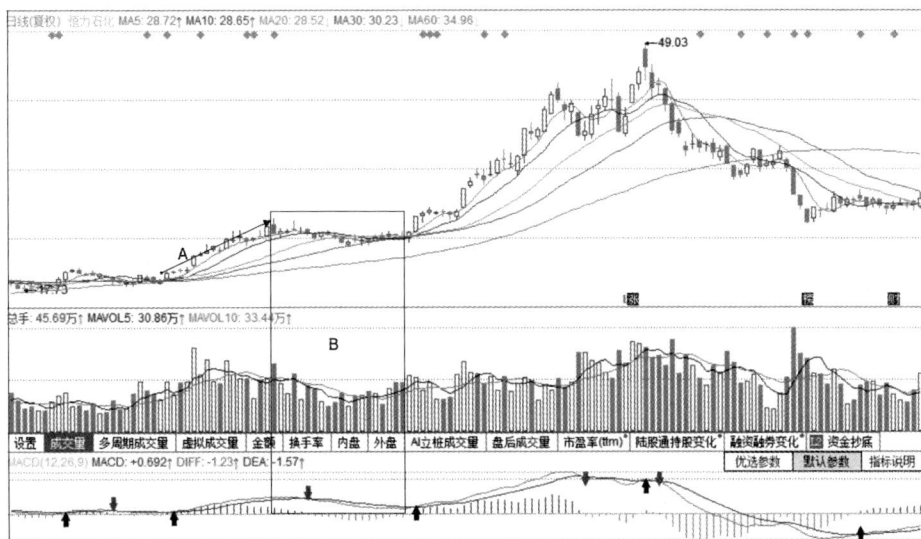

图6-7　恒力石化-日线图

实战指南：

（1）判断股价的短期弱势整理时，主要包括两项内容：一是股价的上涨趋势，必须是MA的5条均线向上发散的标准多头排列下，或MACD双线突破0轴后的持续上涨中；二是股价出现止涨下跌或震荡。

（2）在利用技术指标判断上涨趋势中的短期弱势整理时，MA多为短期均线的调整，一般不会涉及中期均线，但涉及中期均线时，往往意味着调整的时间略长或幅度略大，但在此期间必须确保MA120保持着日线的上行状态。

（3）利用MACD判断上涨趋势中的短期弱势整理时，通常双线尚未到达顶部，但若是上涨趋势初期的上涨幅度较大时，双线一旦到达顶部高位区后，会出现双线相距较近的震荡或下行，或是双线直接下跌，但必须在0轴附近止跌回升时，方可确认为短期弱势整理。

（4）一只股票在上涨趋势中出现短期弱势整理时，通常在上涨趋势首次出现的调整，其后恢复继续上涨的概率最大，且前期上涨趋势成立时的涨幅一般在30%~50%，过大甚至是超过100%后，直接转跌的概率最高，通常此时不可确认为短期弱势整理，但价值投资标的股或"妖股"除外。

6.3 基本面的选股方法

6.3.1 判断基本面的账务指标

在基本面选股时，因为主要是判断上市公司的业绩好坏，所以，必须观察一只股票在个股资料中的财务基本面，但由于选股时的基本面观察与财务主要工作中的查账不同，而是要通过几个重要的财务指标情况来判断上市公司基本面的趋向或预期。因此，只要观察财务概况中的净利润、基本每股收益、净资产收益率和资产负债比率四个指标即可。

选股时基本面的四大财务指标及其含义如下：

（1）净利润。净利润是上市公司的税后利润总和，但由于尚未扣除非经常性损耗，所以在观察净利润时，应结合扣非净利润，判断短期财务指标时，则应结合净利润同比增长率和扣非同比净利润增长率来确认。

如图6-8所示，鲁抗医药（600789）在观察净利润的同时，应对净利润同比增长率、扣非净利润和扣非净利润同比增长率进行分析，如在2020年公司净利润为2.28亿元，但扣非净利润却仅有1 049.30万元，说明公司在2020年期间的非经常支出较为严重，基本面选股时就应引起注意。

鲁抗医药 600789

科目\年度	2020	2019	2018	2017	2016	2015
成长能力指标						
净利润(元)	2.28亿	1.21亿	1.61亿	1.14亿	2910.20万	789.72万
净利润同比增长率	87.94%	-24.87%	41.27%	292.54%	268.51%	106.31%
扣非净利润(元)	1049.30万	6331.58万	1.06亿	7466.94万	1811.37万	-2358.34万
扣非净利润同比增长率	-83.43%	-40.20%	41.81%	312.23%	176.81%	82.32%
营业总收入(元)	42.05亿	37.33亿	33.30亿	25.99亿	25.06亿	24.10亿
营业总收入同比增长率	12.66%	12.11%	28.10%	3.74%	3.95%	4.25%
每股指标						
基本每股收益(元)	0.2600	0.1400	0.1900	0.2000	0.0500	0.0100
每股净资产(元)	3.65	3.43	4.32	3.37	3.19	3.11
每股资本公积金(元)	1.85	1.85	2.70	1.88	1.88	1.86
每股未分配利润(元)	0.62	0.41	0.40	0.22	0.05	-0.0032
每股经营现金流(元)	0.27	0.41	0.52	0.47	0.51	0.13
盈利能力指标						
销售净利率	5.55%	3.45%	5.21%	4.96%	1.18%	0.31%
销售毛利率	23.31%	28.28%	31.15%	27.29%	23.49%	19.69%
净资产收益率	7.31%	4.08%	6.04%	6.00%	1.59%	0.49%
净资产收益率-摊薄	7.09%	4.01%	5.51%	5.83%	1.57%	0.44%
运营能力指标						

图6-8　鲁抗医药-财务概况1

（2）基本每股收益。是指当期内上市公司发行的每一份股票所得的净利润，很容易由基本每股收益看出一家上市公司的盈利能力，所以数值越大，意味着公司越能挣钱。

如图6-8中公司在2020年的基本每股收益为0.26元，与2019年的0.14元相比，2020年的基本每股收益明显增长，处于良好的增长状态。

（3）净资产收益率。是上市公司的税后净利润除以公司的净资产后所得到的百分比率，又称股东权益回报酬率或净资产利润率，这一指标反映股东权益的收益水平，经常用来衡量上市公司运用自有资本所产生的效率比例。因此，这一指标值越高，说明投资带来的收益也越高。

如图6-8中公司的净资产收益率，2019年为4.08%，2020年为7.31%，明显可以看出公司在2020年利用自有资本所产生的收益比例在大幅提高。

（4）资产负债比率，是指上市公司在一定时期内，企业的流动负债和长期负债与企业总资产的比率，所以又称举债经营比率，经常用来反映企业在经营过程的总资产在借债筹资时的比重，是衡量上市公司经营负债水平的高低情况。

如图6-9所示，鲁抗医药（600789）在最下方的资产负债比率，在2015—2020年期间，一直保持在50%~60%的水平，资产负债比率稳定，并未产生严重的资不抵债。

鲁抗医药 600789

	2020	2019	2018	2017	2016	2015
每股净资产(元)						
每股资本公积金(元)	1.85	1.85	2.70	1.88	1.88	1.86
每股未分配利润(元)	0.62	0.41	0.40	0.22	0.05	-0.0032
每股经营现金流(元)	0.27	0.41	0.52	0.47	0.51	0.13
盈利能力指标						
销售净利率	5.55%	3.45%	5.21%	4.96%	1.18%	0.31%
销售毛利率	23.31%	28.28%	31.15%	27.29%	23.49%	19.69%
净资产收益率	7.31%	4.08%	6.04%	6.00%	1.59%	0.49%
净资产收益率-摊薄	7.09%	4.01%	5.51%	5.83%	1.57%	0.44%
运营能力指标						
营业周期(天)	140.78	162.99	174.56	183.09	163.78	154.97
存货周转率(次)	3.72	3.13	2.91	2.94	3.60	3.90
存货周转天数(天)	96.74	115.07	123.65	122.42	100.08	92.23
应收账款周转天数(天)	44.04	47.91	50.91	60.67	63.71	62.74
偿债能力指标						
流动比率	0.80	0.81	1.29	1.27	1.14	1.20
速动比率	0.49	0.52	0.77	0.81	0.75	0.81
保守速动比率	0.40	0.45	0.77	0.81	0.75	0.81
产权比率	1.22	1.30	1.19	1.58	1.18	1.17
资产负债比率	53.81%	55.26%	53.23%	59.65%	52.56%	52.58%

图6-9　鲁抗医药-财务概况2

实战指南：

（1）在观察上市公司的基本面时，可通过单击同花顺中的"个股资料"，单击"财务概况"进行观察，或是通过大智慧中的"基本资料"内的财务情况进行查看。不同软件中的入口显示或许会有不同，但均可按快捷键【F10】直接进入。

（2）观察基本面的四大指标时，一定要注意其中的"净利润"，要结合扣非净利润进行对比，因为当净利润的数值与扣非净利润相差较大时，大多数说明公司的非经常性损耗较大。但若是观察增长状态时，应结合净利润同比增长率和扣非同比净利润增长率来确认短期利润的增长比率。

6.3.2 判断基本面强弱的标准

观察一家上市公司基本面的强弱时，在明白了主要反映上市公司财务概况的四大指标后，还要明白这四个指标的具体数值状态，从而确定这家上市公司的基本面是否符合选股要求。因为不是只要上市公司利润为正时，即是符合要求的，它有着一定的标准。

判断基本面强弱的标准如下：

（1）从长期基本面入手，即最近持续三年的年度财务概况。当净利润为正值时，且在年度净利润中保持着持续三年数值相差不大时，意味着公司长期处于盈利状态，符合选股要求；基本每股数值越大的公司，盈利能力越强，处于行业前列的股票，多为行业或细分行业的龙头股，一般最低为基本每股收益0.1元左右时符合选股要求；净资产收益率一般保持在3%~5%时，为符合选股标准的情况，但若是能够持续保持三年在10%以上时，即可确认为绩优股；资产负债比率持续三年一般应低于75%，越低越说明上市公司的经营负债低，通常为50%左右不超过75%时即符合选股要求。

如图6-10所示，旭光电子（600353）观察长期基本面时，应从财务概况中按年度的数据为准，发现公司在最近三年，即2018年、2019年、2020年的净利润始终保持在5 000万~6 000万元的水平，基本每股收益基本维持在0.1元左右，净资产收益率维持5%左右，如图6-11中的资产负债比率维持在30%左右，远低于75%，说明公司经营中负债较低，业绩维持稳定的正收益，符合基本面选股的最低要求，一旦技术面符合要求时，即应列为目标股。

旭光电子 600353

同花顺F10 全面解读 全新体验			最新价：5.24	涨跌幅：2.34%	上一个股 下一个股	输入股票名称或代码 🔍 ⟳换肤	
旭光电子 600353	最新动态 新闻公告	公司资料 概念题材	股东研究 主力持仓	经营分析 财务概况	股本结构 分红融资	资本运作 公司大事	盈利预测 行业对比

财务诊断　财务指标　指标变动说明　资产负债构成　财务报告　杜邦分析

按报告期	按年度	按单季度				显示同比
科目\年度	2020	2019	2018	2017	2016	2015 »
成长能力指标						
净利润(元)	5353.95万	5587.40万	5638.83万	2757.71万	4357.53万	4855.49万
净利润同比增长率	-4.18%	-0.91%	104.48%	-36.71%	-10.26%	-23.18%
扣非净利润(元)	2757.71万	5061.36万	5382.57万	2515.00万	4071.67万	3856.80万
扣非净利润同比增长率	-45.51%	-5.97%	114.02%	-38.23%	5.57%	243.28%
营业总收入(元)	9.02亿	12.01亿	10.59亿	10.62亿	9.79亿	8.35亿
营业总收入同比增长率	-24.87%	13.39%	-0.27%	8.49%	17.20%	53.10%
每股指标						
基本每股收益(元)	0.0991	0.1054	0.1055	0.0507	0.0801	0.0893
每股净资产(元)	2.09	2.05	1.89	1.98	1.96	1.90
每股资本公积金(元)	0.18	0.17	0.21	0.21	0.21	0.21
每股未分配利润(元)	0.73	0.71	0.67	0.59	0.57	0.52
每股经营现金流(元)	0.08	0.03	0.07	0.08	0.06	-0.0063
盈利能力指标						
销售净利率	6.45%	6.00%	5.81%	4.18%	5.96%	8.17%
销售毛利率	18.34%	20.52%	18.48%	17.12%	18.27%	20.36%
净资产收益率	4.76%	5.28%	5.51%	2.58%	4.15%	4.87%
净资产收益率-摊薄	4.71%	5.01%	5.49%	2.56%	4.09%	4.69%

图6-10　旭光电子-财务概况1

（2）观察短期基本面时，应在长期基本面较好状态时，通过对单季度财务概况中的净利润、基本每股收益、净资产收益率三大指标进行观察，只要持续四个季度的数值相差不大，全年整体相差不大时，允许单季度出现周期变化的强弱。

并且通常年度业绩持续优良的股票，若单一季度出现财务数值大幅减弱，甚至亏损时，则应进行具体分析，若不是经营能力的减弱造成的，则往往此时的技术弱势，是最值得期待的低吸时机的目标股。但若是短期单一季度明显增长时，一旦技术面弱势特征明显时，同样是符合要求的目标股。

旭光电子 600353

图6-11　旭光电子-财务概况2

如同样是观察旭光电子这只股票的短期基本面时，在保持图6-10和图6-11长期基本面良好的同时，可观察图6-12中按季度的财务概况，如在2021年第一季度的净利润、基本每股收益、净资产收益率，较2019年第一季度和第四季度，均出现明显增长，说明公司同比、环比增长明显，为短期基本面得到明显改善，符合短期基本面强的特征，一旦技术面符合选股要求时，同样可列为目标股。

实战指南：

（1）观察一只股票的基本面时，四大指标中符合选股要求的标准只是最低的财务要求，原则上是前三个指标越高于最低标准时越理想。只有资产负债比率越低时越理想。

旭光电子 600353

同花顺F10 全面解读 全新体验　最新价：5.24　涨跌幅：2.34%　上一个股　下一个股　输入股票名称或代码　换肤

旭光电子　最新动态　公司资料　股东研究　经营分析　股本结构　资本运作　盈利预测

问董秘 600353　新闻公告　概念题材　主力持仓　财务概况　分红融资　公司大事　行业对比

财务诊断　财务指标　指标变动说明　资产负债构成　财务报告　杜邦分析

按报告期　按年度　按单季度　显示同比

科目\年度	2021-03-31	2020-12-31	2020-09-30	2020-06-30	2020-03-31	2019-12-31
成长能力指标						
净利润(元)	**1008.15万**	**-702.38万**	**2376.94万**	**3443.15万**	**236.24万**	**-426.56万**
净利润同比增长率	326.74%	-64.66%	-1.88%	60.41%	-83.65%	-237.26%
扣非净利润(元)	834.73万	-626.19万	2253.21万	1060.25万	70.43万	-664.15万
扣非净利润同比增长率	1085.17%	5.72%	-0.44%	-49.56%	-94.82%	-320.47%
营业总收入(元)	1.53亿	2.55亿	2.06亿	2.59亿	1.83亿	3.23亿
营业总收入同比增长率	-16.74%	-21.20%	-30.30%	-13.06%	-35.72%	5.74%
每股指标						
基本每股收益(元)	0.0187	-0.0100	0.0400	0.0600	0.0044	-0.0046
每股净资产(元)	2.11	2.09	2.11	2.07	2.06	2.05
每股资本公积金(元)	0.18	0.18	0.18	0.18	0.18	0.17
每股未分配利润(元)	0.75	0.73	0.75	0.70	0.71	0.71
每股经营现金流(元)	-0.04	0.08	-0.08	0.03	0.05	0.0036
盈利能力指标						
销售净利率	7.36%	6.45%	9.36%	7.40%	-2.21%	6.00%
销售毛利率	19.94%	14.58%	29.39%	18.56%	10.86%	19.15%
净资产收益率	0.88%	-0.58%	2.08%	3.05%	0.21%	-0.50%
净资产收益率-摊薄	0.88%	-0.57%	1.99%	3.07%	0.21%	-0.41%

图6-12　财务概况-单季度财务概况

（2）在长期财务概况结合短期财务概况的观察中，往往那些白马股、常年绩优股、行业龙头股或细分行业龙头股，是允许出现单一季度或持续两个季度亏损的，甚至是一个年度的亏损，但只要造成亏损的原因不是经营能力的下降，或是行业的没落引发的，多数为短期弱势行为，应结合技术面，列入目标股持续观察，因为这类股票往往是介入优质股票的最佳时机。

（3）在观察一家上市公司的财务指标时，有些结果是可以通过"最新动态"中系统自动统计的结果判断的，如最新动态中的财务分析内，绩优股、绩差股、白马股、蓝筹股等会显示出来。

6.4　实战要点

6.4.1　选股时有效识别出不同的弱势

投资者在根据三叉战法实战技术选股期间，一定要学会从不同的大趋势来寻找那些弱势股，因为技术选股中虽然有着长期弱势与短期弱势的要求，但整体上两种不同的弱势时的大趋势是不一样的，所以，只有有效判断出当前的大趋势，才能准确分辨出不同的弱势状态。

选股时两种弱势的具体表现如下：

（1）长期弱势震荡整理的技术形态中，大趋势为震荡趋势，可通过MA的所有均线缠绕排列状态和MACD双线相距较近状态的长期水平小幅震荡状态进行判断。

如图6-13所示，江山股份（600389）在A区域，股价小幅震荡期间，包括MA120在内的6条均线均表现为相距较近的反复缠绕排列，MACD双线也处于相距较近的小幅水平震荡，为明显的长期弱势震荡整理的技术形态。

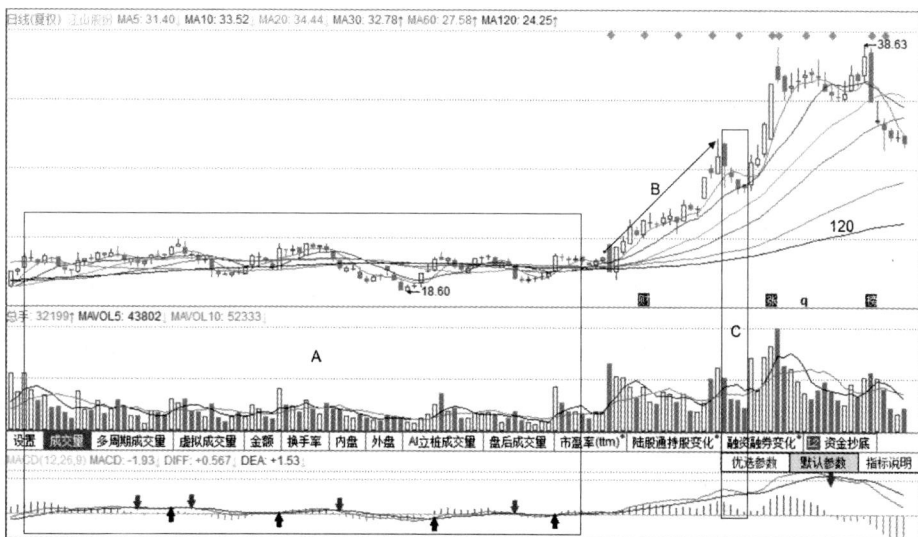

图6-13　江山股份-日线图

（2）短期弱势整理的技术形态中，大趋势为上涨趋势中出现下跌调整或震荡整理时，因此，判断当前的均线多头排列或MACD多头趋势为主要前提，只要其间一出现K线的调整后，即符合选股要求。

如图6-13中C区域B段明显为MA多头排列和MACD突破0轴后双线持续上行的多头上涨趋势成立后的短时股价回调，符合技术面短期弱势整理的要求。

综合以上两点可看出，无论是A区域还是C区域，均符合技术面弱势的选股要求，同时通过基本面观察，业绩常年表现为优良，符合选股要求，应列为目标股。

实战指南：

（1）投资者在技术选股时，因为不同的技术弱势时的大趋势是不同的，所以必须学会如何判断一只股票的当前大趋势，这样才能准确快速地选择出符合技术要求的股票。

（2）在技术选股时判断当前的大趋势时，可采用MA多头的三种排列状态，或是MACD判断趋势的三种形态进行确认。但要牢记，长期弱势震荡整理时的大趋势为震荡趋势，短期弱势震荡整理时的大趋势为上涨趋势。

6.4.2　符合技术选股要求时再观察基本面

投资者在选股期间，一定要遵循一个选股步骤，学会先从技术面通过技术指标去选择符合要求的股票，然后再通过基本面进行观察和判断。因为先抛开基本面不说，一只股票其后要转为上涨时，技术面的弱势整理都是必须经历的，所以，技术选股中的技术要求是一只股票成为牛股前的蓄势形态，基本面则是内在的助因。

选股时的具体步骤如下：

首先，打开两市中任意一个市场中的股票，从第一只股票开始，打开其日线图，技术指标调成MA显示和MACD，然后从长期和短期弱势整理的两种技术形态要求去选，符合要求时放入自选股，或是另设两个分类文件夹；然后，在完成对两市所有板块的技术选股后，或是在完成一个市场的技术选股后，再对所有符合要求的股票进行基本面的筛选，符合基本面要求的留下，不符合要求的从自选股或文件夹中坚决删除。然后方可进入下一个环节，对这些目标股进行持续的观察和分析。

如图6-14所示，宝钛股份（600456）在A区域表现为各均线反复缠绕的MA震荡趋势，和MACD双线相距较近的水平小幅震荡，符合技术面长期弱势震荡整理的要求，这时即应观察其基本面，如图6-15中的年度财务概况显示，公司在最近三年内的净利润、基本每股收益、净资产收益率均表现为持续大幅增长，且资产负债比率为持续三年保持50%左右的水平，属于健康的业绩快速增长的优质公司，从最新动态中发现这只股票为中国最大的钛及钛合金生产、科研基地，属于金属行业中的细分行业龙头股。因此，这只股票属于优选的目标股。

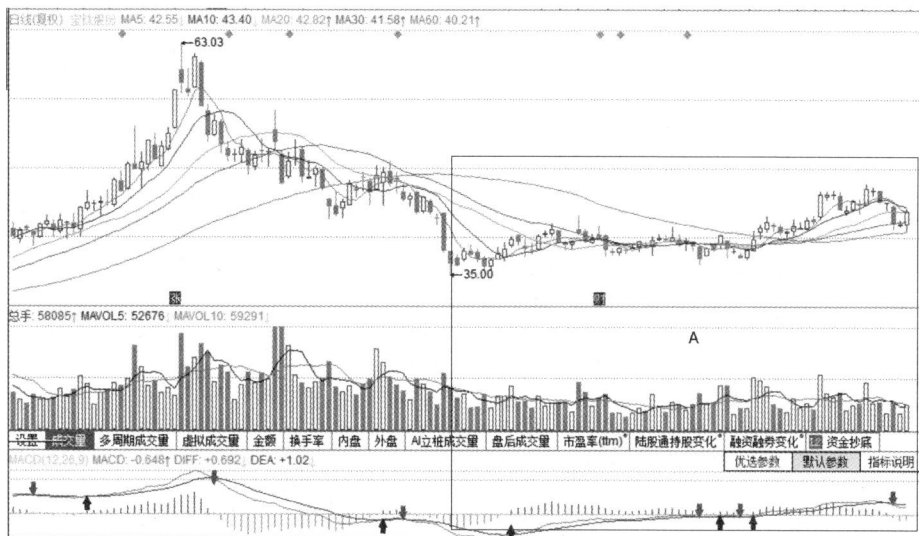

图6-14　宝钛股份-日线图

宝钛股份 600456

科目\年度	2020	2019	2018	2017	2016	2015
成长能力指标						
净利润(元)	**3.63亿**	**2.40亿**	**1.41亿**	2148.36万	3686.21万	-1.87亿
净利润同比增长率	51.10%	70.11%	556.74%	-41.72%	119.74%	-1665.72%
扣非净利润(元)	3.19亿	2.06亿	1.11亿	-959.04万	-3316.69万	-1.97亿
扣非净利润同比增长率	54.82%	84.85%	1261.41%	71.08%	83.14%	-26805.21%
营业总收入(元)	43.38亿	41.88亿	34.10亿	28.76亿	25.10亿	21.42亿
营业总收入同比增长率	3.58%	22.80%	18.56%	14.58%	17.20%	-13.67%
每股指标						
基本每股收益(元)	0.8429	0.5578	0.3279	0.0499	0.0857	-0.4341
每股净资产(元)	9.32	8.68	8.24	7.96	7.96	7.93
每股资本公积金(元)	5.51	5.51	5.51	5.51	5.51	5.51
每股未分配利润(元)	2.26	1.70	1.31	1.04	1.04	1.00
每股经营现金流(元)	0.94	0.12	0.87	0.50	-0.30	0.07
盈利能力指标						
销售净利率	9.25%	6.70%	4.82%	1.21%	1.55%	-8.40%
销售毛利率	24.26%	20.60%	19.84%	18.82%	20.33%	18.08%
净资产收益率	9.40%	6.60%	4.05%	0.63%	1.08%	-5.32%
净资产收益率-摊薄	9.04%	6.43%	3.98%	0.63%	1.08%	-5.48%

图6-15　宝钛股份-财务概况

实战指南：

（1）在第一个技术选股环节，投资者一定不要怕麻烦，从两市中逐一筛选，而不要使用炒股软件中的自动选股功能，或相信某些收费软件或微信小程序的选股程序，因为这些自动选股是会漏掉一些符合要求的股票，且收费软件或微信小程序的选股，都是基于其不同的技术得出的结果，若真的如推广中所讲，是准确的，这些人也无须去推广软件了，直接按照其要求自我操作就可赚到钱。

（2）技术选股是一件费时、费力的工作，虽然看似工作量大，但如果投资者投入进去就会发现股票的运行规律，且常年做选股，也会对两市中的股票均会有所了解，所以时间一久就会发现，这是一件乐此不疲的工作。

（3）当一些股票通过技术面与基本面的选股要求后，投资者可将一些重点观察的股票进行颜色标记，比如对龙头股、白马股，或是技术特征明显的优质股标记后，即可进入下一个重点关注的观察环节。

6.4.3 拒绝ST类股票、绩差股、低面值股

投资者在技术选股的环节一定要学习一种结合基本面的选股技巧，因此，一旦发现一只股票为ST类股票或是绩差股时，则应直接划过，这样就能够省掉不少时间。因为ST类股为问题股或对亏损上市公司警示的"特殊处理"的股票；绩差股又是常年业绩差的股票，几乎不具有投资价值；低面值股则是2元以下的股票，因为如今明确规定，当股票面值持续30个交易日面值低于1元时，是要明令退市的。因此，不可将这三类股票作为目标股，在技术选股环节一经发现，就应坚决剔除。

判断ST类股和绩差股的具体要求如下：

（1）ST类股。就是股票简称前冠有*ST、ST、S*ST、SST、S类字母的股票，只要是在选股时发现就应放弃，不管其技术形态如何符合选股要求，也应坚决放弃。

如图6-16所示，*ST金新（000007）在技术选股期间，若是发现A区域表现MA与MACD的长期弱势震荡时，却发现股票简称前存在*ST时，则应果断放弃。

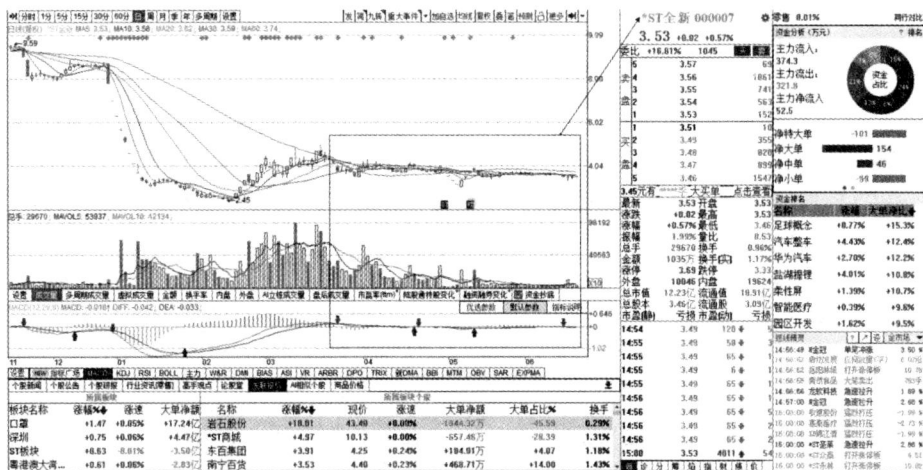

图6-16 *ST金新-日线图

（2）绩差股。就是因为股票行业前景不好，或是经营业绩持续较差的股票，这类股票往往缺少投资价值，因为业绩是内因，一只股票缺少了投资的内在因素后，就会完全失去其价值，归根结底，技术走势都是股票内因发生根本变化时才

会产生变化或持续的。

如图6-17所示，恒立实业（000622）若在选股时发现这只股票符合技术弱势的特征，观察基本面时，一旦发现最新动态中这只股票的财务分析显示为一只绩差股，同样要果断放弃。

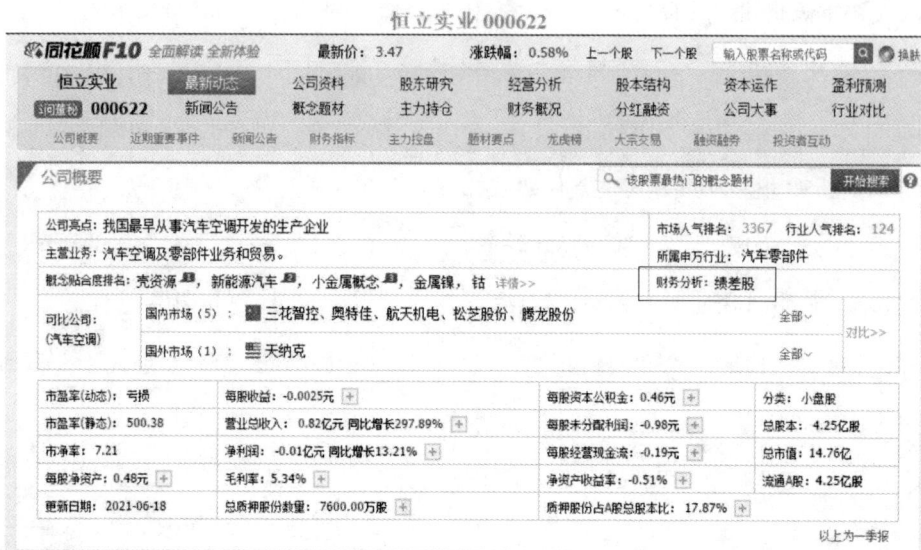

图6-17　恒立实业-最新动态

（3）低面值股。通常股价保持在1~2元时就要引起注意。因此，为了彻底避免踩雷低价股，只要是较长时间面值低于5元的股票，选股时就应坚决放弃。

如图6-18所示，茂化实华（000637）若在技术选股期间，发现这只股票在A区域符合MA、MACD的长期弱势标准时，却发现这只股票为流通盘不足4亿股的中盘股，且现价只有不足4元的价格时，同样要果断放弃。

实战指南：

（1）在ST类股票中，ST是指上市公司连续经营两年出现亏损的特别处理预警，*ST是指上市公司连续经营三年均出现亏损的退市预警，SST是指上市公司连续经营两年出现持续亏损的特别处理+还没有完成股改的预警，S*ST是指上市公司连续经营三年亏损持续亏损的退市预警+还没有完成股改预警，S是指对上市公司还没有完成股改的预警。

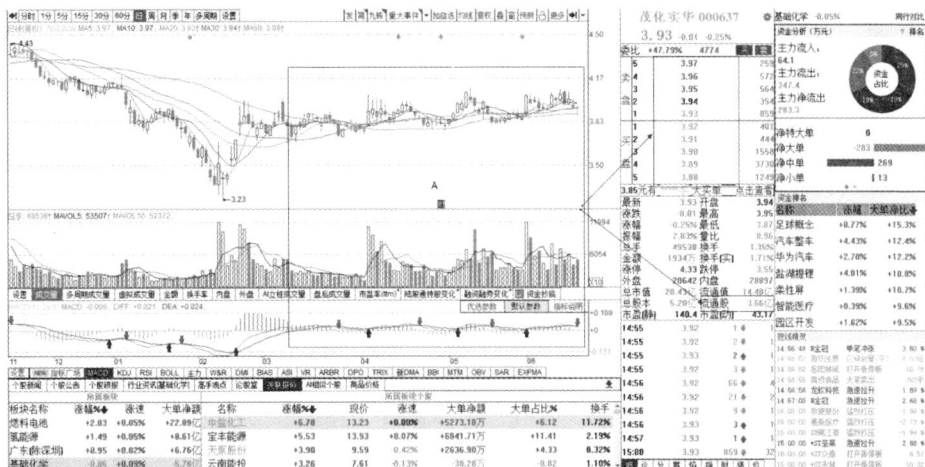

图6-18 茂化实华-日线图

（2）ST类股票，即便只是未完成股改的预警，但因为不确定性较大，所以不要轻易参与，而许多ST类股票均为绩差股，判断时可通过个股资料中最新动态内的财务分析直接获得结果，同时也可以通过四大财务指标中常年盈利较低或亏损状态来判断。

（3）30个交易日面值持续低于1元的退市规定，是近两年才刚刚实施的，这类股票中有不少上市公司为了保面值而进行对股价的拉升，但最终也很难改变退市的命运，所以，投资者在操作时，不可追涨杀跌这类低面值股，选股时应坚决放弃。

6.4.4 优选白马股、绩优股、龙头股

在选股环节，一旦一只股票符合技术面的走势后，在观察基本面时，对于那些白马股、绩优股、龙头股，则应作为优选目标，进行不同颜色的标记，以备在其后进行重点观察，一旦符合买股条件时，则应优选这类股票。因为同样形成强势的股票，这类股票往往其涨幅更可观，持续性更强。

判断白马股、绩优股、龙头股的方法如下：

（1）白马股，就是长期业绩优良、具有较高回报率的股票。市场判断白马股时，通常是根据净资产收益率、净利润增长率、每股净资产值、每股收益、主营业务收入增长率、市盈率等几个财务指标。但投资者在判断时，是无须进行具体判断的，炒股软件中均会在个股资料内最新动态中的财务分析中自动给出结果，为白马股时会显示出来。

如图6-19所示，中联重科（000157）在最新动态的财务分析中显示为一只规模相对大的二线蓝筹和白马股时，一旦技术面符合要求时，应将其列为目标股中的优选品种。

图6-19　中联重科-最新动态

（2）绩优股，是业绩优良的上市公司发行的股票。衡量绩优股的主要指标，是每股税后利润和净资产收益率。一般而言，只要是一只股票的净资产收益率持续三年保持在10%以上时，即可确认为绩优股。但实际上，炒股软件中均会在个股资料内最新动态中的财务分析中自动给出结果，为绩优股时会显示出来。

如图6-20所示，飞亚达（000026）在最新动态的财务分析中明确显示为绩优股时，一旦技术面符合要求，同样应将其列为目标股中的优选品种。

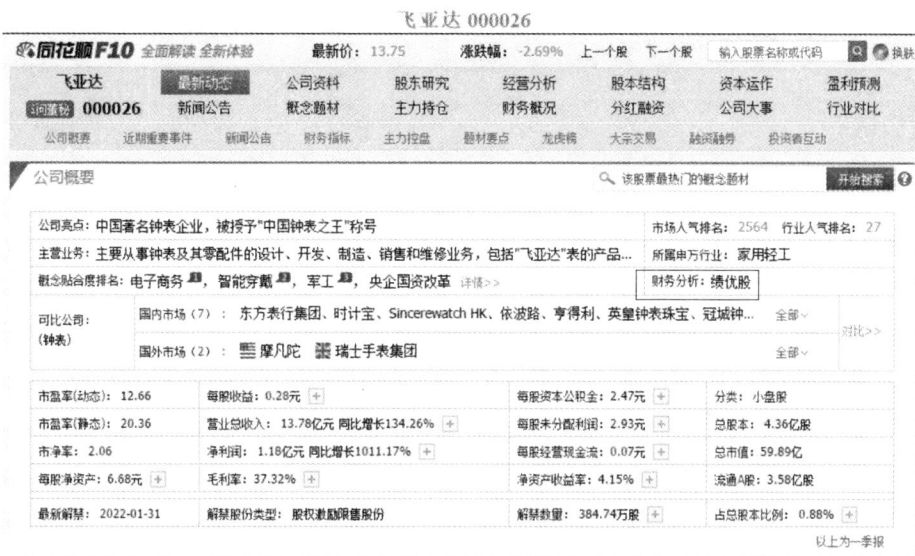

图6-20　飞亚达-最新动态

（3）龙头股。为行业或细分行业内具有龙头地位的上市公司股票，判断这一点时在行业对比中排名靠前的股票进行分析，或是通过个股票资料内上方的公司亮点来判断，只要是位于行业或细分行业中规模最大的公司，即为龙头股。

如图6-21所示，美的集团（000333）在最新动态的公司亮点发现，这家上市公司为中国家电综合实力排名第一的品牌时，说明为家电行业里盈利能力最强、市场份额较高的行业龙头股，一旦技术面符合选股要求时，应列为目标股中的优选品种。

实战指南：

（1）投资者在选择龙头股时，一定要综合公司亮点和行业对比来判断，因为不少行业中上市公司数量较多时，或是细分行业较多时，往往行业细分领域的龙头股较多，如医药行业中不少药企均在细分领域处于龙头地位。

（2）在实战选股期间，经常有既是白马股又是绩优股的情况，甚至是又为龙头股，往往兼具的股票更理想，但一定要明白，绩优股只能代表之前数年的业绩，一旦业绩持续不佳时，则会失去绩优股的头衔。

图6-21　美的集团-最新动态

（3）蓝筹股是规模大的上市公司的股票，多为绩优股，有些龙头地位的蓝筹股，往往因为业绩的确定性增长及其赚钱能力的强大，经常被称为大白马股龙头股，如贵州茅台和中国中免等。

第7章

买股时机：三金叉共振是
牛股加速上涨的攻击信号

买股时机就是买点，在三叉战法中，由于买股就是对强势的三金叉共振或类金叉共振形态的确认。因此，必须明白三叉战法中买股时机的判断也是有步骤的，主要分为两个步骤：一是买股条件的成立；二是买股时机的判断。

同时，因为买股涉及交易，所以，必须根据不同的实际情况，采取不同的仓位管理方式，并严格按照买股原则去执行。因此，买股看似简单，实则不可草率，一定要在学习时掌握买股时的技巧后，才能真正买到强势启涨的牛股。

7.1 买股要求：买入前须严格遵守

7.1.1 买股要求：符合买股条件和买股时机要求

投资者在根据三叉战法买股时，一定严格遵守两个买股条件和四个买股时机的要求，因为买股条件是通过技术形态确认三金叉共振的技术强势特征时的形态，而买股时机则是通过量价的三叉共振形态期间的突变情况来进一步确认这种股价短期强势的征兆，只有符合要求时，才能确保买入后的股票能够持续保持强势反转。

买股条件和买股时机的具体要求如下：

买股条件，包括三金叉共振形态和类金叉共振形态两种，只要出现其中的任意一种形态，即达到买股条件。

买股时机，主要包括四种量价形态形成的最强买点、较强买点、稳健买点和一般买点四种买入时机，只要在满足任意一种情况时，一旦同时满足两类买股条件中的一个条件时，即应买入股票。

如图7-1所示，盘江股份（600395）在A段上涨走势出现震荡调整期间，进入B区域形成MA金叉、均量线金叉和MACD金叉的三金叉共振形态，达到买股条件。然而观察量价时发现，量价齐升并不明显，只出现了小幅增量，应慢一步操作。到其后的C区域出现均线与MACD多头上涨走势的明显放量上涨的较强买点时，方为形成买股时机，再买入股票不迟。

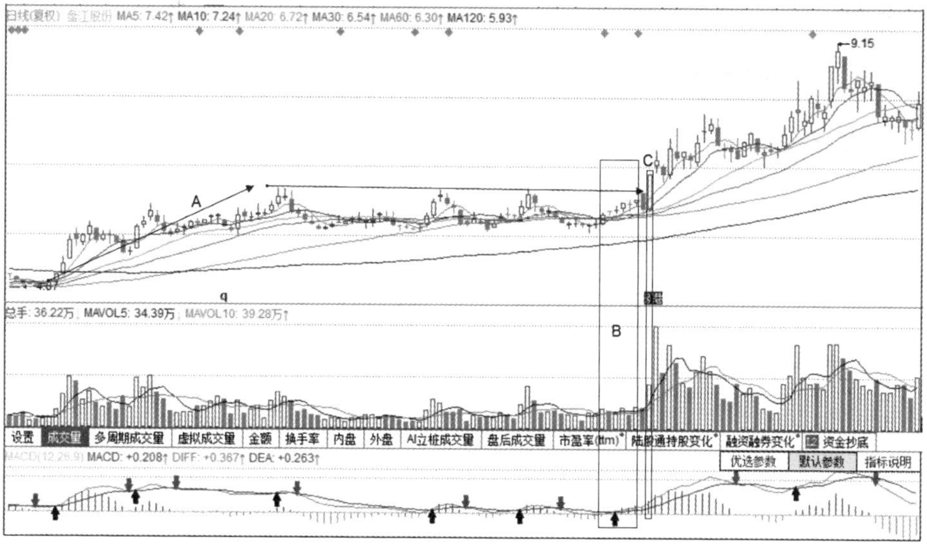

图7-1　盘江股份-日线图

实战指南:

(1)投资者在实战买股前一定要明白买股要求的重要性,因为买股条件是技术强势的表现形态,而买股时机则是量价突变时的强势形态,只有量价出现突变,才能带动技术强势保持持续强势,即买入后才能够确保股价的持续上涨。

(2)虽然在判断买股条件时,三金叉共振是标准的强势形态,但由于技术指标在弱势震荡中,即使出现转强征兆,但因为统计指标时存在一定的时间周期,且MA、MACD和均量线,均可能出现一定的迟缓反应,所以必须学会看清一种特殊情况的类金叉共振形态,以免错失行情。

7.1.2　提前买股要求: 短期量价齐升的快速涨停

投资者在根据三叉战法买股前,除了要明白严格遵守符合买股条件和买股时机时再买入股票的正常操作之外,还需要明白在买股时存在一种提前买股的情况,因为当股价弱势中快速反转上涨时,因为A股市场存在涨跌停板制度,强势若短期内表现极强时是容易出现快速涨停的,而涨停后无法交易,因此,必须提前掌握提前买股时的具体要求，这样，一旦出现极端的强势时，才不会错过行情。

提前买股的具体要求如下：

提前买股，就是形成三金叉共振或是类金叉共振，或出现MA多头初期的DIFF线突然向上翘起的快速启动的技术形态时，量价方面又表现为弱势整理后突然启动的明显突变形态，即股价在当日明显放量上涨时，分时图上形成一波或多波的股价线直线上行的涨停，且短期区间放量明显时，即应在涨停前果断买入股票。

如图7-2所示，华鲁恒生（600426）在A段上涨走势后出现调整的B区域，形成MA缠绕和MACD双线小幅震荡的走势，到B区域形成MA金叉、均量线缓慢上行、MACD金叉的类金叉共振形态期间，MA120为小幅上行的均线多头排列，同时DIFF线金叉DEA线后向上突然翘起明显，为短线强势的技术征兆，同时量价齐升明显，应及时观察当日的分时图，即图7-3中发现A区域小幅高开后，股价线以45°左右的角度直线上行，持续放量明显，为持续放量上涨的形态，应在B区域股价涨幅达到5%后，依然保持着这种量价齐升时，确认为提前买股时机，果断买入股票。

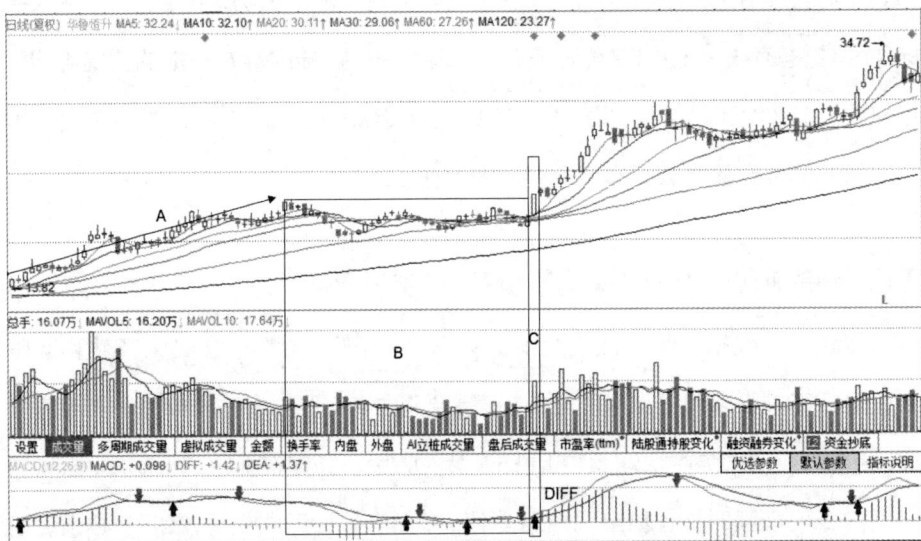

图7-2 华鲁恒生-日线图

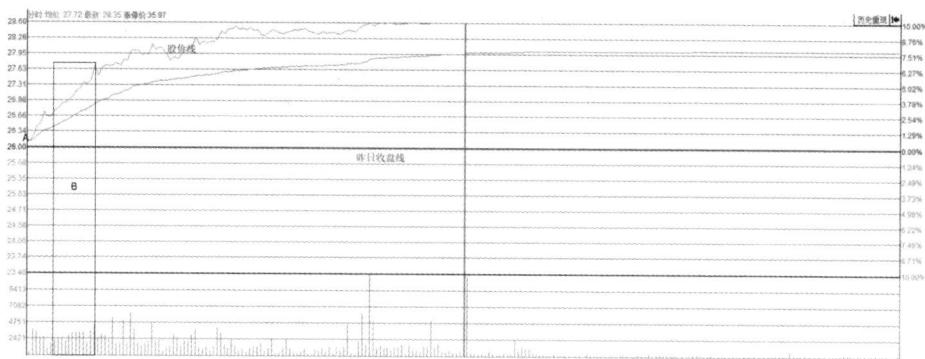

图7-3 华鲁恒生-2020年10月18日分时图

实战指南:

(1)在根据三叉战法实战期间, 提前买入股票时, 通常表现为未完全形成三金叉共振或类金叉共振形态, 或是MA多头排列初期的DIFF线的突然向上翘起的快速启动时, 量价又表现为短期极强时, 方可提前买入。

(2)提前买入股票的操作, 多数是股价在弱势震荡整理期间, 短期强势快速启动冲击涨停时, 所以属于一种短线抢涨停板的操作, 但完全不同于短线的抢板操作, 因为三叉战法中的提前买入时机是在中长线选股的基础上进行的, 所以安全系数更高。

(3)在判断提前买入时机时, 多为MACD表现为DIFF线突然向上翘起的启动形态, 大多数出现在长期弱势整理状态中, 是MACD长期钝化后的结果, 但必须符合买股时机时的量价买点要求, 多数为缩量或平量涨停的最强买点, 也可以表现为非巨量涨停的放量状态。

7.2 买股条件: 识别三金叉共振形态

7.2.1 标准条件: 三金叉共振形态

三金叉共振是三叉战法中重要的买股形态, 也是标准的买股形态, 因为

MA、MACD和均量线等指标经常在整理状态时表现为不同程度的钝化,反应或略迟钝,所以在判断时,不只是MA、MACD和均量线三个指标同时形成金叉,即为买股形态,而是在判断期间,一定要学会如何从趋势演变的角度识别出更为强势的三金叉共振形态。

三金叉共振形态的强势判断如下:

MA金叉时,或表现为短期均线金叉,或是涉及中长期均线,只要MA多头排列初期的各线头向上发散明显即为强势,如MA金叉时的较长周期均线是平行略上行的状态。

MACD金叉形成时,DIFF线向上的角度相对较大,或金叉后双线向上发散明显时,为强势金叉。

均量线金叉时MAVOL5向上的角度不过大,MAVOL10同样表现为平行中略上行状态,即为健康的强势均量线金叉。

当MA、MACD和均量线三个指标同时形成金叉时,只要其中MA或MACD有一个指标表现为强势金叉时,即为强势状态的三金叉共振。只要同时满足买股条件的量价买点要求,即应买入股票。

如图7-4所示,国电南端(600409)在上涨趋势出现调整行情时,进入A区域,K线周围的MA出现MA5向上与MA20和MA30的MA金叉,多头排列明显;下方均量线形成MAVOL5向上与MAVOL10交叉的均量线金叉后缓慢上行,为健康的均量线形态;下方MACD形成DIFF线向上与DEA线的向上箭头显示的MACD金叉后双线向上发散,为强势的三金叉共振形态,符合标准的买股条件,同时量价为持续放量上涨的买点,符合买股时机要求,应果断买入股票。

实战指南:

(1)在根据三金叉共振形态判断买股条件时,越标准的强势状态的三金叉共振,越是技术强势特征明显的趋势反转向上初期的征兆,但是否构成买股时机,还要通过量价买点来判断。

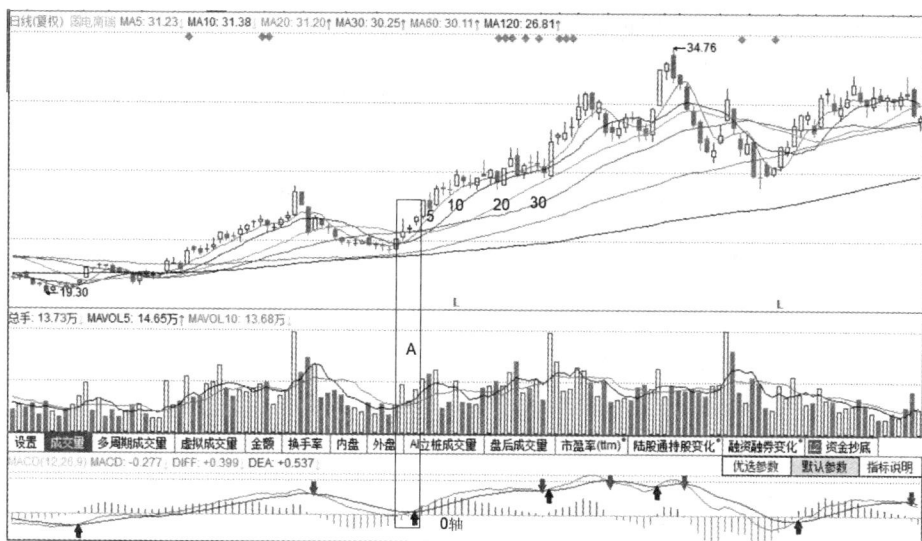

图7-4 国电南端-日线图

（2）判断三金叉共振的强弱时，往往MA多头排列初期越明显时，越表明其后的强势，因此，在判断MA多头排列初期时，若是出现MA120依然表现为下行时，一定不要参与，因为这种情况属于日线长期趋势未确定的情况，其后若MA120无法转为上行，往往这种日线图的上涨只是幅度略大的反弹行情。

（3）在判断三金叉共振形态的强弱时，若MACD是在双线较近状态下形成的金叉，即日线图表现为向上箭头的金叉时双线相距较近，原则上此时为无效金叉，所以，只有在金叉后双线出现明显的向上发散时，方可确认强势。

7.2.2 特殊条件：类金叉共振形态

类金叉共振，主要是指三金叉共振不明显时，如只是出现两个指标的金叉，甚至是只有一个指标的金叉或强势启动，不符合三金叉共振形态的要求，但股价短期转强的趋势特征又十分明显时，同样属于一种类金叉共振的形态，因为某一指标的金叉意味着强势，而其他指标虽未提示金叉，但强势明显时，同样意味着强势，同样是多指标强势的相互印证。只要再符合买股要求，同样应买入股票。因此，类金叉共振形态属于一种特殊的买股条件。

类金叉共振形态的具体要求如下：

一是类金叉共振出现时，或是MA未出现明显金叉，但多头向上发散排列明显，同时均量线也未形成金叉，但MAVOL5大角度上行明显，MACD形成金叉。

二是MACD金叉不明显，但形成DIFF线突然向上翘起，而均量线或MA未形成金叉，但均量线上行明显，MA多头排列初期明显。

三是均量线形成金叉，MA未表现为金叉但多头排列明显，MACD未金叉且突然启动的迹象明显，MA与MACD形成多头趋势初期。

无论出现以上三种情况中的哪一种情况，均为类金叉共振形态，为特殊的买股条件，只要量价买点的买股时机符合要求，即应买入股票。

如图7-5所示，天富能源（600509）中A区域，均量线形成金叉，MACD表现为双线在0轴上震荡上行的多头趋势，虽然MA未形成金叉，但多头排列明显，为类金叉形态，同时量价为明显放量上涨的较强买点，符合买股时机要求，应果断买入股票。

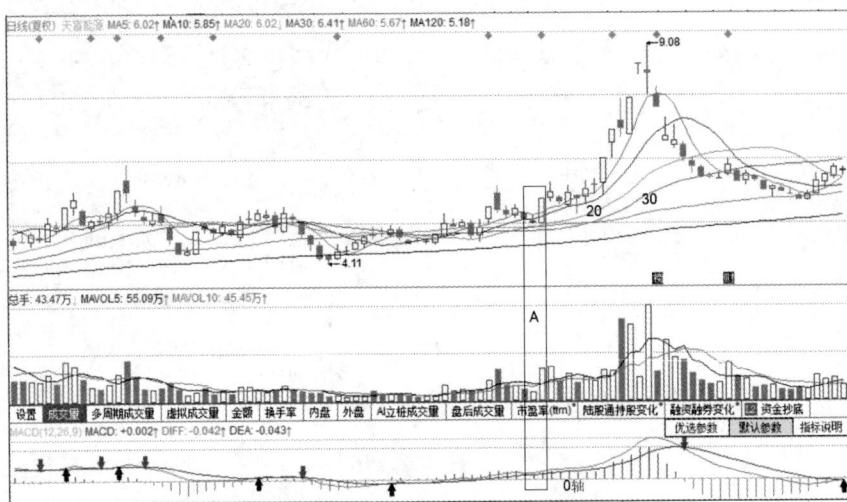

图7-5　天富能源-日线图

如图7-6所示，贵州茅台（600519）在A区域，K线周围的MA形成金叉，MACD形成金叉，均量线震荡中出现双线缓慢上行，同样为类金叉形态，且形成MA多头排列初期的MA5快速向上翘起形态，同时量价表现为温和放量的涨潮量能潮的一般买点，符合买股时机要求，应果断买入股票。

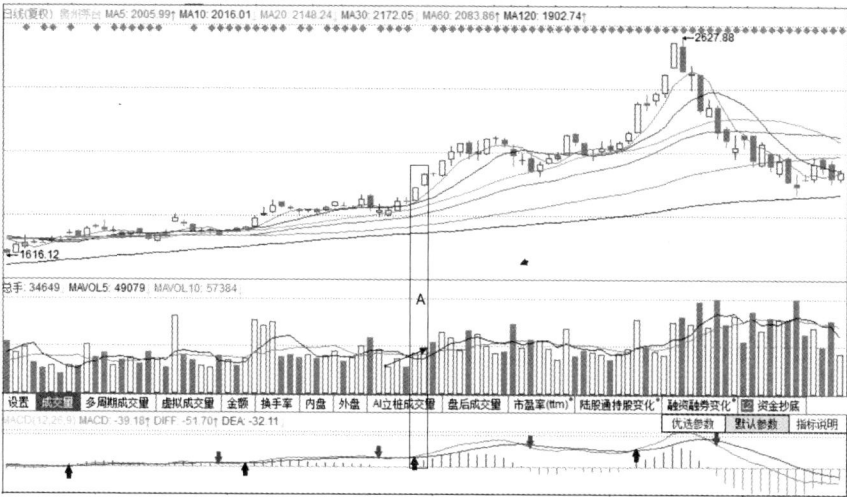

图7-6　贵州茅台-日线图

　　如图7-7所示，深高速（600548）在长期弱势震荡进入A区域，出现MA20与MA120的金叉和MA30与MA60的金叉，均量线也形成金叉，MACD虽然未形成金叉，但形成了DIFF线突然向上翘起的启涨形态，为类金叉共振形态，同时量价为明显放量上涨的较强买点，符合买股时机要求，应及时买入股票。

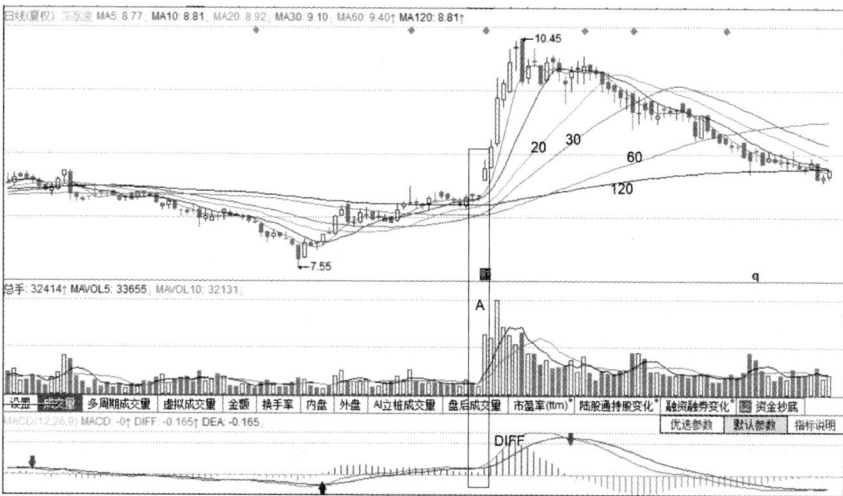

图7-7　深高速-日线图

实战指南：

（1）投资者在判断买股条件时，一定在判断标准的三金叉共振形态时留意不标准的类金叉共振形态的出现，因为股价在转强时存在快速启动和缓慢启动的情况，所以要多从趋势的角度，结合类金叉共振的强势特征，及时捕捉到强势股。

（2）类金叉共振形态只是未形成MA、MACD和均量线的三个金叉，不管是否形成哪怕一个指标的金叉，只要MA多头排列成立，或MACD多头排列明显或形成DIFF线突然向上翘起的长期弱势震荡中的突然启动上涨形态，即可确认为符合买股条件的类金叉共振形态。

（3）类金叉共振形态大多出现在长期弱势震荡类的股票身上，偶尔也会出现在上涨趋势调整幅度小、时间长的股票身上，是技术指标在长期弱势震荡中一种钝化的表现，所以，上涨趋势的成立或突然强势的变化，成为判断的关键，但买入股票时，必须符合买股时机的要求后，方可买入。

7.3 买股时机：确认量价齐升突变

7.3.1 最强买点：缩量或平量涨停

当日线图上形成金叉共振后，最强的买点也就是最强的买入时机，量价会表现为缩量涨停或平量涨停，表明短期主力向上进攻的意愿最强，所以是买入股票的最佳时机，但由于当股价涨停后是难以买入的，所以，只要发现这种缩量或平量涨停出现时，股价在未涨停前即表现为短线的快速量价齐升，即应果断买入股票。

具体要求如下：

（1）日线图缩量或平量涨停前的表现：缩量或平量涨停前，股价会在日线上表现为明显的阳线向上运行，实体快速变长，成交量在低于前一根量柱的情况下，在快速变长，这就是日线图上的量价齐升。

如图7-8所示，赣能股份（000899）在A区域，K线周围的均线出现MA5短时与多条均线的金叉，成交量附近的均量线呈将死不死，MACD金叉，形成三叉共振时，右侧的成交阳量柱明显为缩量状态，且当日的阳线为光头涨停阳线，所以为日线图上缩量涨停的最强买点。

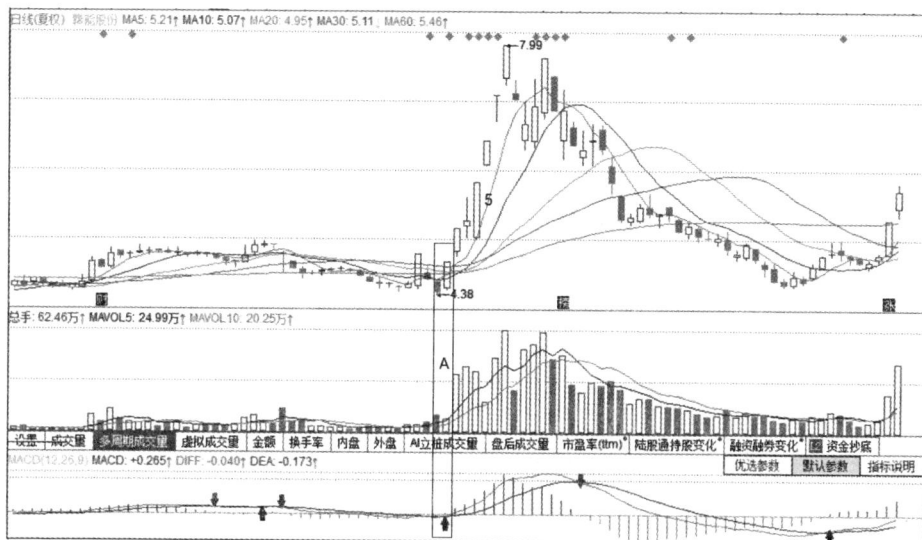

图7-8　赣能股份-日线图

（2）买入时机的把握：当日线图表现为明显的缩量或平量的量价齐升时，应及时观察当日的分时图，只要发现股价线在快速向上运行期间，分时成交量呈现出区间放量或持续放量状态时，一旦股价涨幅达到5%（创业板或科创板股票要求超过10%）后依然保持这种量价齐升时，应果断买入股票。

如图7-8中A区间出现缩量涨停时，应选择观察当日的分时图，即图7-9中的情况，在当日股价小幅高开后，呈现大角度直线上行时，A区域区间放量明显时，短时涨幅达到5%以后依然保持这种快速量价齐升时，应果断买入股票。

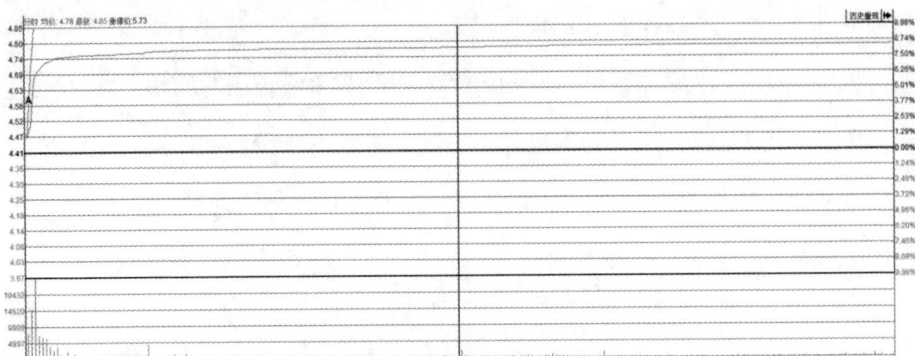

图7-9　赣能股份-2020年12月28日分时图

实战指南：

（1）缩量或平量涨停的最强买点出现时，必须满足三叉共振的买股条件要求时，才具有买入股票的参考价值，否则即便出现最强买点，也不可按照三叉战法来操作。

（2）一旦在实战出现缩量或平量涨停的最强买点时，因为股价已出现涨停，此时是难以再买入股票的，所以在最强买点的判断时，应及时在日线图表现出量价齐升时，及时观察分时图，通过分时图强势上涨时的形态，即分时图股价线大角度快速上行，也就是涨停波的情况，只要出现区域放量，即可果断买入。

（3）由于最强买点的买入时机是提前买入的情况，属于股价短期内的快速放量上涨，量价都集中在极短的时间内爆发，所以，必须确保股短时涨幅达到涨停价的一半，即中小板与主板股票涨幅达到5%，创业板或科创板股票达到10%时，依然保持这种量价齐升状态时，方可买入。

7.3.2　较强买点：明显放量上涨

当日线图上出现金叉共振时，如果量价表现为明显的放量上涨时，即可以证明股价短期的强势，即主力全力向上攻击的意愿十分强烈，应当根据当日的分时图上股价线表现为持续上涨的分时成交量持续放大状态时，果断买入股票。

具体要求如下：

（1）日线图明显放量上涨出现时, K线为阳线变长的同时, 成交阳量在持续
变长中明显超过之前的量柱水平。

如图7-10所示, 重庆燃气（600917）在A区域出现均量线将死不死、MACD
将死不死、MA10与MA120金叉的三金叉共振期间, 最右侧的K线为明显的中阳
线上涨, 成交量表现为明显阳量柱的变长, 为明显放量上涨的较强买点。这时应
观察当日分时图来确认买入时机。

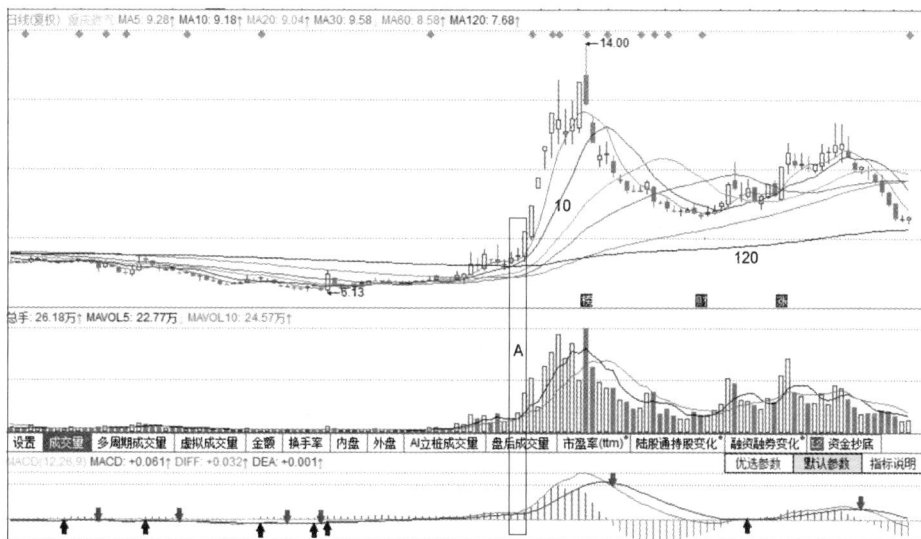

图7-10　重庆燃气-日线图

（2）买入时机的把握: 当日线图上明显放量上涨时, 分时图上表现为明显的
股价线强势直线上涨状态, 或是持续震荡放量上涨时, 果断买入股票。

如图7-10中A区域出现明显放量涨的三叉共振期间, 观察图7-11, 即当日的
分时图, 发现股价是在昨日收盘线略下方开盘后, 整个上午都围绕着昨日收盘线
展开小幅震荡, 但到下午开盘时, 即表现出明显持续放量的股价线大角度直线上
行, 应在A区域股价线略震荡后即恢复大角度直线上行期间, 股价涨幅达到5%后
依然保持这种强势时买入股票。

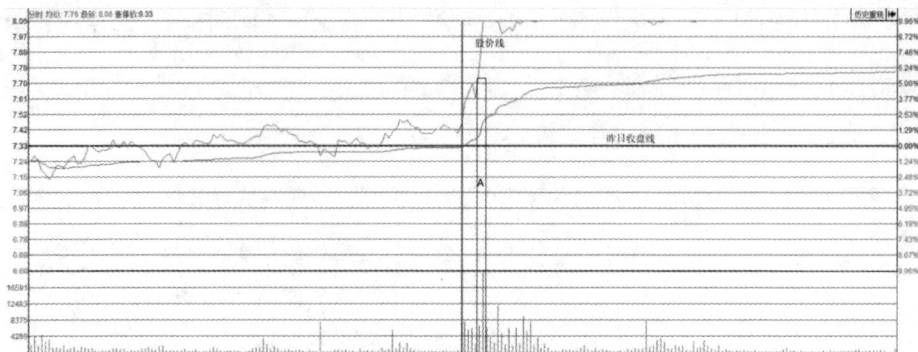

图7-11　重庆燃气-2021年3月26日分时图

实战指南：

（1）根据明显放量上涨的较强买点操作股票时，同样要满足三叉共振的要求，否则即便股价表现为强势，也不可按照三叉战法来操作。

（2）明显放量上涨的较强买点出现时，并不意味着就不是极强状态，只是相对于缩量或平量涨停买点而言，属于相对的强势。因为明显放量上涨出现时，股价短期也经常表现为快速的转强，所以，当日股价也经常会出现涨停，同样要根据分时图的强势程度，及时抓住买入时机。

（3）明显放量上涨的三叉共振期间，如果单根量柱放大变长的程度过大，甚至形成天量柱时，一定要迟一步买入，因为巨量上涨后，往往股价容易出现其后的回落，只有巨量上涨后仍然保持着大量上涨时，也就是形成持续的放量上涨时，方可买入股票。

7.3.3　稳健买点：持续放量上涨

当日线图上形成金叉共振时，如果量价表现为持续放量上涨，则说明虽然主力短期强势上攻的意愿并不十分突出，但却在持续做多，说明主力在稳步向上推进股价的上涨。因此，这种持续放量上涨的金叉共振，是一种更为稳健的买点。

具体要求如下：

（1）日线图持续放量上涨的具体表现：必须至少是两个相连的交易日内，两根阳量柱要高于之前的量柱水平，两根量柱可以表现为前高后低，也可表现为前低后高，甚至是相近；K线为阳线持续上涨状态。

如图7-12所示，信邦制药（002390）在形成三金叉共振期间，接连出现两根明显变长的水平相近的阳量柱，K线为两根持续上涨的阳线，为持续放量上涨的较强买点，这时即应观察最右侧K线当日的分时图来确认买入时机。

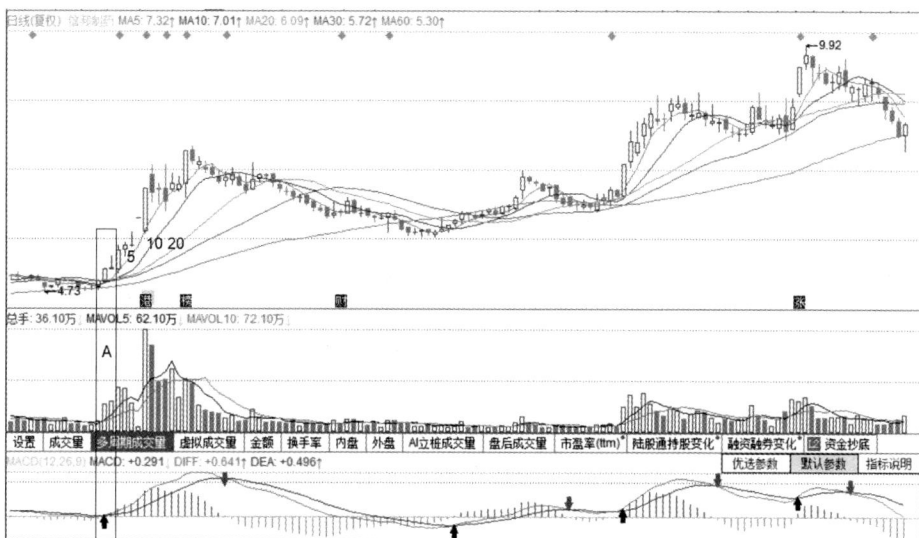

图7-12　信邦制药-日线图

（2）买入时机的把握：一旦日线图形成三金叉共振的持续放量上涨时，即应观察当日的分时图，只要表现为股价线在昨日收盘线上方上行的分时量价齐升强势状态时，应果断买入股票。

如图7-12中A区域形成持续放量上涨的最侧K线当日，即图7-13当日的分时图，发现A区域、B区域、C区域均表现为股价线在昨日收盘线上方的上涨即放量、下跌即缩量，强势特征明显，虽然其后股价线跌至昨日收盘线附近小幅震荡，但在尾盘的D区域，股价线回到昨日收盘线上方后，又表现为放量上涨、下跌缩量的强势，而日线图上已明显形成持续放量上涨的稳健买点，所以，应在D区域果断买入股票。

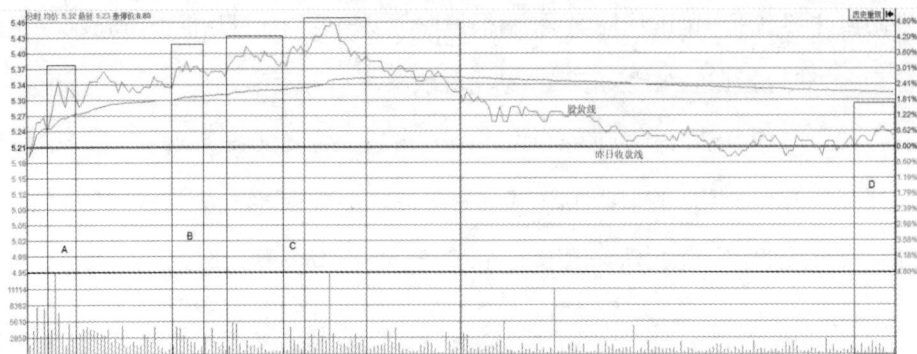

图7-13　信邦制药-2020年8月26日分时图

实战指南：

（1）持续放量上涨是一种相对缓慢的上涨方式，但由于其股价上涨的同时，成交量也表现为稳定的持续放量状态，所以，在实战操作中，这类持续放量上涨的买点，虽然股价未表现为超强状态，但更为稳健，所以，即便股价略有回落，也应及时买入。

（2）在持续放量上涨出现后，在通过分时图判断具体的买入时机时，千万不可过于犹豫，尤其是看似股价出现一定幅度的回落后，只要发现股价线依然保持在昨日收盘线上方运行时，且量价表现为一上涨即放量、一下跌即缩量时，或是尾盘日线图依然保持着持续放量的情况下，哪怕分时图股价线跌破昨日收盘线，只要日线上K线保持在MA5之上，即应果断买入股票。

7.3.4　一般买点：缓慢上涨的涨潮量能潮

在根据三叉战法中的金叉共振或类金叉共振形态成立后判断买股时机时，一定要留意一种股价缓慢上涨的量价形态，因为若是金叉共振或类金叉共振时表现为技术指标的缓慢上行时，价量也会表现为相对温和的涨潮量能潮。虽然这种量价关系表现相对缓慢，但同样是一种股价缓慢上涨的强势特征，依然为买点。

具体要求如下：

缓慢上涨的涨潮量能潮出现时，通常是在长期弱势震荡整理期间，一旦股价出现震荡上行时，K线上行的速度较为持续和缓慢，量能表现为当前低量水平略高的、持续的小阳量柱，或参差不齐、偶有略大，或是保持着后一根高于前一根的阶梯式放大的阳量柱，允许其间间或出现一两根小阴量柱。

但在判断买点时，必须是最后一根阳线上涨的同时，阳量柱较最初时的低量水平出现明显的、较长的放量阳量柱，方可买入股票。

如图7-14所示，北汽蓝谷（600733）在长期弱势震荡整理期间，进入A区域，表现为MA金叉、MACD金叉、均量线金叉的三金叉共振，其间股价为小阳线持续上涨，成交量为阳量，呈后一根小幅高于前一根量柱的阶梯式持续放量，且最右侧一根阳量柱明显高于第一根小阳量，为一般买点的股价缓慢上涨的涨潮量能潮，应及时买入股票。

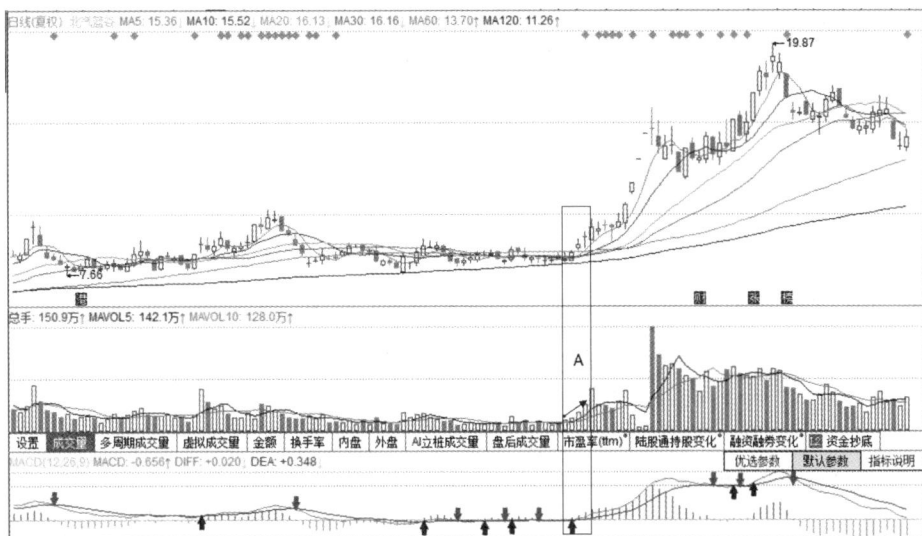

图7-14　北汽蓝谷-日线图

而图7-15丽尚国潮（600738）同样是在长期弱势震荡整理状态下，进入A区域时形成MA120平行的MA金叉的多头排列，均量线金叉，MACD双线上行中刚刚突破0轴的类金叉共振，虽然K线为小阳线持续上涨，成交阳量柱为持续小阳量，量柱参差不齐，也属于涨潮量能潮，但最右侧一根阳量为缩量小阳量，放量不明显，因此，应在下一交易日的B区域确认放量上涨中的阳量柱明显变长时，方可确认为一般买点的涨潮量能潮，再买入股票。

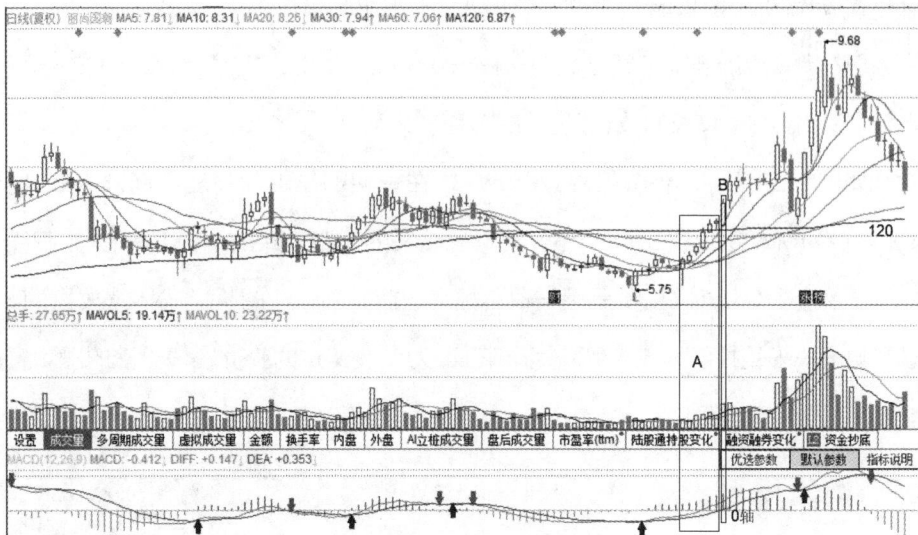

图7-15　丽尚国潮-日线图

实战指南：

（1）缓慢上涨的涨潮量能潮的量价买点出现时，通常是在类金叉共振形态中，即均量线在缓慢上行中先期形成金叉，在其后的缓慢上涨中，或出现DIFF线突然向上翘起的突然启涨，或是相对缓慢的双线突破0轴后持续上行，均线多头排列初期特征明显。

（2）根据股价缓慢上涨的涨潮量能潮判断买股时机时，一定要确保MA和MACD的多头趋势或快速启动的强势，或是在缓慢上涨中的量价表现为明显的放量状态时，即最后一根阳线要么明显高出最初的小阳量柱时，方可确认为涨潮量能潮成立的买点。

（3）缓慢上涨的涨潮量能潮大多出现在股价长期弱势震荡中，是更为稳健的缓慢转强的量价征兆，所以，必须确保在此期间的MA和MACD为多头趋势，即MA多头排列初期，MACD起码突破0轴，因此，属于股价缓慢上涨时的趋势买点。

7.4 买股时的仓位管理

7.4.1 轻仓: 长期弱势启涨时轻仓参与

轻仓是三叉战法中一种重要的仓位管理方法, 因为虽然在股票操作中, 总是轻仓操作是很难获得较大收益的, 但是如果不懂得轻仓, 则很容易一操作就出现较大亏损, 直接影响投资心理。

因此, 轻仓不是目的, 是在操盘中为了能够将投资风险降低到最低水平情况下的一种试仓行为, 因为一旦确认强势后, 必须实施重仓出击。

轻仓的具体要求如下:

一旦目标股在弱势震荡整理期间, 形成金叉共振或类金叉共振等任何一种买股条件后, 又满足四类量价买点中的任意一种买股时机时, 只要未表现为最强势的短期放量涨停时, 即应以账户内部资金量的20%左右轻仓买入。

如图7-16所示, 西藏城投 (600773) 在A区域上涨趋势震荡调整结束时, 形成三金叉共振, 同时量价表现为稳健的持续放量上涨买点, 但由于未表现为极强状态, 所以, 买入时应以20%的资金量轻仓买入, 只有其后的B区域表现为强势上涨时, 方可实现重仓。

实战指南:

(1) 投资者在根据三叉战法买股期间, 一定要在目标股满足买股条件和买股时机的要求时, 方可轻仓买入, 而不是在买股条件中只是技术指标略强, 或是买股时机的量价牵强时, 采取轻仓买入。

(2) 轻仓的标准为总资金量的20%左右, 投资者实战时可根据自己对技术的熟练程度, 上下略有浮动, 但最多不可超过30%, 最低也不可少于10%, 否则就失去了轻仓的意义。

(3) 在实战期间, 只要发现满足买股条件的股票, 买股时机未形成最强的买点时，均应轻仓买入，但处于学习阶段的投资者在边实战边学习时，轻仓的标准则应以股票交易的最低量100股或200股进行买入。

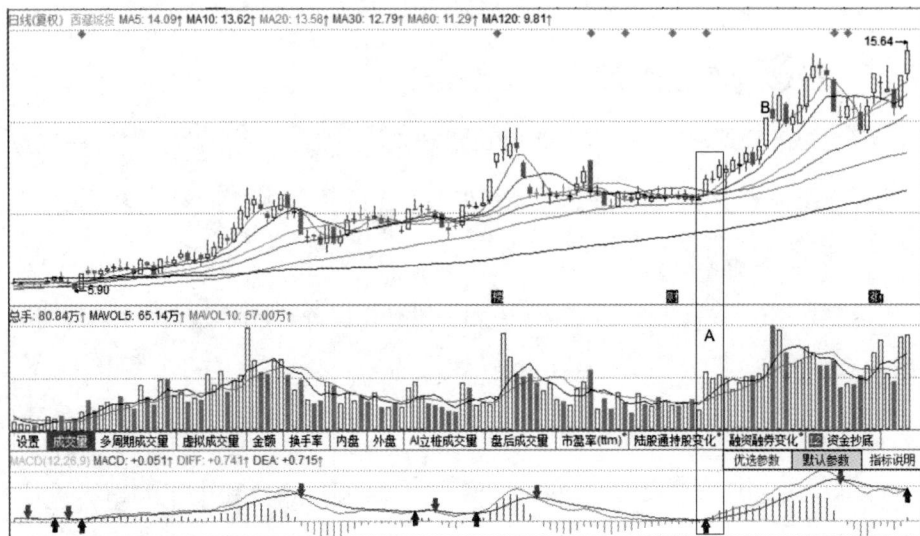

图7-16　西藏城投-日线图

7.4.2　加仓：突破压力位或加速上涨要加仓

加仓，在三叉战法实战中同样十分重要，因为只有懂得如何加仓，加仓多少，才能在持股表现为加速上涨时实现重仓持股，以最终获得较大收益。因此，操盘前一定要学会加仓时机的判断和加仓的数量要求，以及加仓的技巧，这样才能获得稳健的收益。

加仓的具体要求如下：

加仓的时机：当买入股票后，一旦股价突破压力位时表现为强势，如启涨后的突破前期震荡高点，或是启涨后突破前期阶段性高点；或是持股突然出现加速上涨时，如分时图上区间放量明显的上涨。无论这两种情况出现任何一种时，就是加仓的最佳时机。加仓的数量：以买入后持仓数量不低于总资金的50%为准，最高不可超过70%。

如图7-17所示，宁波中百（600857）在长期弱势震荡中，若是在A区域根据MA金叉、均量线金叉、MACD指标的DIFF线快速向上翘起的类金叉共振+持续放量上涨的稳健买点轻仓买入股票，在其后上涨中出现震荡时，一旦进入B区域，股价在突破前期上涨阳线的高点时，持续突破中表现为持续放量上涨，为放量突破前期高点的加仓时机。这时方可加仓至总资金量50%以上的重仓，若轻仓时买入20%，则此时可以再买入至少总资金的30%，以达到重仓的目的。

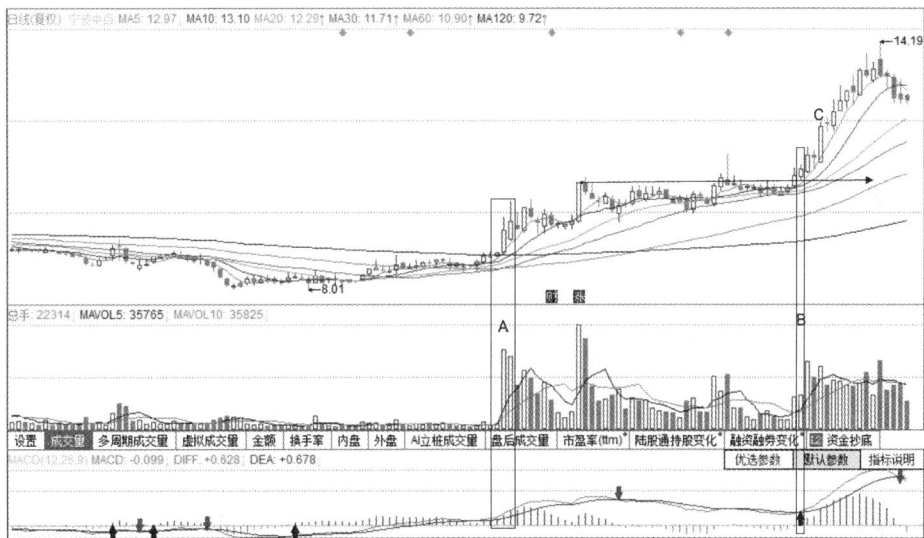

图7-17 宁波中百-日线图

实战指南：

（1）加仓是根据三叉战法买入一只股票后实施的加重买入股票数量的行为，所以，必须是股价其后出现强势上涨时方可实施，若是买入股票后出现下跌，是不允许以摊低成本为目的实施补仓加仓的。

（2）加仓时原则上是以最低加重到持股总资产所占部资金量的50%为准，最高不得超过总资金量的70%，只要加仓后的持仓比例占50%~70%即可。

（3）投资者买入股票后，一旦发现股价出现短时快速上涨的涨停波动时，且量能稳健，是允许满仓买入的，此时的加仓即是满仓操作，一旦股价涨停时，应果断卖出加仓的股票数量，即当日股价快速涨过5%时加仓，涨停时卖出，等于盘中做了一次T+0，再强也不可持股过夜。

7.4.3　重仓：短期弱势止跌回升时重仓出击

重仓是三叉战法中一种重要的仓位管理方法，因为重仓时投资比例较高，所以其后一旦股价持续上涨，获得的收益也会较大，因此是投资者最喜欢的一种仓位管理方法。

然而，由于重仓时是一次性以较重的资金比例买入股票，所以无形中也为投资者蒙上了一大风险隐患，因为一旦其后强势无法持续，则亏损的比例也会相应变大。因此，操作前一定要明白什么情况下才能重仓，以及重仓的持仓比例是多少及重仓的操作技巧。

重仓的具体要求如下：

（1）重仓时的持股比例：总资金量的50%~70%。

（2）重仓时机的判断：当目标股符合三金叉共振形态或类金叉共振形态中的任意一种时，量价买点的买入时机达到最强买点、较强买点和稳健买点中的任意一种后，分时图表现为极强状态时，即可重仓买入股票。

如图7-18所示，江苏索普（600746）在上涨趋势调整行情中，进入A区域，形成MA与MACD将死不死、均量线金叉的类金叉共振，虽然成交阳量表现为明显缩量，但K线为光头涨停阳线。

因此，这类股票在类金叉共振形态期间，即应观察当日的分时图，因为指标的将死不死形态本来就是一种强势的短线整理，极易出现结束调整时的加速上涨。如果叠加的A区域当日的分时图显示，股价当日平开后略震荡即出现以大角度的方式直线上行，区间放量明显，为涨停波。

因此，应在B区域股价线略震荡后限恢复直线上涨中涨幅超过5%后，依然保持这种放量上涨时，果断以总资金的50%~70%及时重仓买入股票。

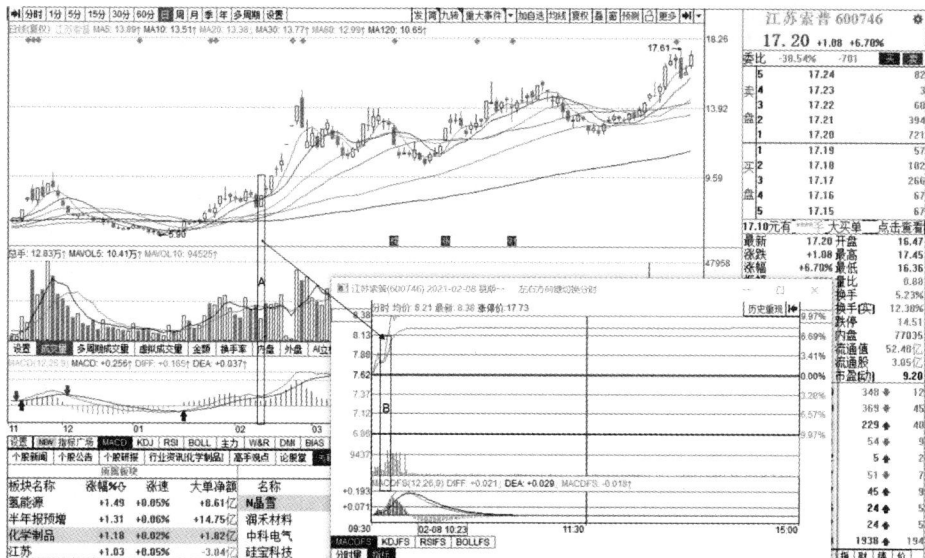

图7-18　江苏索普-日线图叠加2021年2月8日分时图

实战指南：

（1）投资者在实战中重仓买入股票时，必须符合买股条件和买股时机中前三类买点的要求后，以及分时图短线处于极强状态时，方可重仓买入。

（2）投资者在根据三金叉共振重仓买入股票时，原则上是买股条件和买股时机较强时，才可增加重仓的比例，但最好在重仓时以半仓买入，其后强势确认后再追加部分仓位，加仓时机的选择上，可按照前面加仓内容的要求来执行。

（3）如果投资者重仓一只股票后，一旦其后表现为加速上涨时，同样可以采用涨幅超5%时全仓，涨停后卖出的T+0交易，但对于创业板或科创板内的股票，为涨幅达10%以上依然强势上涨时买入，涨停后卖出。

7.5 实战要点

7.5.1 必须在选股基础上进行买股时机的判断

投资者在根据三叉战法中的金叉共振形态判断买股时机时，一定要确保是在选股的基础上对目标股进行的观察和判断，因为选股是在趋势运行规律下，从最容易出现弱势反转为强势前的状态和上涨趋势短期调整结束时的技术征兆，并结合基本面股价出现上涨的内因进行判断而设定的。这就意味着选股后的目标股，短期内最容易出现强势的金叉共振买股条件和买股时机。所以，在选股基础上进行买股时机的判断，是一条最为安全的买股捷径。

判断买股时机的具体要求和步骤如下：

第一步是技术选股，只要符合选股时的长期弱势震荡整理或短期弱势整理要求的股票，即符合初步选股要求。

第二步是基本面选股，对符合技术要求的股票，进行基本面分析，即财务概况中的四个重要指标，起码确保目标股为长期盈利状态，优选绩优股、白马股和龙头股。

第三步是对目标股进行技术分析，从MA、MACD、均量线三指标的三金叉共振和类金叉共振两种形态的要求去分析和判断，即只要有一个指标表现为金叉或强势启涨时，即从类金叉共振的角度分析，符合买股条件时，即可判断量价买点，以便及时买入股票。

如图7-19所示，广誉远（600771）在2021年1~3月，均线呈MA120在其余各均线下方不远处的反复缠绕状态，MACD表现为双线相距较近的水平小幅震荡，同时通过图7-20的观察，发现这家公司最近三年一直保持稳定的盈利，只在2020年出现净利润的大幅下滑，而这一年是全球疫情最严重的一年，而在2021年开年后，我国因控制疫情及时有效，经济复苏持续进行。因此，完全符合选股要求，这时方可对这只股票进行持续观察，其后的B区域出现三金叉共振的明显放量上涨时，应及时买入股票。

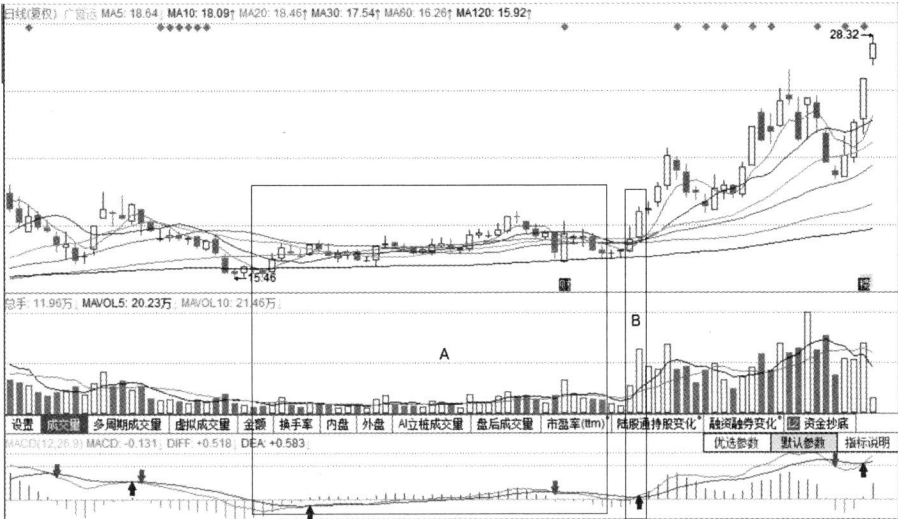

图7-19 广誉远-日线图

图7-20 广誉远-财务概况

实战指南：

（1）在根据三叉战法实战判断买股时机时，不是不可以直接通过对一只股票的观察来分析和判断，而是因为如果直接分析和判断，很容易忽略掉一些环节内容，如基本面的情况，或是某一技术指标的细微变化，如是否为强势金叉等。

（2）投资者在判断买股形态前，分析目标股时不可忽略了对基本面的分析，因为只有基本面越强的股票，未来出现快速上涨的概率越高，且一旦强势确立后的涨幅越可观，所以，弱势整理状态下的这类股票是最容易出现买股时机的。

7.5.2　三线发散的MA金叉是大行情到来的征兆

在实战中判断三金叉共振或类金叉共振形态的买股条件时，一定要留意一种MA强势反转初期的形态，就是三线发散明显的MA金叉。

因为只要这种形态出现，就意味着MA进入一轮上涨行情的开始，也就是一轮反转趋势的大行情到来，只要MACD表现助涨，量价表现为四种买入时机的任意一种时，即可果断买入股票。

三线发散的MA金叉具体要求如下：

三线发散的MA金叉出现前，往往是在长期弱势震荡整理的形态中，MA金叉可表现为MA5与MA10形成的短期均线金叉，或是MA5与其他均线的金叉，而三线则主要是指MA5、MA10、MA20呈明显的向上发散状态，但同时必须确保MA60呈略上行状态，MA120至少为平行状态，且在各均线下方附近，或是即便位于上方也相距下方均线不远的位置，即是趋势反转的大行情到来的征兆，此时即便未形成MA金叉，甚至是三金叉共振，只要MACD上行明显，量价买点符合买股条件，即应果断买入股票。

如图7-21所示，三星医疗（601567）在长期弱势震荡整理期间，进入A区域，形成短期MA金叉后，MA5、MA10、MA20三线明显向上发散的状态，且MA60呈略上行状态，MA120呈平行状态，下方MACD出现向上金叉的箭头，其后出现双线缓慢在0轴上方向上运行，为助涨形态，说明形成趋势大反转的三线发散的MA金叉，同时K线持续上涨，成交量表现为阳量不断放大的均量线缓慢上行的涨潮量能潮，应及时买入股票。

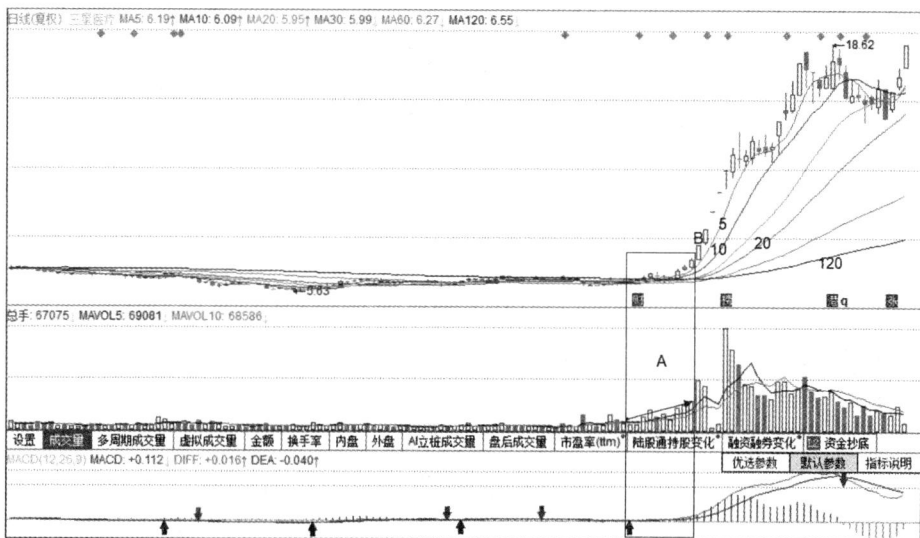

图7-21　三星医疗-日线图

实战指南：

（1）投资者在对目标股进行分析和判断时，三线向上发散的MA金叉出现时，通常为短期均线金叉，但不能排除MA5与其他均线金叉的出现，甚至是未出现金叉，但MA5、MA10和MA20向上发散必须明显。

（2）如果是投资者掌握金叉战法熟练后，在判断三线发散的MA金叉时，也可只通过MA5、MA20、MA60来判断，即当这三根均线向上发散时，只要M120位于下方或上方不远处，呈至少为平行状态时，即可确认为大趋势反转的征兆。

（3）确认三线发散的MA金叉为大趋势反转的征兆时，MA60与MA120的方向是不容忽视的，原则上是MA120至少为平行，MA60为略上行，但买股时，则应根据量价形态的不同买股时机而确认。

7.5.3　强势状态的MACD金叉大多发生在0轴附近

在根据三叉战法中的三金叉共振或类金叉共振确认买股条件时，若中的MACD金叉出现时，大多会发生在0轴附近，而不能双线相距0轴较远，因为若是向上较远时大多为涨势将尽的表现，即起码短期回调的概率会增大；若是向下相距较远时，往往意味着趋势较弱，极易在金叉后再次回归弱势震荡。

判断双线在0轴附近的MACD金叉的要点如下：

一是双线在金叉形成期间，或在0轴略上方，或在0轴略下方；二是准确判断出0轴的位置，0轴是上方红柱与下方绿柱相交的水平线。

一旦确认MACD金叉为强势状态的发生在0轴附近时，就要观察MA和均量线的要求，只要符合三金叉共振或类金叉共振时，同时又满足四种量价买点的买股时机要求中的任意一种情况时，即可买入股票。

如图7-22所示，正泰电器（601877）在上涨趋势出现调整行情时，进入A区域，出现MA金叉的多头排列初期形态，均量线金叉，MACD也出现在0轴附近略上方的金叉后DIFF线小幅向上翘起，符合MACD金叉的要求，所以，可以确认为MACD强势状态的三金叉共振形态，且明显持续量价齐升明显，应果断买入股票。

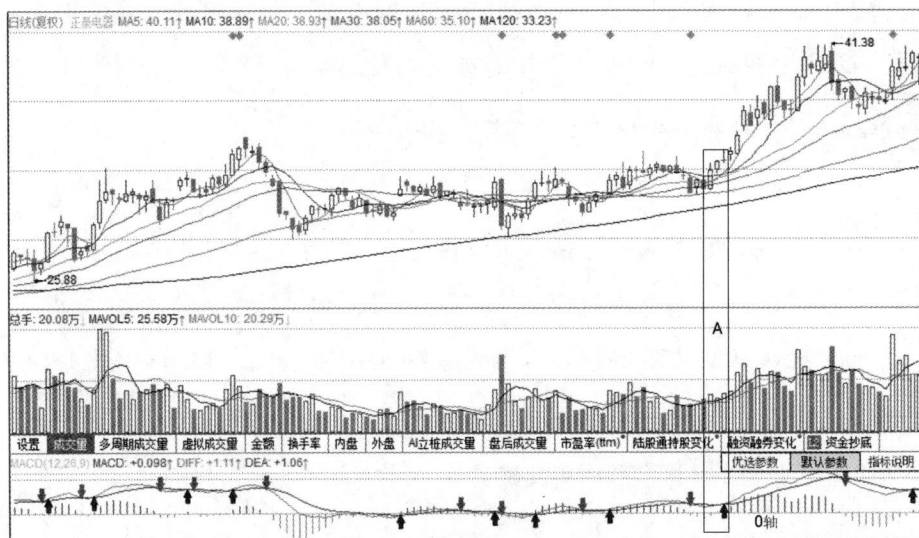

图7-22　正泰电器-日线图

实战指南：

（1）在判断三金叉共振的买股条件时，观察MACD形成金叉是否为强势时，只要准确判断出0轴的位置后，MACD发生金叉时的双线在0轴或上或下的附近时，即可确认强势。

（2）发生在0轴附近的MACD金叉只是MACD为强势状态的征兆，并不能以此为判断买股的依据，而要结合MA和均量线等情况，确认是三金叉共振或类金叉共振，在满足了四种买股条件的量价买点要求中的任意一种情况后，方可买入股票。

7.5.4　金叉共振期间量价齐升明显时才能买入

投资者在根据金叉战法实战买股期间，一旦发现目标股形成三金叉共振或类金叉共振形态后，不可即刻买入股票，哪怕是这种金叉共振的技术形态表现得再强势，也一定要明白，这只是技术形态的强势特征，只有在满足了量价齐升突变或渐变的要求时，方能买入股票。

买股时的具体要求和步骤如下：

一是对目标股进行买股条件的判断，包括三金叉共振和类金叉共振两种形态，只要出现其中任意一种形态时，即为达到买股条件。

二是通过量价形态来判断是否形成量价齐升的买点，包括最强买点、较强买点、稳健买点和一般买点四种，只要出现其中任意一种时，即满足买股时机的要求。

同时满足以上两点的要求后，方可买入股票。

如图7-23所示，潞安环能（601699）在B区域长期弱势震荡整理期间，进入A区域，形成MA金叉后向上发散的多头排列初期形态，均量线表现为将死未死的类金叉形态，MACD表现为DIFF线的突然向上翘起的启涨形态，为类金叉共振形态，其间量价表现为缓慢增长的涨潮量能潮后的突然明显放量，K线阳线持续上涨，为明显放量上涨的较强买点，应果断在A区域内最右侧K线时重仓买入股票。

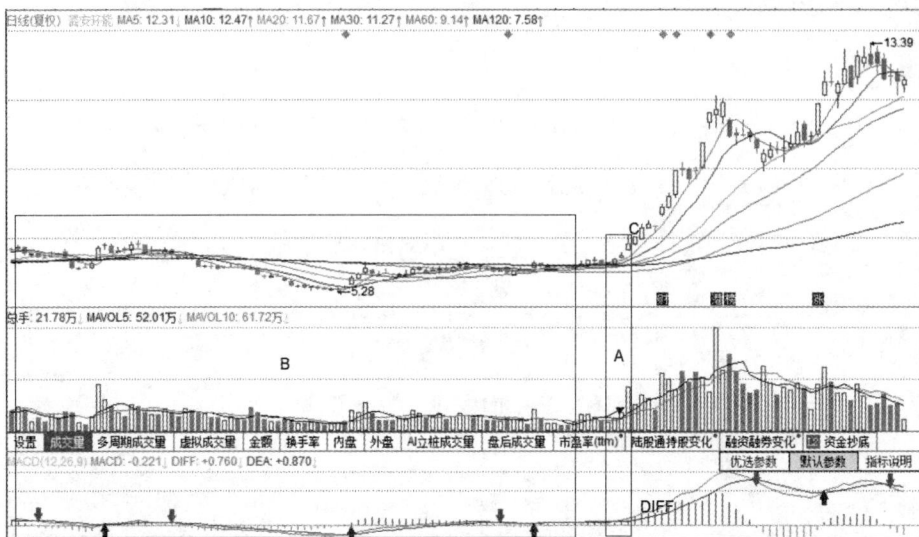

图7-23　潞安环能-日线图

实战指南：

（1）在根据三叉战法实战时，投资者一定要明白，在确认买股时，一定要首先判断是否形成三金叉共振或类金叉共振两种形态中的任意一种形态后，再来观察其间的量价形态，看是否形成四个买点中的任意一个买点时，方可确认为买股时机。

（2）虽然在判断目标股是否会构成强势的买股时机时，判断金叉共振与量价形态时必须确保为同一时期，判断和分析时要同步进行，但学习时必须分两个步骤，这样才能全面了解，只是在实战期间，当行情到来时，同步进行判断，以及时抓住买入时机，尤其是平量或缩量涨停的提前买股时机的判断。

第8章

持股判断：敢持股才能获大利

持股，在三叉战法的操盘中，虽然并不涉及交易，看似简单，只要保持仓位不动即可，但事实上却是最为重要的一个环节，因为强势股并不是在上涨趋势中一直保持着单边上涨的，当调整到来时，必须学习对这一调整进行分析和判断，确认为主力洗盘的健康整理时，方可继续持股。而不懂得这些，就难以捂住好股，自然无法获得较高收益。但必须要明白一点，判断持股与否，必须事先即明白什么是卖股时机，这样才能从根本上了解什么情况下，方可安心持股。

8.1 持股原则

8.1.1 持股能够继续获利

投资者在通过金叉共振买入股票后，判断是否要继续持股时，一定要坚持一条重要的持股原则，即持股能够继续获利。因为在持股期间，如果持股能够始终保持上涨状态，继续持股就会获得持续收益，无法继续获利时就要及时中止持股。

判断持股能否继续获利的方法：

判断持股是否能够继续获利时，主要是当持股出现短时震荡或下跌时，因为此时最容易让投资者产生动摇。所以，当持股出现短时震荡或下跌时，判断是否继续持股，应主要通过以下两个方面来确认：

（1）通过量价状态判断。放量上涨、下跌缩量是股价上涨期间短期正常调整的量价表现，意味着股价短时的下跌或震荡只是调整，因为未出现恐慌盘的大举抛售，所以只要符合这一要求，即可持股。

否则，若出现大量状态的放量下跌，则应结合持股的涨幅来判断。

如图8-1所示，万华化学（600309）若是在A区域根据三金叉共振时的涨潮量能潮买入股票，在持续上涨的B区域，发现K线出现小幅震荡下跌时，但明显阴量缩量，且一放阳量K线立刻快速上涨，而一旦震荡走低，又出现缩量，属于放量上涨、下跌缩量的短线调整。而C区域和D区域的量能略大的阴线更是短期调整，并未影响到整个走势的上涨。这说明持股依然能够获利，因此应安心持股。

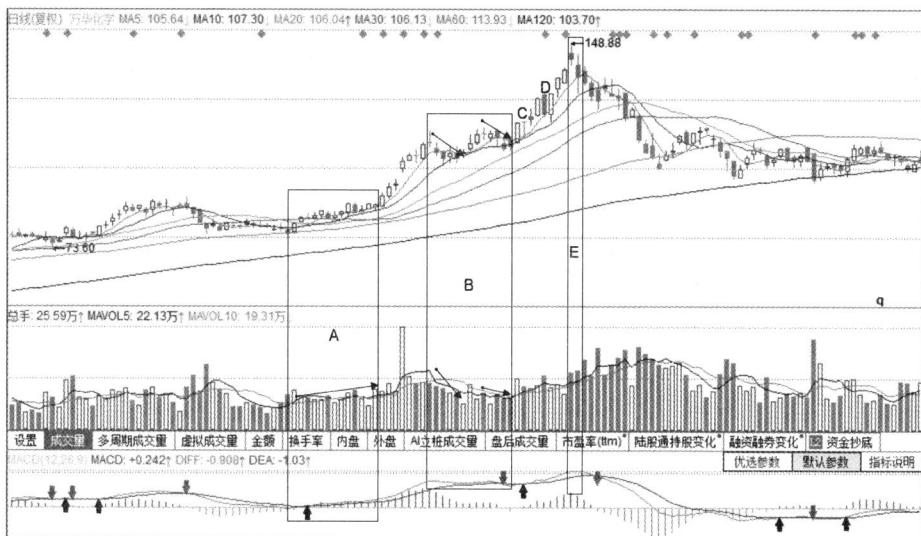

图8-1 万华化学-日线图

（2）通过涨幅判断。若量价短时表现为放量下跌的量价齐跌明显时，应结合当前的涨幅来确认：一是累积涨幅，即底部至此的持续涨幅，通常达到100%左右时要引起注意；二是短时涨幅，即加速上涨的幅度达到40%左右时，也要引起注意。只要累积涨幅或短时涨幅始终未达到这一标准时，即可安心持股。

如图8-1中到了E区域，出现K线影线较长的小阴线下跌时，成交量为明显持续放大的阴量，为持续放量下跌，且MACD出现高位钝化。所以，应结合当前的涨幅判断持股是否存在获利的概率，抛开之前启涨的低点，仅仅从A区域之前的调整低点计算，至E区域时股价已经出现翻倍，所以，此时的持股已经难以获利，应中止持股，及时卖出。

实战指南：

（1）判断持股是否能够获利时，主要是股价出现短时的震荡整理或下跌调整时，因为此时最容易引发投资者恐慌，所以，必须学会量价与涨幅判断持股其后是否达到危险地步，这样当未超过这一限度时即表明能够继续获利。

（2）投资者在根据三叉战法实战前，一定要事先学会所有的操盘技术，包括卖股时机的判断，因为卖股条件和卖股时机始终是持股中的一个标杆，达到了就要明白是应该减仓还是卖出，未达到即证明持股依然能够获利。

（3）在判断持股是否能够继续获利时，量价形态和涨幅要求只是常态下的中小盘股的表现，对于大盘股而言，往往阶段性波段上涨的特征更为明显，所以，必须结合卖股时机来确认是否持股。同时，若是持股为极强的妖股时，因为妖股反复无常，妖性十足，判断时应多方面结合，多从趋势上进行观察。

8.1.2　持股存在继续上涨的动能

投资者在根据三叉战法买入一只股票后，是否保持继续持股，还要坚持另一个原则，就是观察持股是否依然存在上涨的动能。因为一旦股价短时出现震荡整理或调整时，只要发现持股的上涨动能依然存在，就不要惧怕此时的调整，保持继续持股。

判断持股存在上涨动能的方法如下：

判断一只股票是否具有上涨动能时，主要是从量价上进行判断，比如一只股票在震荡上涨中，股价在累积涨幅未达到100%前，始终未出现短时的加速上涨，即接连拉板，或短时涨幅始终为震荡上涨，且调整期间的量价又未表现为持续大阴量下跌，跌幅不大，卖量又不大，则意味着主力始终未出货，那么其后主力必然会通过快速拉升吸引更多的短线跟风资金，以达到高位派发的目的。

因此，判断持股是否存在继续上涨的动能，更主要的是从主力的角度去分析和判断，因为主力操盘，从建仓到出货，若无法累积涨幅达到至少100%，是难以获利的。因此，只要是股价累积涨幅未达到翻倍，即便形成量价卖点，也多数为阶段性高点。即使是长期价值投资标的，不出现短时快速上涨，也难以形成阶段性高点。

因此，只要是未达到主力操盘目标的下跌，均为短时的调整，说明未来存在继续上涨的动能，应安心持股。

如图8-2所示, 银都股份 (603277) 若A区域根据三金叉共振的明显放量上涨买入股票, 在B区域、C区域、D区域, 股价均出现小阴小阳线的震荡, 且量能均缩减为小阳量与小阴量的水平, K线下跌不明显, 幅度极小, 说明股价的上涨动能依然存在, 主力是在通过这种震荡吸筹, 应安心持续。

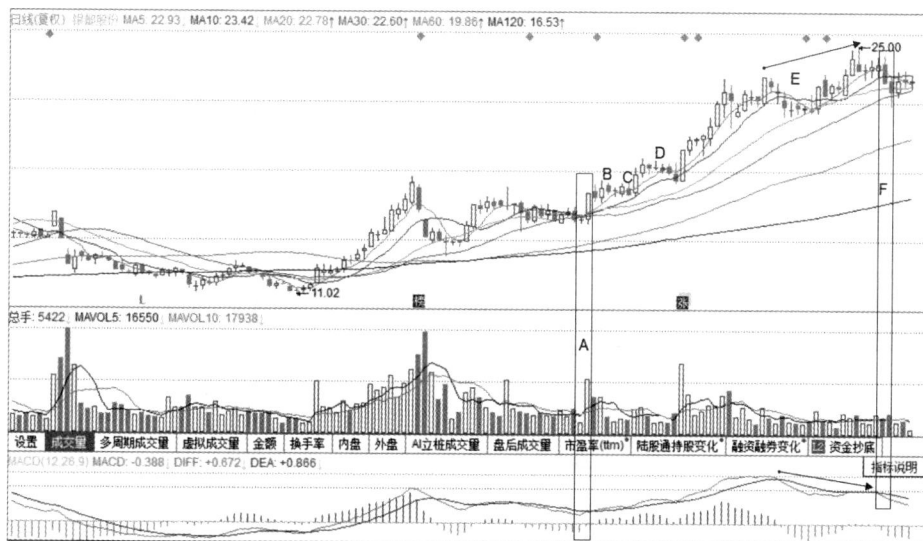

图8-2 银都股份-日线图

但是到了E区域, K线同样是小阴小阳线或十字星震荡略下跌, 量能再度缩减, 但一转为阳量即恢复上涨, 且刷新前期高点, 同样应继续持股。直到F区域形成三死叉共振期间, 量能虽然不太大, 但为持续放量状态, 结合当前的累积涨幅, 由低点的11.02元到此前的高点25.00元计算, 已经超过100%, 所以, 即便股价再次上涨, 也应在进行调整后, 且F区域之前为MACD下行、K线震荡上行的顶背离, F区域刚好形成三死叉共振的量价齐跌, 即可确认顶背离结束, 因此, 应中止继续持股, 因为大幅获利后, 股价上涨的动能已经出现明显衰竭, 所以不应继续持股。

实战指南:

(1) 判断持股是否具有上涨动能时, 应多从主力操盘的角度来分析, 因为主力进入股市, 多数主力都是为了获利而来, 所以, 只要是主力未获利的状态下, 即便发生系统性风险，只要主力未走，股价也会存在上涨的动能。

（2）因为三叉战法寻找到的均为上涨趋势的股票，而非短期强势股，所以，通过累积涨幅来判断时较为准确，而短期涨幅即股票在上涨阶段的主升浪，一只股票既然形成上涨趋势，不出现主升浪即转跌的概率几乎为零。所以，主力操盘+涨幅的分析，能够更准确地判断一只股票未来是否具有上涨的动能。

8.2 持股形态

8.2.1 量价齐升的缓慢震荡上行

量价齐升的缓慢震荡上行，是股价健康上涨时的一种表现形式，是量能在不断放大状态下推动股价保持着持续上涨的强势状态。因此，一旦持股出现量价齐升的缓慢震荡上行时，应保持继续持股。

具体要求如下：

量价齐升的缓慢震荡上行出现时，首先是K线始终处于小幅的震荡上行，其间允许出现偶尔的震荡下行，甚至是仅仅出现数日的较长影线的盘中震荡，但一般K线是会围绕在MA5附近，且整体趋势上必须保持震荡上行的状态；量价齐升则是量能始终保持较大状态的阳量，允许其间出现偶尔的缩量，或是偶尔的阴量，但不会影响趋势的上行状态。

如图8-3所示，日月股份（603218）若A区域根据MA金叉、均量线金叉，MACD双线0轴上的持续上行的类金叉共振的明显放量上涨买入股票，其后的C段走势中，K线始终处于MA5附近，与MA5一同上行，其间多数为放大的阳量柱，只出现两根略小的阴量，为明显的量价齐升的股价缓慢震荡上行状态，应安心持股，直到B区域出现大幅上涨后的巨量下跌时，方可中止持股。

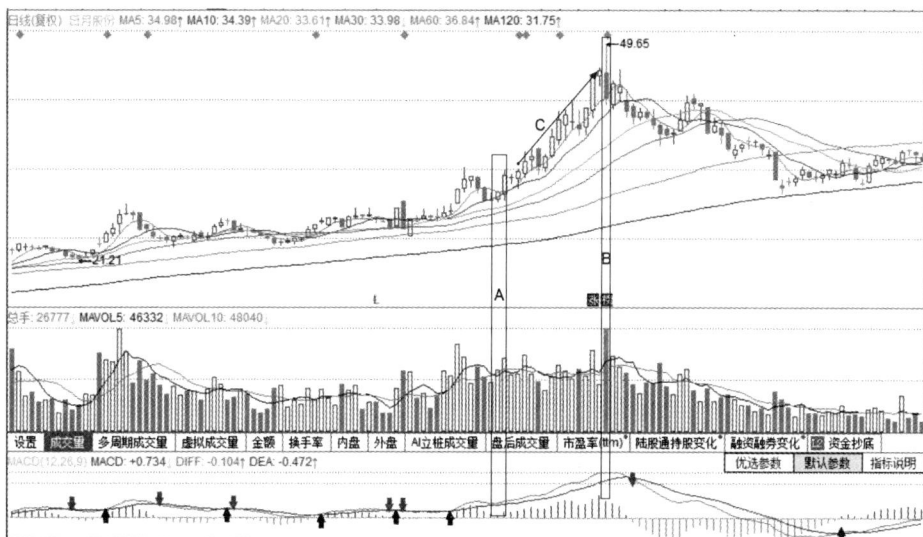

图8-3　日月股份-日线图

实战指南：

（1）量价齐升的缓慢震荡上行出现时，主要判断K线的缓慢震荡上行，通常围绕在MA5附近，呈MA5与K线向上震荡运行的状态，允许出现偶尔的阴线或十字星，但K线上行趋势或会出现缓慢，但上行趋势明显。

（2）量价齐升的缓慢震荡上行中的量价齐升，主要表现为较长的阳量柱，或呈持续放大状态，或量柱参差不齐状态，K线为向上震荡上行状态即可，允许其间出现偶尔的阴量，但往往难以持续大量状态。

8.2.2　放量上涨的持续快速上行

放量上涨的持续快速上行，是股价在强势状态下加速上涨的表现，因为量能的持续放大，导致股价的持续快速上涨，所以，通常是股价在上涨趋势中强势明显的主升浪。因此，这种形态的出现，是一种坚定持股的形态，不可轻易卖出股票。

具体要求如下：

放量上涨的持续快速上行出现时，成交量表现为阳量状态的持续放大，即阳量柱后一根表现为持续长于前一根，在此期间允许偶尔出现一两根阴量柱，同时，

K线表现为阳线的持续上行,且上涨幅度较明显,更强势时会表现为持续的跳空高开高走的涨停。

如图8-4所示,爱普股份(603020)若在A区域根据MA金叉、均量线金叉、DIFF线突然向翘起的明显放量上涨买入股票,在其后的C段走势中,K线持续向上跳空高开上涨,并在持续涨停后依然保持着这种跳空式上涨,且均为阳量,表明股价处于短期放量上涨的快速上行,应保持安心持股。直到B区域打开涨停板后,出现明显放量下跌,股价在短期股价持续上涨中出现了快速翻倍,应及时中止持股。

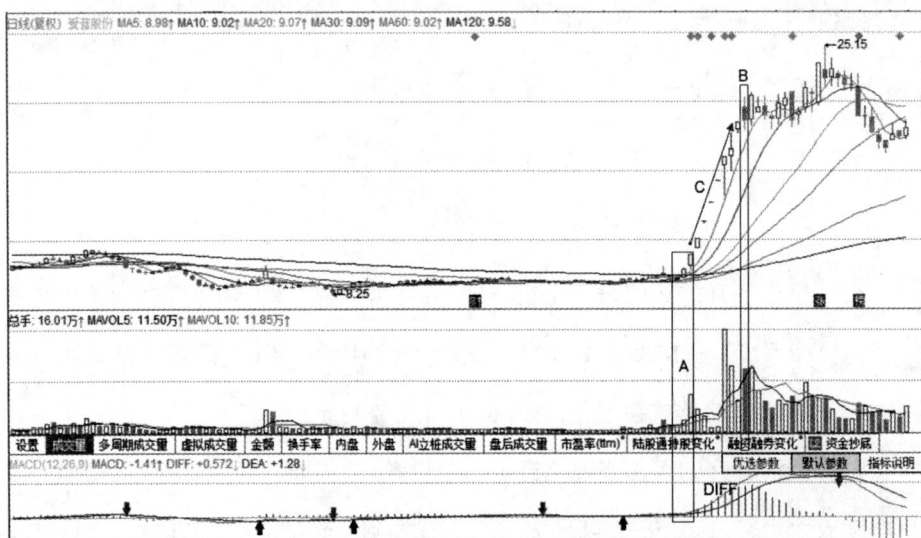

图8-4 爱普股份-日线图

实战指南:

(1)放量上涨的持续快速上行出现时,主要通过量价观察即可确认,即阳量增加的情况下,股价在大幅持续上涨。

(2)因为放量上涨的持续快速上行是股价主升浪时的主要表现,所以,在涨跌制度下,或是股价持续大幅上涨中经常表现为缩量涨停,则同样是一种加速上涨的表现,也应坚定持股。

(3)只要根据三叉战法买入趋势反转的股票,一般卖出股票前,股价均会出现一段放量上涨的持续快速上行，因为没有主升浪的上涨趋势的股票，均是存在上涨动能的股票，轻易不会从趋势上转跌，除非是持续缓慢的上涨中能够持续较久且累积涨幅巨大的大盘股。

8.2.3　上涨放量、下跌缩量的锯齿式上涨

上涨放量、下跌缩量的锯齿式上涨是一种健康的股价震荡上涨的方式，因为量能放大、股价上涨，与量能缩小、股价下跌，均是一种健康状态，因为股价不可能总是无休止地上涨，必然会通过不断洗盘实现继续上涨。因此，上涨放量、下跌缩量的锯齿式上涨是主力边上涨边洗盘的一种更稳健的震荡上涨方式，一经发现，即应保持安心持股。

具体要求如下：

上涨放量、下跌缩量的锯齿式上涨出现时，K 线会表现为低点在不断抬高中的震荡上涨方式，即后一个调整低点会高于前一个调整低点，即 K 线短线震荡下跌时，表现为持续缩量状态，一经向下跌至即将到达上一低点位置时即止跌回升，且会出现阳量持续放大，并会很快刷新之前的高点。

如图 8-5 所示，喜临门（603008）若 A 区域根据三金叉共振的涨潮量能潮买入股票，其后的 B 区域、C 区域、D 区域、E 区域，均表现为 K 线一调整下跌即明显持续缩量，一上涨即明显放量刷新前期高点，且调整低点在不断抬高，为上涨放量、下跌缩量的锯齿式上涨，应安心持股。直到 F 区域股价明显持续下跌中、持续为阴量状态的三死叉共振时，方可中止持股。

实战指南：

（1）上涨放量、下跌缩量的锯齿式上涨出现时，主要判断 K 线的整体趋势，表现为低点在不断抬高的锯齿式上涨趋势，这一点是判断的关键。

（2）判断上涨放量、下跌缩量的锯齿式上涨时，对上涨放量、下跌缩量的判断，主要通过 K 线在锯齿式上涨期间，一旦转跌时，就会在大量状态下出现明显的

持续缩量,而一旦K线在上一震荡低点上方止跌回升时,即表现为阳量持续放大,且会快速刷新前一高点。

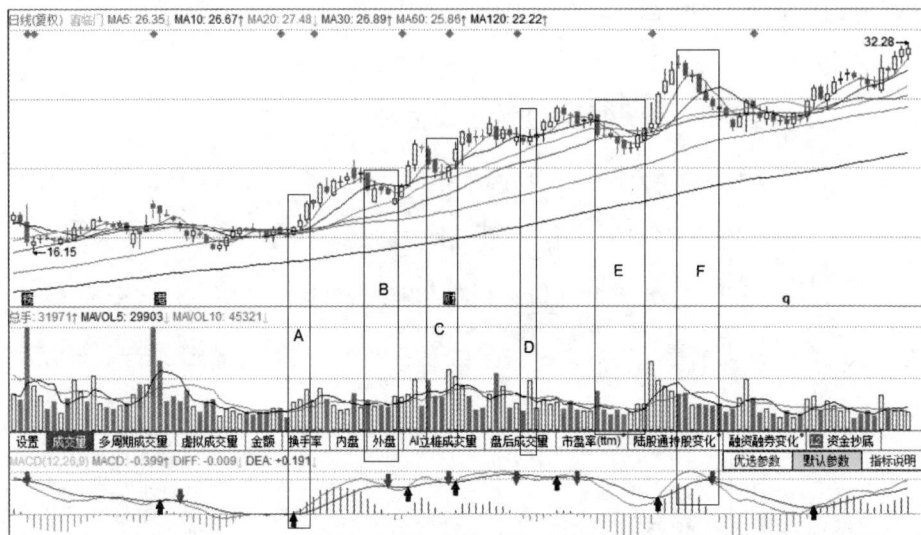

图8-5　喜临门-日线图

（3）上涨放量、下跌缩量的锯齿式上涨是主力边拉升股价边洗盘的征兆,但任何一只股票也不会总是表现为无休无止的上涨。因此,一旦锯齿式上涨的股票如果出现累积涨幅巨大时,则应保持谨慎。

8.3　主力洗盘的整理状态

8.3.1　放量强势洗盘

当股价在短期持续上涨过程中,当上涨到一定程度后,主力经常通过快速放量下跌的形式进行洗盘,因为这种主力洗盘的行为往往时间极短,但又十分猛烈,所以经常会吓跑许多短线投资者。因此,投资者在持股期间,一定要学会如何识别出这种主力的快速洗盘行为。

强势洗盘的特征如下：

（1）明显放量下跌洗盘。持续快速上涨中，突然出现无来由的快速放量下跌，形态上与明显放量下跌相同，经常以大阴线，甚至是跌停阴线出现，阴量放大明显，但从整体来看，一是当前整体涨幅并未达到翻倍，且放量下跌的持续性极快，通常最多为3~5个交易日，且K线依然在MA5附近，一般不会跌破MA10；二是快速下跌中止跌回升极快，如果跌停阴线洗盘时，通常止跌回升时会快速回升到之前下跌的位置，经常以涨停方式结束。

如图8-6所示，润和软件（300339）若是A区域根据三金叉共振的明显放量上涨买入股票，在其后的C区域，股价出现短时震荡下跌时，其间的阴量虽然较大，为放量下跌，但此时涨幅并不过大，且K线下跌中并未跌破前时阳线上涨的D区域阳线低点，即出现止跌回升，时间极短，只有三根K线的三个交易日，所以为主力以放量下跌的方式进行快速洗盘行为，应安心持股。

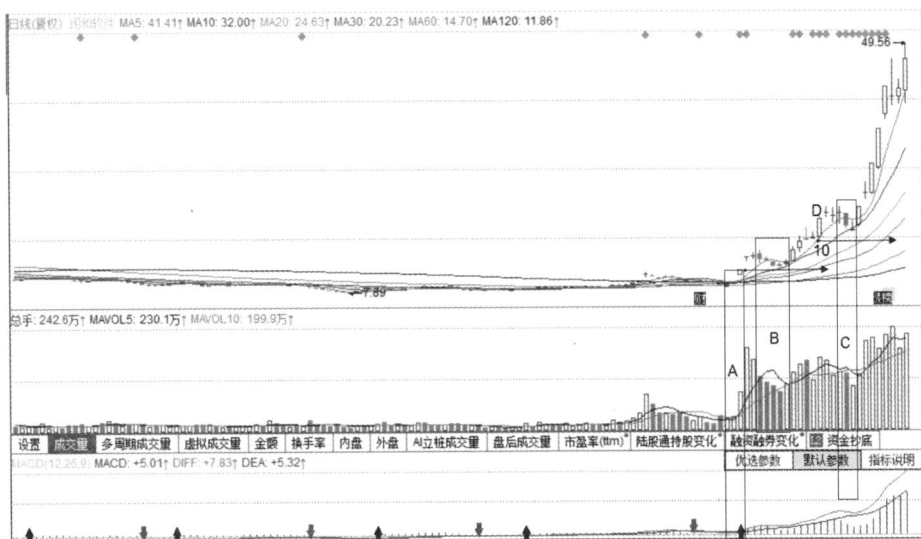

图8-6　润和软件-日线图

（2）空中加油洗盘。股价在短期持续上涨中，先是出现跳空高开，而后开始震荡下跌，判断时应通过以下方法：

一是通常时间为3~5个交易日，成交量保持大量状态，或阴或阳，K线也或阴或阳。

二是K线不会完全回补向上跳空缺口，即止跌回升。

三是回升时短期强势特征明显，同样经常出现涨停。

如图8-6中B区域在A区域买入后，即出现跳空式上涨，其间出现持续缩量的小阴线下跌，看似为退潮量能潮，但K线未完全回补A区域内最右侧K线与B区域之间阳线的跳空缺口，即B区域的调整未跌破A区域内右侧的阳线高点，即出现止跌回升，其间的调整只有三个交易日，即出现回升，因此为空中加油式洗盘，应安心持股。

同样，在图8-7福建金森（002679）若在C区域根据MA金叉、均量线金叉、DIFF线突然向上翘起的类金叉共振的持续放量上涨买入股票，到其后持续跳空式上涨中的A区域，虽然阴量放量明显，但K线为实体较短的小阴线，且跌幅有限，远未回补掉与上一根K线之间的跳空缺口，其后再次恢复跳空式上涨，时间仅仅为一个交易日的空中加油洗盘，应安心持股，直到涨停板再次打开的B区域，股价中止继续跳空上涨时，表现为低开低走的大阴量下跌时，且短时涨幅过大，已超过150%，应果断中止继续持股。

实战指南：

（1）投资者在持股期间，一旦出现主力强势洗盘时，往往是在短期持续上涨过程中，盘中积累大量获利筹码时，整体涨幅不会达到翻倍。但妖股的主力强势洗盘时除外，因妖股热度高，所以，妖股在快速翻倍时也经常强势洗盘，但作为普通投资者在遇到妖股强势洗盘时，原则上仍然以减仓操作为主，尤其是经验少的新投资者。

（2）当主力强势洗盘时，通常时间不会长，一般均不会超过3~5个交易日，因为时间一长，容易引发热度持续降低后的人气涣散，导致趋势的突变。尤其是主力实力不够雄厚时，容易被小主力的合力卖出，引发短期趋势走弱。

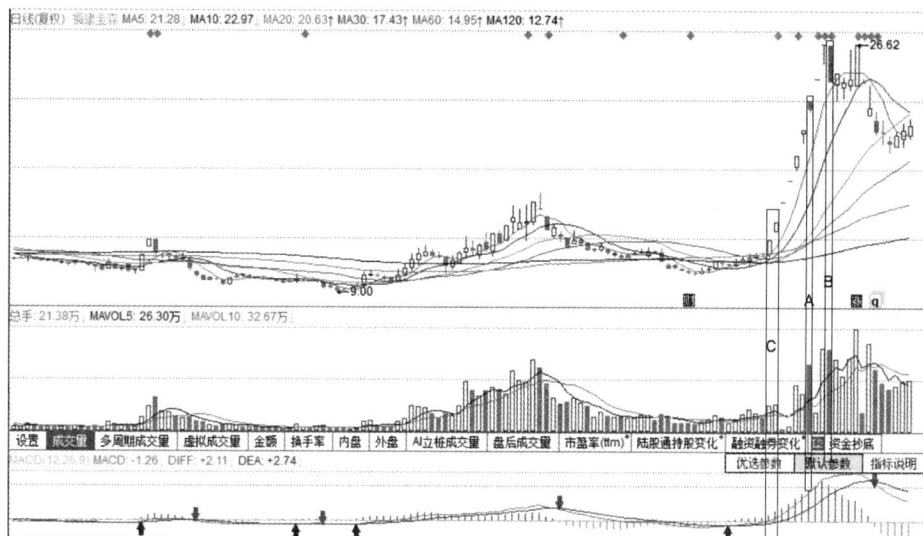

图8-7　福建金森-日线图

（3）主力在强势洗盘时，如果是以跌停方式洗盘，无论放量明显与否，一般不会出现持续三个跌停，最多在调整后的第三个交易日出现大幅低开后即快速回升的走势，尤其是之前放量跌停时，止跌回升时经常上演地天板。

8.3.2　缩量弱势洗盘

当股价在经过短期持续上涨的过程后，也经常在新的高点出现后，主力以大阴线与大阴量的方式洗盘，甚至会持续出现较长上影线的阴线洗盘。但由于是主力在洗盘，目的是洗掉短期的获利筹码，为其后的再上涨减轻压力，所以，这种大阴量大阴线的放量下跌通常不会持久，因此，投资者在持股期间，也一定要学会如何通过这种短时的缩量弱势判断主力是否在洗盘，以便决定是否继续持股。

缩量弱势洗盘的具体要求如下：

缩量弱势洗盘初期，多数是以大阴线大阴量出现，而后才会出现持续下跌中的明显持续缩量，但通常这种K线的持续下跌，不会轻易跌破之前的重要位置，如前期高点，或是下跌前明显放量上涨中的大阳线低点，并且大幅缩量下跌后止跌回升时，也会表现为持续小阳量的稳步放量上涨。

如图8-8所示，中联重科（000157）若A区域以MA金叉、均量线金叉、MACD双线突破0轴后向上明显发散的类金叉共振的持续放量上涨买入股票，在其后B区域、C区域、D区域、E区域出现持续震荡或下跌调整时，量能均出现明显的缩量，调整期间均未跌破调整前上涨阳线的低点，即出现止跌回升，为主力缩量弱势洗盘，因此应安心持股，直到F区域形成MA死叉、MACD高位死叉后双线明显向下发散的类死叉共振形态的量价齐跌时，方可中止持股。

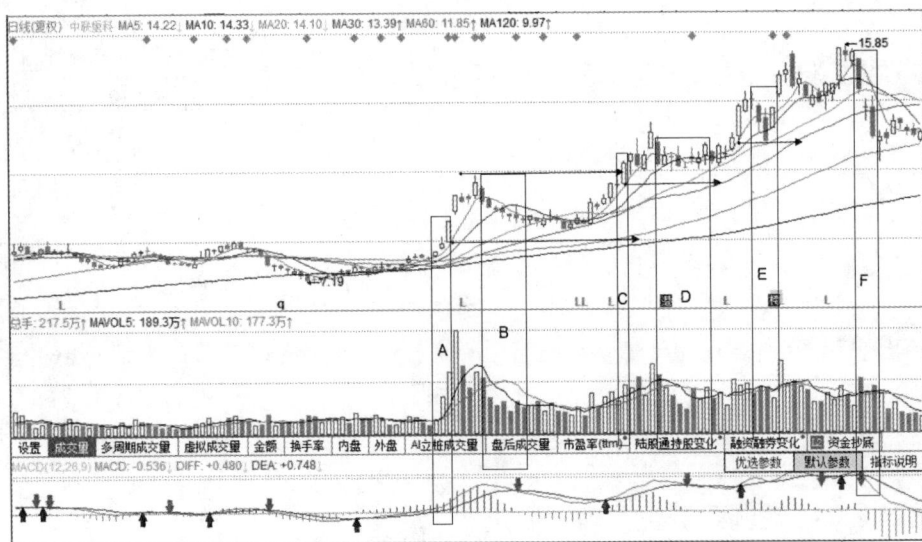

图8-8　中联重科-日线图

实战指南：

（1）主力在以缩量弱势洗盘时，往往股价表现为持续缓慢的震荡上涨走势，无论是否形成明显的锯齿式上涨，还是表现为慢牛爬坡式上涨，均要求此前的持续上涨幅度不会过大，如果达到100%左右时，则不会是主力的弱势洗盘，因为此时主力已在考虑如何出货的问题。

（2）判断主力是否为弱势洗盘时，一是看持续上涨的涨幅；二是看持续缩量下跌期间，K线是否会跌破前期低点，或下跌前上涨大阳线的低点，只要不跌破这两个重要位置，即可确认主力是在洗盘，应安心持股。

8.4 实战要点

8.4.1 强势整理时关注调整是否具有持续性

当投资者在持股期间，一旦发现股价在经过一定幅度的上涨过程后，突然出现毫无来由的放量下跌时，甚至是快速跌停时，一定要关注这种股价的下跌是否具有持续性，因为主力在快速洗盘时的目的，就是通过短期看似凶悍的下跌，快速吓跑持有者，为其后顺利上涨减轻压力。

因此，只要这种看似凶悍的下跌不具持续性，则多数是主力在快速洗盘，应安心持股。

判断强势整理时下跌可持续性的方法如下：

当主力在强势洗盘时，一般调整时间均不会超过3~5个交易日，尤其是在以跌停方式洗盘时，最多不会超过持续三个交易日的跌停。这就意味着，最多只会出现两个跌停，而第三个交易日，即便是以大幅低开的方式出现，甚至是开盘跌停或是盘中快速跌停，也会绝地拔起，甚至上演地天板。

因此，在判断主力是否在强势洗盘时，第三个交易日中的走势是极为关键的，只要是快速探底后出现快速止跌回升，基本上即可确认是主力在快速洗盘。

如图8-9所示，藏格控股（000408）若B区域根据三金叉共振的明显量价齐升买入股票，在K线沿MA5上沿持续上行中，进入A区域，先是出现缩量阴量十字星震荡，其后出现略放量的下跌，虽然当日午后出现跌停，但此时K线刚刚触及MA10，且下一个交易日在继续下探后即出现快速回升，所以，尽管当前涨幅巨大，也为主力以跌停的方式在短线快速强势洗盘，应保持持股。直到其后创出新高24.58元时形成类死叉共振的放量下跌时，方可中止持股。

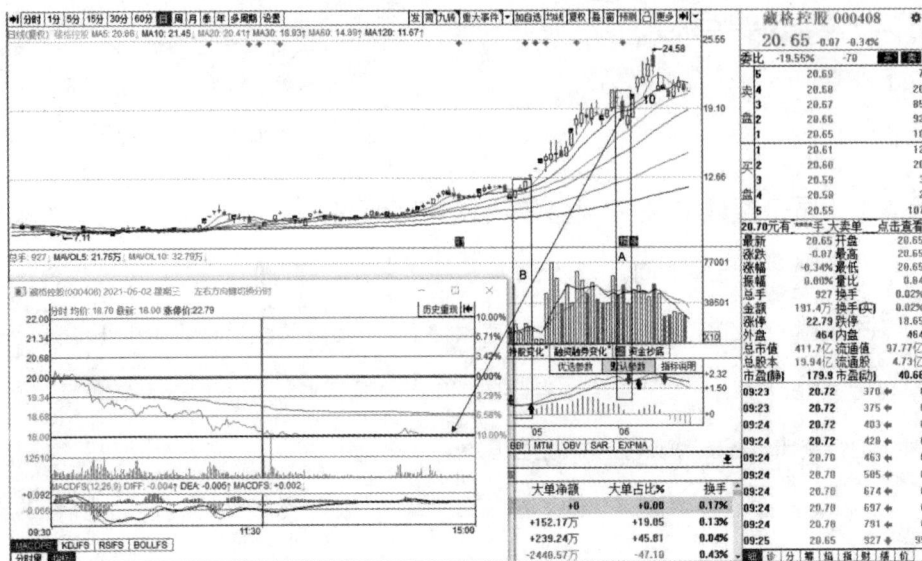

图8-9 藏格控股-日线图叠加2021年6月2日分时图

实战指南：

（1）投资者在判断主力是否在强势洗盘时，一定要首先明白趋势运行的规律，因为一段明显趋势形成后，一般均会始终保持沿向上压力小的方向运行，所以，一旦强势洗盘超过五个交易日，就会影响MA5的方向，甚至是其他短期指标线的变化，且市场好不容易聚积起来的热度就会受到影响，所以时间会极短。

（2）主力快速洗盘时，越是短期看似跌得极凶的股票，往往结束洗盘时的止跌回升也会同样凶猛。因此，投资者平时可多观察一下主力强势洗盘类的股票，这样在实战期间就会有更多了解，不会被轻易吓跑。

（3）当主力在强势洗盘时，应结合当时的盘口主力净资金的流出量来辅助判断，因为当强势洗盘结束的当日，主力净流出量是较少的，同时也要结合股价当前的涨幅来综合判断。

8.4.2 弱势整理时注意股价是否跌破关键位

投资者在持股期间，一旦发现股价在经过一定幅度的上涨过程后，出现弱势调整时，因为与主力强势洗盘时的方式不同，所以，弱势洗盘的调整时间会略长，主力也会根据当时盘中的具体情况而确认是否继续洗盘，还是就此恢复上涨。因此，判断弱势洗盘时的关键位，就成为确认主力是否在洗盘的重点。

关键位的判断：

（1）是否跌破前期高点。前期高点，往往对其后的上涨有着较强的支撑，因为前期高点属于突破性上涨，一旦股价在上涨中回调时跌破这一高点，并未在此时震荡而回升，则往往需要再次下探寻找更低的支撑，而更低的支撑，则是前期高点前的低点平台。因此，若非长牛股，一般回调时跌破前期明显高点时，就要考虑减仓与卖出，否则就应持股。

如图8-10所示，潍柴动力（000338）若B区域根据三金叉共振的涨潮量能潮买入股票，其后C区域出现小阳小阴线的横盘震荡时，虽然其间有九根K线，时间略长，但未跌破A区域阳线突破前期高点的低点，即E线，出现止跌回升，所以为主力弱势洗盘的征兆，应安心持股。直到创出26.26元的新高后形成量价齐跌的三死叉共振时，方可中止持股。

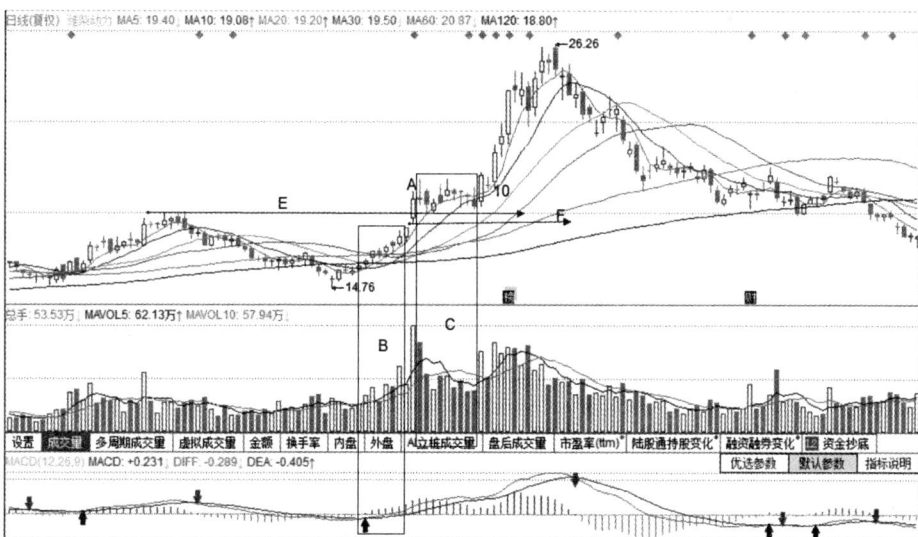

图8-10　潍柴动力-日线图

（2）是否跌破调整前的上涨长阳线低点。因为调整前的大阳线上涨属于突破性上涨，主力拉出此类大阳线就是为了加速上涨做向上试盘，一旦压力小，就会持续拉升，但若是压力相对大，往往就此调整，但即便调整中出现持续的大阴线下跌，也不会跌破大阳线低点，因为这一低点是主力发动上涨的起点，一跌破就意味着主力发动上涨的行为宣告失败，其后必然会深幅调整。

因此，回调不破调整前大阳线低点，是判断主力是否成功洗盘的重要征兆，只要不破即可安心持股。

如图8-10中C区域的震荡回调中，虽然量能持续为阴量居多，但K线为小幅震荡，并未跌破A区域突破前期高点E线的突破性上涨阳线的低点F线，即出现止跌回升，所以C区域为主力弱势洗盘，应安心持股。

实战指南:

（1）投资者在持股期间，学会如何判断关键位是极为重要的，因为股价在上涨趋势中一旦出现回调整理，只要不跌破这一关键位，就意味着其后上涨趋势的动能依然存在，主力是在正常洗盘。

（2）投资者判断关键位时，主要是前期回调结束后止跌回升后创出的高点，或是调整前的突破性上涨的大阳线低点，因为这两个位置直接关系到股价短期的强势是否依然，只要不跌破，即可安心持股。

（3）如果股价在回调期间一旦跌破关键位后，并不是说上涨趋势就一定结束，而是说明盘中上涨的压力较大，主力会向下寻求更低的支撑位进行充分洗盘，而更低位就是前期的低点，即筹码聚集较多的平台。

8.4.3 跌少涨多是判断是否缓慢上涨的关键

投资者在持股期间，对于一些入市不深、没有太多投资经验的投资者来说，或是那些更注重趋势交易的投资者，判断股价下跌出现时是健康的整理，还是就此转势的另一种趋势形成，就是通过股价在震荡上涨中的跌幅和涨幅来进行相对的判断,也就是股价表现为跌少涨多时,则说明上涨趋势依然存在,应安心持股。

跌少涨多的判断方法如下:

判断股价跌少涨多时,主要是从K线上观察,如下跌的阴线少,上涨的阳线多,甚至是上涨状态,或是阴线略多,但阳线虽少,但阳线均较长,回升快,如跌三个交易日后,一根或二根阳线即创出新高。这时即可确认股价为跌少涨多的震荡缓慢上涨,应安心持股。

如图8-11所示,国际医学(000516)若A区域根据三金叉共振的涨潮量能潮买入股票,其后的B区域、C区域、D区域出现短时的阴量下跌时,跌幅均较小,其后的E区域、类死叉共振形态F区域的止跌回升时,很快放量上涨刷新前期高点,说明股价为缓慢上涨中跌少涨多的状态,应安心持股。直到H区域形成MA死叉、MACD高位死叉后双线明显向下发散的巨量下跌时,方可中止持股。

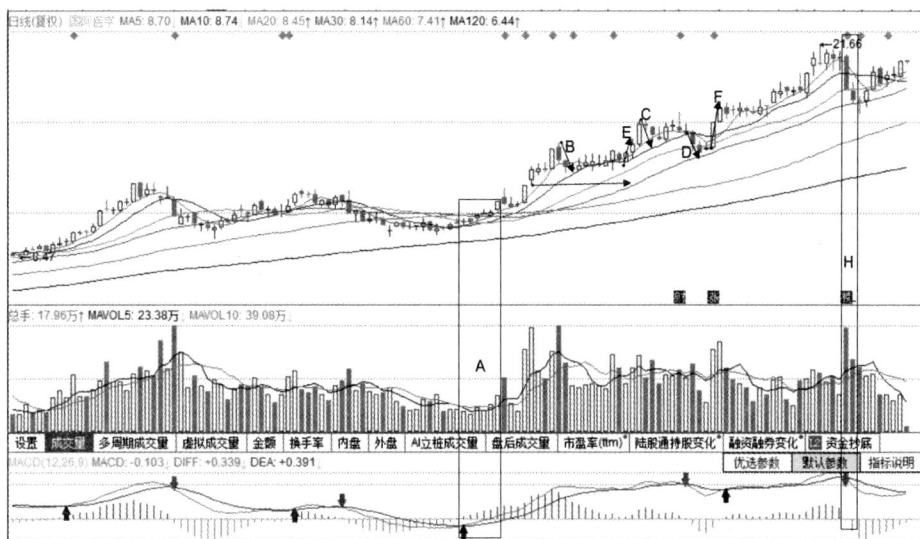

图8-11 国际医学-日线图

实战指南：

（1）跌少涨多是从趋势上判断股价短线调整出现时的一种最直观的观察方法，在判断时，除了下跌K线少、上涨K线多之外，还存在下跌幅度和时间总是不及上涨幅度或时间，即哪怕跌的时间长，但下跌幅度和时间总赶不上上涨时的幅度和时间。

（2）由于跌少涨多是从趋势上判断股价在调整时是否为缓慢上涨的趋势，所以同时最好能够结合调整低点来判断，即每一次调整低点都会高于之前的低点，呈后一低点高于前一低点的情况，同时每次调整结束后，股价总会刷新前期高点。

（3）在股价缓慢上涨趋势中的短线调整期间，有一种更为强势的状态，即是股价每次调整结束后的回调时，都是在前期高点附近即震荡止跌恢复上涨。同时还存在另一种短线的调整方式，就是看似跌实则涨，即K线为阴线下跌，但重心却在不断抬高。

8.4.4　K线与MA5的位置是判断股价短线强弱的关键

投资者在持股期间，判断股价短期是否依然处于强势状态的关键，就是通过MA5与股价的位置来进行观察，因为股价在强势上涨状态时，K线和MA5是有着明显的强势状态的，且MA5的运行方向也会与K线基本保持一致。所以，K线与MA5的位置及方向，是确认短线强势与否的关键。

K线与MA5的强势形态：

股价在强势状态时，最强势时表现为K线在MA5上方与MA5一起向上运行，在此期间只要K线一下跌时接近MA5即止跌回升，即为调整幅度最小的强势，此时MA5的方向始终是向上运行的；若是股价较强的上涨状态，则是K线会保持在MA5附近，MA呈向上震荡运行状态十分明显。一旦通过K线与MA5的位置和方向确认强势状态，就应安心持股。

如图8-12所示，奥园美谷（000615）若A区域根据C段上涨走势后调整结束时的三金叉共振的涨潮量能潮买入股票，在其后的持股中，即D段走势表现为K线沿MA5上方持续上行的强势状态，只在E区域出现偶尔跌破MA5即止跌回升，恢复K线沿MA5上方上行的强势上涨状态，因此应始终保持持股。直到其后的B区域在股价累积涨幅达5倍多的情况下，表现为类死叉共振的退潮量能潮时，方可中止持股。

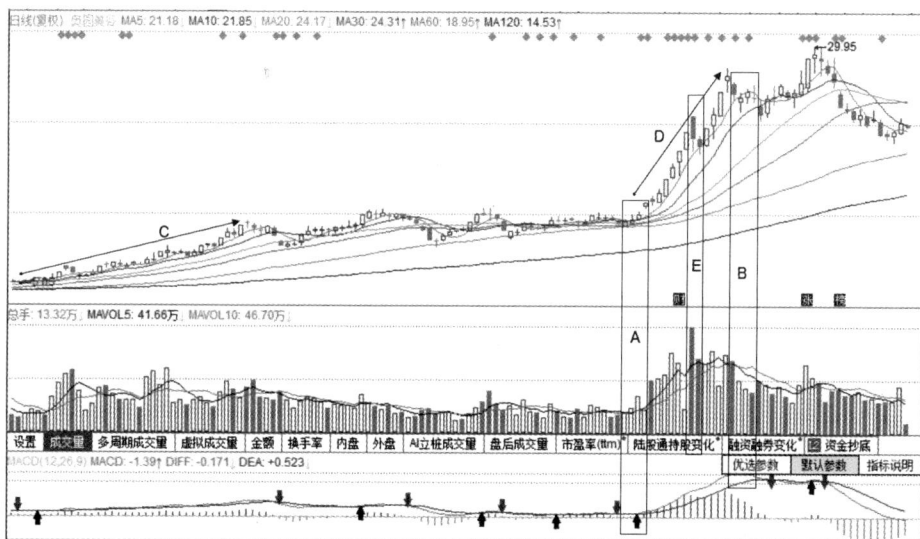

图8-12　奥园美谷-日线图

实战指南：

（1）投资者在持股期间，判断股价是否为强势状态时，主要是股价短期表现为下跌时，因为虽然弱势时量价表现强烈，但通常看似短期弱势的形态，只要是通过K线与MA5的位置和方向，即可更为直观地看清当前的上涨趋势，因为只要上涨趋势在，股价就依然存在上涨的动力。

（2）通过K线与MA5的位置判断股价短线强弱时，主要是震荡上涨中的两种有效强势的识别，包括最强势的K线在MA5上方的与MA5持续上行，和K线在MA5附近的双双上行，只要出现其中一种形态，即可安心持股。

（3）投资者在通过K线与MA5的位置判断股价强势与否时，允许超强状态与略强状态交替出现，在常态下，通常是K线在MA5附近双双上行后，才会出现加速上涨的K线在MA5上方的与MA5双双上行的情况。但在判断时，不可只根据这一点来确认，同时还要综合涨幅等因素来综合确认是否持股。

第9章

卖股时机：三死叉共振是
牛股快速转弱的杀跌信号

投资者在学会买股与持股的判断后，只是完成三叉战法中大部分重要的操盘环节，还必须学会如何判断卖股时机，因为会买还要会卖，才是真正学会如何炒股，才能最终实现落袋为安。

为了能够在操盘中实现利益的最大化，卖股环节同样是一项重要的内容，它不只是简单的三死叉共振这么简单，因为从股价由涨转跌的趋势角度来讲，转跌的情况有多种，因此，必须在坚守三死叉共振或类死叉共振+量价齐跌卖股的同时，学会结合涨幅、盘口信息等内容，牢记三类卖股时机，并掌握最佳卖股时机的量价形态，才能做到游刃有余地操盘获利。

9.1 卖股原则：交易时要牢记

9.1.1 持股无法获利

投资者在根据三叉战法买入股票后，在持股的过程中，选择卖出股票时，就应当坚持持股无法获利的卖出原则，因为若是发现股价虽然出现调整，但依然存在上涨的动能，或是当发现股价涨幅较高时，依然保持着强势或震荡上行时，说明继续持股依然能够获利。

因此，实战卖股时，一定要坚持持股无法获利的卖股原则。

判断持股无法获利的方法如下：

当股价在上涨中出现调整时，结合累积涨幅和短期涨幅，根据三死叉共振和类死叉共振两种卖股形态，通过对其间的三类量价卖股时机的把握，进行判断，一旦完全符合涨幅较大的任意一种卖股形态和一种卖股时机时，说明持股已经无法获利，应果断卖出股票。

如图9-1所示，仁和药业（000650）若A区域根据MA金叉、均量线金叉、MACD双线在0轴上向上运行的类金叉形态的明显放量上涨买入股票，在其后持续上涨的B区域，在股价累积涨幅超过100%后，K线反复在高位震荡，成交量为明显的持续大量的放量状态，为高位放量滞涨形态，虽未形成三死叉共振形态，但为主力高位隐藏出货卖点，说明持股已无法获利，应果断卖出股票。

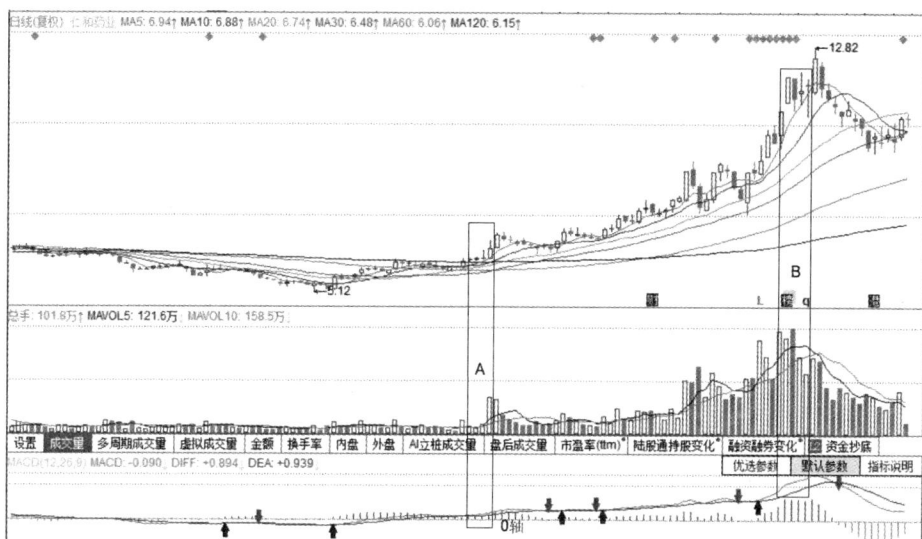

图9-1　仁和药业-日线图

实战指南：

（1）在实战期间，投资者一定要明白，判断持股是否无法获利，不是一出现短线调整就无法获利了，也不是股价涨幅较大时短线一波动就要卖出了，因为这两种情况均是投资者的个人感受，往往是不准确的。

（2）判断持股是否无法获利时，要从趋势的破坏程度来观察，方法就是三死叉共振形态的量价齐跌对中长期趋势的破坏，和类死叉共振的量价齐跌对短期趋势的快速破坏。只要这种破坏程度明显、强烈，就表明持股无法继续获利。

9.1.2　买股后失败

买股后失败，就是投资者在根据三叉战法买入股票后，股价未走强，而是出现持续走弱，这时就说明趋势并未在三金叉共振或类金叉共振形态下出现趋势的转强，就要及时卖出股票，因为继续持股就会造成持续的亏损，并影响到投资心理。因此，投资者在买股后一旦出现失败，就要坚守及时止损卖出的原则。

买股后失败的原因如下：

造成买股失败的原因，主要是判断三金叉共振或类金叉共振形态时失误，如果忽略MA60和MA120的方向，或均量线金叉时量能过大，或是判断量价齐升的买股时机时量价形态勉强，因为买股的步骤就是通过买入形态其间形成的量价买点的判断，以确认买股时机，所以，这两个环节中哪怕任意一个环节内的某一细节出现失误，都会引发投资失败。

如图9-2所示，国城矿业（000688）若在A区域根据MA金叉、均量线金叉、DIFF线突然向上翘起的类金叉共振的涨潮量能潮买入股票，其后发现股价出现震荡走低，且跌破A区域右侧突破MA120的涨停阳线低点后，依然呈震荡下跌时，应及时卖出股票，因为A区域的类金叉共振由于是股价首次突破位于上方平行的MA120，属于突破长期均线后的回踩，一旦再次跌破后未快速回升，说明股价仍然存在弱势震荡整理的需求，上行压力较大，所以必须先卖出，待其后再次形成启动的三金叉共振或类金叉共振的量价齐升突变时，再买入股票。

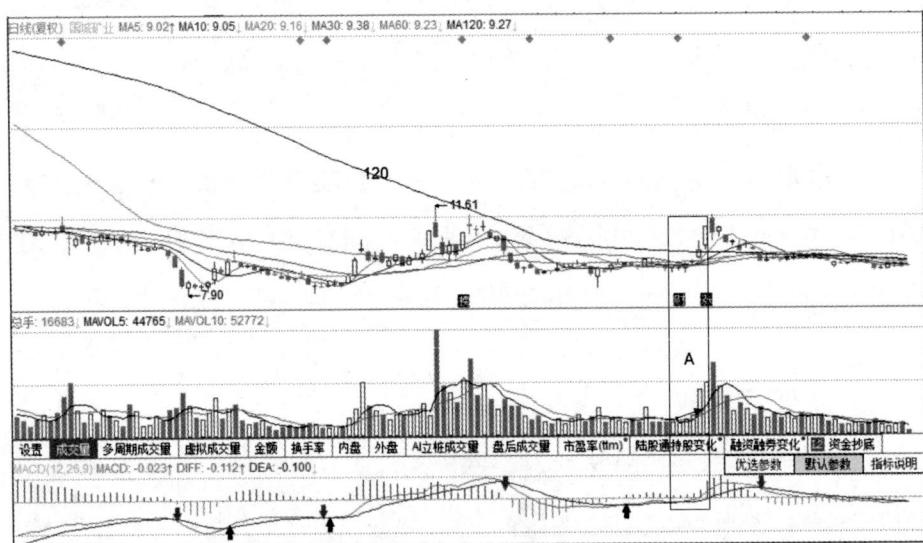

图9-2　国城矿业-日线图

实战指南：

（1）由于三叉战法属于通过MA、MACD和均量线三指标共振+量价形成确认买卖时机的操盘方法，为趋势交易，又是按照趋势交易的右侧交易原则进行的买股操作，所以，只要投资者判断准确，一般是不容易出现失败的，所以，认真学习并严格按照操盘要求进行操作，就可以有效地化解投资失败的风险。

（2）虽然三叉战法的买股是在中长期趋势转强初期和短期趋势恢复上涨时进行的买股操作，理论上来讲是不会出现失败的，但一定要注意在实战时判断的准确性，尤其是股价在长期弱势整理状态下出现买股时机时，宁可慢一步，也不可操之过急。而克服上涨趋势短期弱势整理结束时的买入时机时，应尽量选择那些上涨趋势成立后初次出现调整的回升买股时机，以避免涨幅过大后的假冲高真转跌的情况出现。

9.1.3 重量价、轻形态

重量价、轻形态，就是投资者在持股期间选择卖股时，一定不要过于看重三死叉形态+量价齐跌的卖股时机，因为这种标准的卖股时机是上涨趋势转弱形成的上涨波段卖出时机，类似于趋势交易中的逃命时机，而要善于通过量价齐跌的突变，去寻找类死叉共振期间量价齐跌的征兆，因为这种情况属于中长期趋势变弱前短期趋势快速转弱时的征兆，是卖股的最佳时机。因此，在实战期间，一定要遵守重量价、轻形态的卖股原则。

重量价、轻形态的具体要求如下：

重量价，就是尊重股价在持续上涨中突然出现的大阴量状态的大阴线下跌，即巨量下跌或放量下跌、持续大阴量下跌、高位放量滞涨等形态；轻形态就是指卖股时不一定非要等到标准的三死叉共振形成后再观察是否形成量价齐跌，而是要在结合股价涨幅的前提下，一旦类死叉共振形态形成时，即观察量价齐跌突变的程度来确认是否构成卖股时机。

如图9-3所示，中材节能（603126）若A区域根据三金叉共振的小幅放量涨停的强势状态买入股票，其后股价在持续跳空式涨停上涨期间，一旦在B区域出

205

现小幅高开后的放量下跌时，即叠加的当日分时图C区域，日线图放量明显的分时图弱势整理特征明显时，虽然日线图上并未形成MACD、MA、均量线中任意一个死叉，或是短期指标线的大角度下行，即类死叉共振，但巨量下跌明显，且当前短期涨幅已经达到翻倍，应果断卖出股票。这就是重量价、轻形态的卖股原则下的操作。

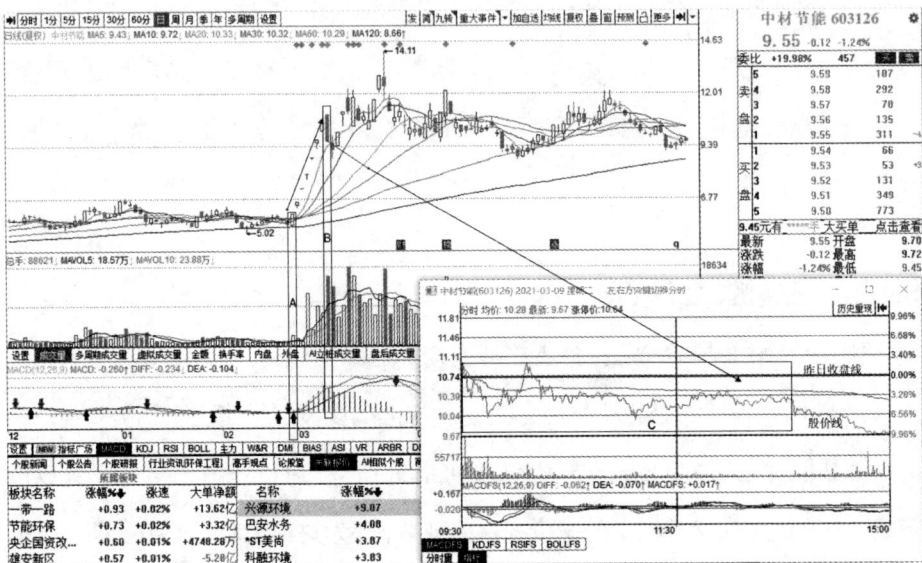

图9-3　中材节能-日线图叠加2021年3月9日分时图

实战指南：

（1）重量价、轻形态是投资者卖出股票时必须坚守的交易原则，并不是说卖股时不要去管三死叉共振或类死叉共振形态，只通过量价形态来确认卖点即可，而是要将卖股的参考以量价形态为主要依据，三死叉共振为辅的次要依据。

（2）在坚守重量价、轻形态的卖股原则时，卖股条件中的形态判断，主要是在三死叉共振尚未形成期间，即类死叉共振出现时，即通过量价的明显量价齐跌，或是主力出货时的不明显量价形态来确认卖出时机和提前卖股时机。

9.2　卖股形态：识别三死叉共振

9.2.1　标准条件：三死叉共振

三死叉共振，就是在股价持续上涨的过程中，即当MA、MACD和均量价中的短期指标线不再继续上行，转为下行时，与下方的略长周期的指标线同时形成向下交叉的死叉时，即MA死叉、MACD死叉、均量线死叉时，即形成三死叉共振，一旦其间表现为量价齐跌，即是最佳的趋势卖股时机。

判断三死叉共振的形态要求如下：

三死叉共振中，需要MA、MACD和均量线的三个死叉出现在同一区间内，相隔不可过远。

其中，MA死叉最早出现时，均为MA5和MA10的短期MA死叉，但在三死叉共振中，或出现短期MA与中期MA的死叉。

MACD死叉中，通常是在指标高位区形成的死叉，双线向下发散明显或DIFF线向下的角度越大时，越是弱势的表现。

均量线死叉，为MAVOL5与MAVOL10形成的死叉，往往MAVOL5向下的角度越大时，弱势越明显。但三死叉共振出现期间，必须形成量价齐跌卖股时机时，方可卖出股票。

如图9-4所示，协鑫能科（002015）若是在C区域根据三金叉共振的持续放量上涨买入股票，其后的持续上涨中，进入A区域，其中的1区域出现MA5与MA10的向下死叉，2区域出现MAVOL5与MAVOL10的向下死叉，3区域出现在顶部区域的DIFF线与DEA线的向下死叉，为标准的三死叉共振形态，K线持续下跌中，成交量为退潮量能潮，且B段的累积涨幅达到100%左右，因此，A区域应果断卖出股票。

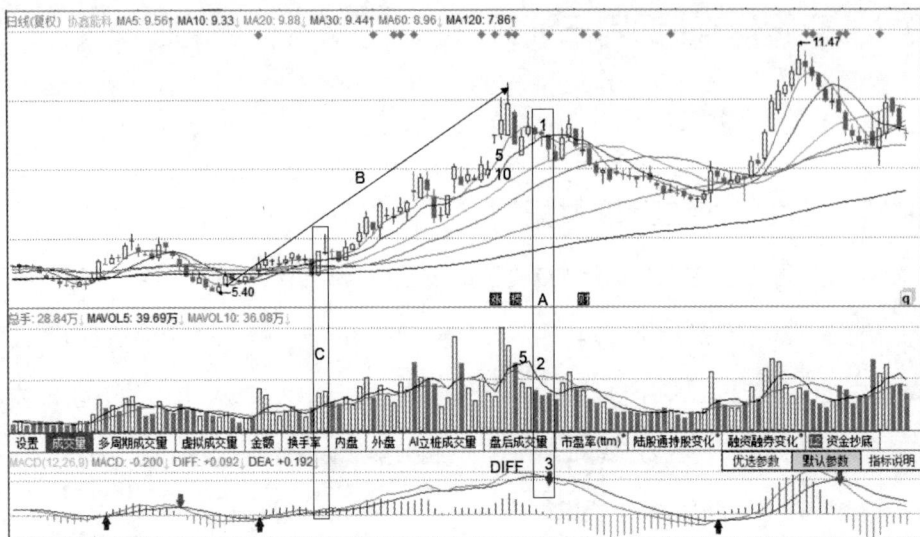

图9-4　协鑫能科-日线图

实战指南：

（1）三死叉共振是MA、MACD、均量线三个指标在同一时间内均形成的向下交叉的死叉，在判断形态时，只要这三个指标均出现死叉即可确认，但确认趋势的弱势程度时，原则上是短期指标线向下的角度越明显时越可信。

（2）如果是大盘股或是高位盘整状态的中小盘股，也经常会出现三死叉共振形态的盘整状态，此时往往表现为MA相距较近的震荡，或是MACD双线相距较近的高位震荡，是股价高位盘整的征兆，并不一定就意味着趋势的快速转弱，因此，在卖股时，必须结合量价齐跌的卖点要求来进行确认。

9.2.2　特殊条件：类死叉共振

类死叉共振，就是当股价在持续上涨期间，一旦出现下跌时，只是形成MA、MACD和均量线的即将死叉形态，只是部分指标或全部指标并未完全形成死叉或尚未形成死叉，但短期指标线向下的趋向却明显或高位盘整明显时，即形成类死叉共振形态。

类死叉共振的形态要求如下：

类死叉共振出现时，股价是上涨趋势中出现调整时，某一指标出现明显下行的趋向时，形成某一指标的死叉，或尚未有指标形成死叉，但短期指标线向下的趋向或高位盘整明显时，即可确认为类死叉共振形态。

类死叉共振由于是MA、MACD、均量线指标中未形成三死叉时的情况，或只有一个或两个指标形成死叉，甚至是三个指标均未形成死叉，但短期指标线，如MA5、DIFF线MAVOL5呈明显的向下趋向或高位盘整时，所以，在判断卖股时机时，应根据量价齐跌突变明显的巨量下跌或持续大阴量下跌等短线更为强势的转弱形态来确认卖股时机。

如图9-5所示，中信特钢（000708），无论是在B段走势还是C段走势的始端根据金叉共振的量价齐升突变买入股票，到其后的A区域时，MA与均量线未形成死叉，但下方的MACD形成明显的向下箭头死叉，双线向下发散明显，为类死叉共振形态，此其间明显为持续大阴量下跌，且B段的累积涨幅超过100%，B段的短期涨幅超过了40%，所以应及时卖出股票。

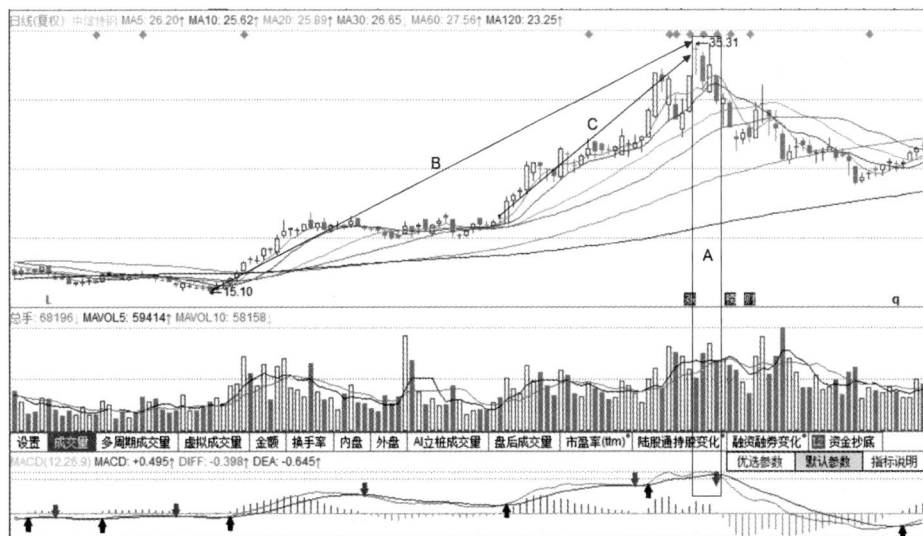

图9-5　中信特钢-日线图

如图9-6所示，丰乐种业（000713）若在A区域通过类金叉形态的明显放量上涨买入股票，到持续上涨的B区域，MA、MACD均未形成死叉，但均量线形成MAVOL5与MAVOL10的向下死叉，为类死叉共振形态，且当前的短期涨幅接近100%，并且形成高位放量滞涨的主力隐藏出货卖点，应果断卖出股票。

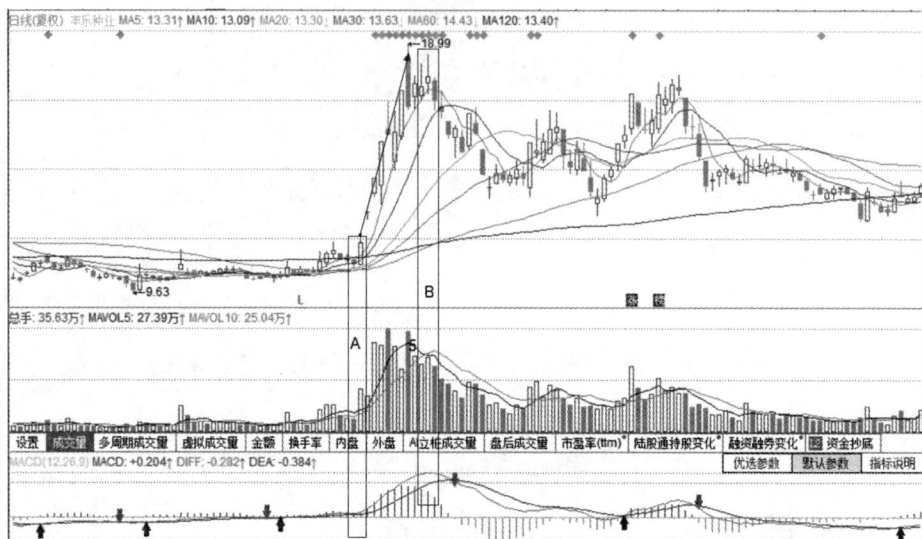

图9-6　丰乐种业-日线图

如图9-7所示，航天电器（002025）若在A区域或B区域根据三金叉共振的明显放量上涨买入股票，在持续上涨中进入C区域，MA、MACD和均量线均未形成死叉，但MA5与DIFF线向下的角度为明显的大角度，为类死叉共振形态，且C区域形成K线震荡滞涨的放量状态，为主力隐藏出货的卖点，当前累积涨幅已接近300%，应果断卖出股票。

实战指南：

（1）投资者在判断类死叉共振形态时，往往一个指标或两个指标形成死叉时容易确认，但一定要明白，当三个指标均未出现死叉时，只要短期指标线中有一个向下的趋向明显或高位盘整明显时，同样应确认为死叉共振形态。

（2）在判断类死叉共振形态时，MACD、MA、均量线三个指标中的短期指标线，均为统计周期最短的MA5、MAVOL5、DIFF，并要留意MACD的一种弱势形态，不仅包括DIFF线向下的角度较大，同时也包括MACD未死叉但双线向下发散的特殊形态。

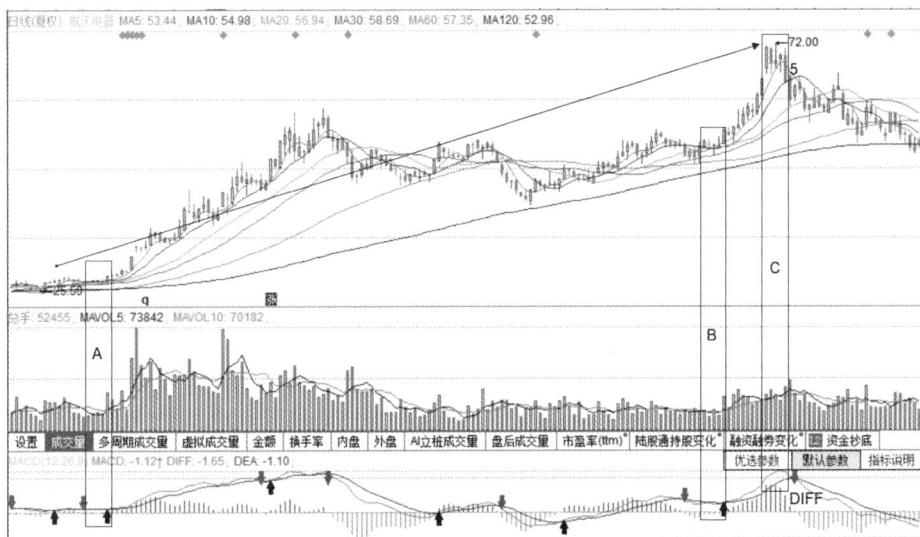

图9-7 航天电器-日线图

（3）类死叉共振由于只是单一指标或短期指标的快速转弱初期的弱势趋向反应，所以不能以此作为卖股依据，一定要结合当前涨幅要求和量价齐跌突变的强度来确认卖股时机，原则上是放量下跌越明显，转跌意味越浓。

9.3 卖股时的涨幅要求

9.3.1 累积涨幅

累积涨幅，就是一只股票从上涨走势开始时的低点计算的上涨幅度。在卖股时，累积涨幅的判断，主要从主力操盘获利的角度出发的一种辅助判断标准，因为从主力操盘的角度出发，从建仓到出货，加上其间的洗盘和上涨中的拉升，其间均需要资金出于洗盘或拉升目标的买与卖，而这些交易是需要真金白银在市场上一买一卖的，这就产生了交易费用。

因此，扣除这些费用及主力管理资金的各种费用支出，主力参与一只股票时，必须达到一定幅度的盈利，才能最终达到获利的目的，这就为投资者卖股时提供了一定的参考。

卖股时累积涨幅的具体要求：

常态的股票，如中小盘股，或是流通盘相对较小的大盘股，主力参与的股票，必须达到100%的累积涨幅，才能获利。

投资者在判断累积涨幅时无须过于精确计算，只要从股价弱势震荡的低点价位开始，到形成卖股条件和卖股时机时，粗略计算一下当前的累积涨幅，只要涨幅比例在100%左右时，即可在卖股时机时卖出股票。与这一标准接近时，可采取减仓策略。

如图9-8所示，北新建材（000786）若A区域根据持续放量上涨的三金叉共振买入了股票，在持续上涨到B区域时，形成了MA与MACD的双死叉、均量线未形成死叉的类死叉共振，期间持续量价齐跌中转为明显放量下跌，且当前的累积涨幅已接近200%，远超卖股时100%累积涨幅的要求，应果断卖出股票。

实战指南：

（1）投资者在根据累积涨幅辅助判断卖股时机时，必须在符合卖股条件和卖股时机要求时，方可卖出股票。否则，即便是累积涨幅再大，只要未形成明显的卖股条件和卖股时机，均不可过早卖出股票。

（2）累积涨幅只是卖股时的一个参考，所以，只要是卖股条件和卖股时机出现时，累积涨幅已经达到100%左右的涨幅时即可，上下幅度可略有一些小的差异，如果涨幅达到80%多，或是超过100%均可。

（3）对于一些市场热度持续较高的妖股，或是价值投资股，不可过于侧重累积涨幅的辅助判断，而应根据短期涨幅结合具体走势及短期卖点，从而确认卖股时机。这也就意味着这类特殊的标的股，即便卖早了也不应后悔。如妖股之所以为妖，即表明其走势经常表现为有别于常态的异常，只要已经实现获利操作，就不应懊悔。

图9-8　北新建材-日线图

9.3.2　短期涨幅

投资者在根据三叉战法卖股时，股价短期涨幅的辅助参考，主要是从股价的趋势运行规律出发而制定的，因为除了一些特殊标的的股票，一只处于上涨趋势的股票，在持续上涨中均会出现加速上涨阶段，也就是主升浪行情，如果不出现，往往意味着行情未止，而一旦出现加速上涨，则往往是主力快速拉升阶段，结束时就是主力出货的开始，这同样为投资者卖出股票时提供了参考。

短期涨幅的具体要求如下：

（1）短期涨幅，是股价在上涨中出现加速上涨的短期涨幅，一般幅度为40%左右。判断时，应主要判断一只股票在小幅上涨中出现快速上涨时开始计算，到形成卖股条件和卖股时机时为止。在此期间，明显的特点是成交量放大，股价持续大幅上涨。

如图9-9所示，新洋丰（000902）若在A区域根据量价齐升的三金叉共振买入股票，持续上涨中进入B区域，形成三死叉共振，持续放量下跌明显，且判断当前的短期涨幅时，应以A区域的启涨低点到B区域的高点计算，明显已超过50%，同样远超40%的卖股时的短期涨幅要求，应果断卖出股票。

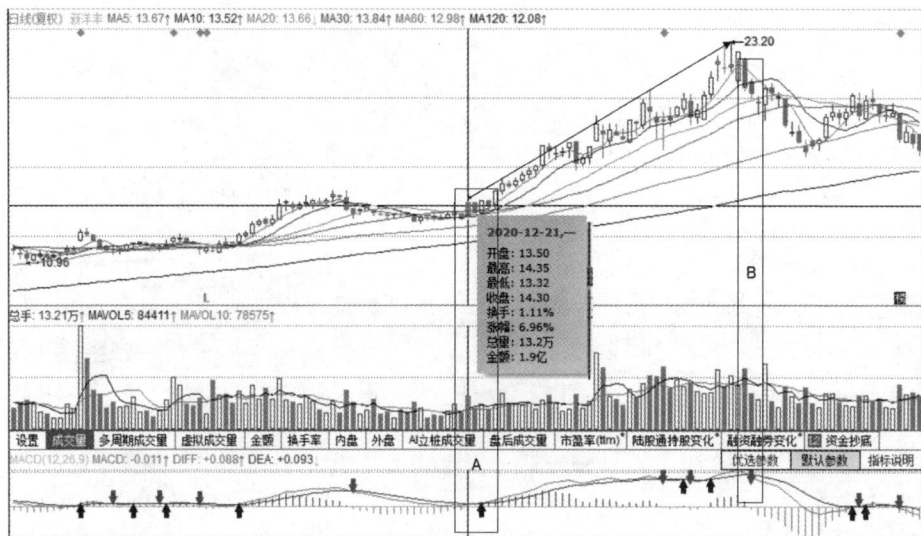

图9-9　新洋丰-日线图

（2）对于长期弱势震荡类的股票，一旦转强时，往往表现为持续快速的上涨，这时判断短期涨幅时，应结合累积涨幅计算短期的主升浪涨幅，即从股价启涨点时，达到80%~100%，甚至更高时，形成卖股条件和卖股时机时，方可卖出股票。

此类股票为黑马股或称为妖股，表现特征多为启涨后即持续强势，出现接连一字板或小阳线涨停，所以，卖股时多以直接出现巨量下跌或明显放量下跌为主，卖出时应主要以量价短期的突变为主。

如图9-10所示，柘中股份（002346）在长期弱势的震荡中，若是在A区域根据三金叉共振的明显放量上涨买入股票，其后的持续涨停式上涨期间，一旦进入B区域，虽然未形成三死叉共振和类似死叉共振，但A区域到B区域的短期涨幅达到100%以上，符合突然启动类股票的短期涨幅要求，应在B区域表现为明显放量下跌的当日分时图上C区域呈明显弱势时，甚至是其后接近跌停时，果断卖出股票。

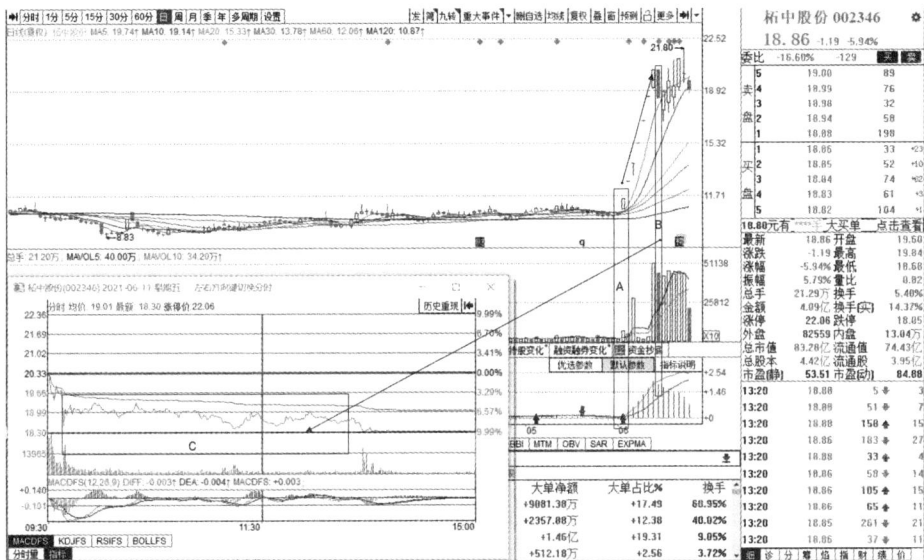

图9-10　柘中股份-日线图叠加2021年6月11日分时图

实战指南：

（1）在大多数时候，卖股时的短期涨幅，观察的不只是股价在短期内的上涨幅度，而是股价在加速上涨时期的短期涨幅，是股价在上涨趋势中上涨最强烈的一个主升浪小波段，判断时最明显的特征就是持续放量上涨。

（2）在判断一只股票主升浪阶段的短期涨幅时，通常为40%左右，但具体的短期涨幅只是一个参考，因为只有主升浪结束时，方可证明主力开始出货，所以此时应以明显的量价齐跌卖点为主要的卖股依据。

（3）对于某些特殊的标的股，如流通盘大的大白马股、大盘龙头股，因为这类股票为价值投资的典范，多为波段上涨的长牛股，所以在判断短期涨幅时，则不应像中小盘一样过于强调主升浪行情, 而应多从小波段运行的角度去判断, 即一段明显的上涨走势结束时, 就应减仓或卖出股票, 调整结束时的明显止跌回升时, 则是加仓买入的时机。

9.4 卖股时机: 确认量价齐跌突变

9.4.1 明显卖点: 巨量下跌或放量下跌

巨量下跌是阴量柱形成接近或到达显示区间顶部的大阴量柱, 放量下跌则是明显阴量柱要高于之前的阳量柱, 或是持续阴量处于较大的状态时, 股价出现明显下跌时的两种量价齐跌突变的极弱形态, 杀伤力均极大, 会短期快速破坏掉原有的上涨趋势, 因此是一种卖股或减仓时机, 因为只有涨幅较大时才会构成卖点, 但若是涨幅并未达到标准时, 则多数为阶段性高点的卖股时机。

因此, 巨量下跌或放量下跌是三叉战法中最明显的卖点, 一旦在三死叉共振或类死叉共振期间出现, 就要果断卖出股票。

巨量下跌或放量下跌的具体要求如下:

(1) 巨量下跌。巨量下跌出现时, 是K线在上涨中出现阴线下跌或长上影线下跌时, 阴量柱起码要超越成交量显示区的中分线, 在中分线上方较远的位置, 若是到达区间顶部时, 则为天量阴量, 短期杀伤力更强。

如图9-11所示, 九鼎新材 (002201) 若A区域根据三金叉共振的涨潮量能潮买入股票, 在持续上涨中进入B区域后, 出现一根阴线下跌, 阴量向上达到显示区域的顶部, 为巨量下跌中最强烈的天量阴量下跌, 同时为DIFF线高位钝化盘整的类死叉共振, 且短期涨幅已经超过100%, 应果断卖出股票。

图9-11　九鼎新材-日线图

（2）放量下跌。放量下跌出现时，若为一根阴线阴量的下跌时，阴量柱必须明显要高于之前的阳量柱，但若是持续出现多根较长的大阴量柱时，因为叠加累积到一起时同样为大量，且K线处于持续下跌状态，所以同样为放量下跌或巨量下跌。

如图9-12所示，华峰化学（002064）若A区域根据三金叉共振的涨潮量能潮买入股票，持续上涨中进入B区域，K线持续阴线下跌的同时，形成三根未超过成交量中分线的大阴量柱，为持续放量下跌的巨量下跌，且D段走势的累积涨幅已经超过100%，应果断卖出股票，不要等到C区域形成三死叉共振的持续放量下跌的巨量下跌再卖出。

实战指南：

（1）巨阴下跌是股价在上涨趋势中快速转弱时的征兆，尤其是巨量下跌中的天量阴量下跌，对股价的杀伤力更强。

（2）放量下跌是明显的量价齐跌，包括两种形态：一是单根阴量的下跌，此时要求阴量柱要高于之前的阳量柱；二是多根阴量柱时，必须为持续较大状态的阴量柱，或为缩量状态，或为相差不大的大阴量。

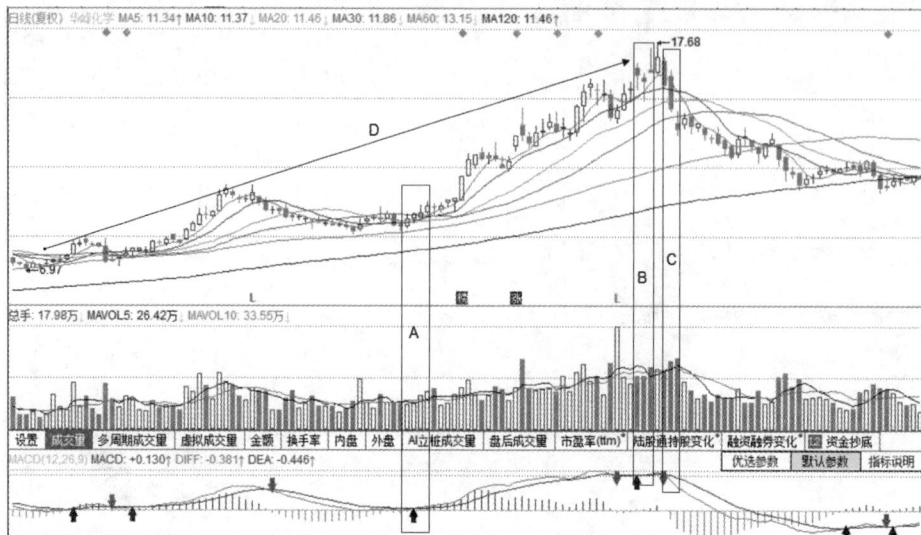

图9-12　华峰化学-日线图

（3）在判断巨量下跌或放量下跌形态时，下跌是指股价的下跌，即K线为阴线下跌，通常实体较长，但允许为实体较短、上影线较长的阴线，或影线较长的十字星，少数时候会表现为一根上影线较长的阳线，只要阴量柱符合要求，即可确认为明显卖点。

（4）根据巨量下跌或放量下跌卖股时，必须结合当前的涨幅，通过三死叉共振或类死叉共振形态来确认卖股时机，如三死叉共振期间的巨量下跌或放量下跌，就是短、中、长期间趋势转弱的合二为一的最佳卖点；而类死叉共振形态期间的巨量下跌或放量下跌，则是短期趋势突然变弱的提前卖股时机。

9.4.2　不明显卖点：震荡下跌的退潮量能潮

震荡下跌的退潮量能潮，就是指股价在震荡下行时，量能呈持续缩减状态的情况，又称持续缩量下跌。严格来讲，持续缩量下跌属于一种放量下跌不明显的量价形态，由于持续缩量下跌中看似卖出的单根量能并不是明显放大，且又与上涨调整行情即将结束时的量价形态类似，所以，持续阴量下跌是最容易让投资者忽视的一种不明显的量价卖点。

震荡下跌的退潮量能潮的具体要求如下：

震荡下跌的退潮量能潮出现时，K线为震荡下跌的重心向下移动状态；成交量的第一根阴量柱为大阴量柱，会略低或略高于之前的阳量柱，其后会呈现出持续阴量柱变低的缩量状态。因此，判断震荡下跌的退潮量能潮时，至少为三根下跌的K线和三根持续缩量的阴量柱。但大量状态的持续缩量下跌的量能潮，只需要两根K线和两根阴量柱即可确认。

如图9-13所示，联化科技（002250）若A区域根据三金叉共振的涨潮量能潮买入股票，持续上涨中进入B区域，在形成MACD死叉后双线明显向下发散的类死叉共振期间，K线持续阴线下跌，成交量为阴量略放大后，出现持续缩量，为震荡下跌的退潮量能潮的不明显卖点，应及时卖出股票，而不要等到其后C区域形成三死叉共振的退潮量能潮时再卖出，因为B区域到C区域的走势，事实是高位震荡的顶背离盘整阶段，涨幅有限，但主力一直保持在高位出货。

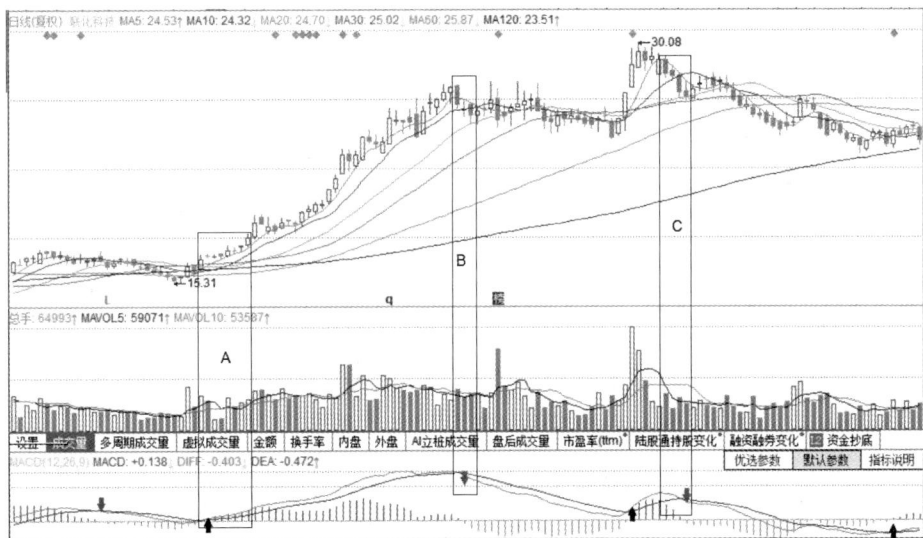

图9-13　联化科技-日线图

如图9-14所示，长江健康（002435）若在A区域根据类金叉共振的K线震荡上行的涨潮量能潮买入了股票，持续上涨中进入B区域，形成MACD、均量线死叉的类死叉共振，同时出现阴线持续下跌，成交量为阴量略缩量后的持续缩量，均为超过成交量显示区中分线，为K线震荡下行的持续缩量的大阴量退潮量能潮，应果断卖出股票。

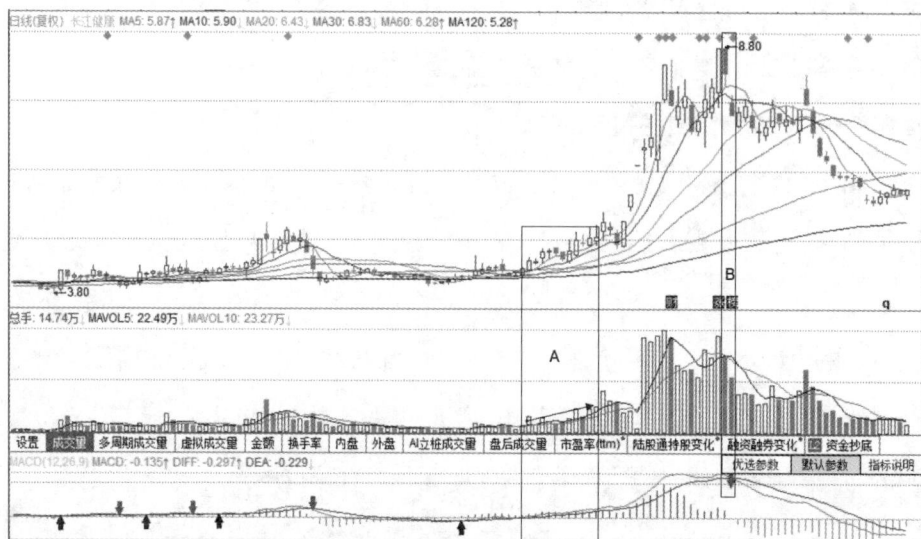

图9-14　长江健康-日线图

实战指南：

（1）在判断持续缩量下跌时，至少为三根阴线或夹杂一根阳线，但即便阳线出现时也往往实体较短，呈整体重心下移的趋势；K线对应的成交量柱至少为三根阴量柱，通常表现为第一根是较长的大阴量，其后出现持续缩短即可。

（2）如果震荡下跌的退潮量能潮为不明显卖点时，必须同时满足三死叉共振或类死叉共振形态时，方可卖出股票。

（3）如果震荡下跌的退潮量能潮出现时，第二根阴线下跌的同时，阴量柱为大阴量，即可通过两根阴线和两根阴量柱确认放量下跌，无须再等第三根阴线和阴量出现时再根据震荡下跌的退潮量能潮来确认卖点。

（4）若是震荡下跌的退潮量能潮出现时，第二根阴量出现大幅缩量时，必须等到下一个交易日三根阴量呈持续缩量下跌时，方可确认为卖点。因此，在卖股时一定要根据卖股条件，并结合当前涨幅，再通过量价齐跌来确认是否为清仓卖点。

9.4.3 主力隐藏出货卖点：高位放量滞涨

投资者在卖出股票前，一定要学会如何从主力角度去考虑股价的上涨，因为当股价上涨幅度较大时，主力因为在低位买入的成本极低，所以，在此期间的主力必定是要想尽一切办法，在不让多数散户发觉的情况下实施卖出，以获取操盘利润。

高位放量滞涨正是在主力隐藏出货目的下形成的一种特殊量价卖点，因为主力要想不被大多数投资者发现，就不能一味大量卖出，而是通过对倒的方式，让股价在数个交易日内，始终保持在一定的价位，日线图上就会出现K线处于某一高位价格区间的小幅震荡。

因此，高位放量滞涨是主力隐藏出货放量时的一种重要量价卖点。

高位放量滞涨的具体要求如下：

一是高位放量滞涨出现时，一定要通过涨幅确认K线的高位。

二是K线的震荡滞涨，其间只要K线维持在一定幅度的区间，允许出现阳线或影线较长的小阴小阳线或十字星出现，并短时冲高刷新高点。

三是放量的判断，成交可阴可阳，但必须确保处于明显的放量状态，或是当前较高水平的大量状态。只要当前的涨幅符合卖股要求，不管是否形成死叉共振或类死叉共振，均应果断逢高卖出股票。

如图9-15所示，爱施德（002416）若在A区域无论根据黄金坑还是三金叉共振的K线缓慢上行的涨潮量能潮买入股票，持续上涨中进入A区域，虽未出现三死叉共振或类死叉共振，但短期涨幅在达到100%后，K线出现类十字星的高位震荡，同时成交量明显格外放大，为主力隐藏出货时的高位放量滞涨的量价形态，应果断卖出股票。

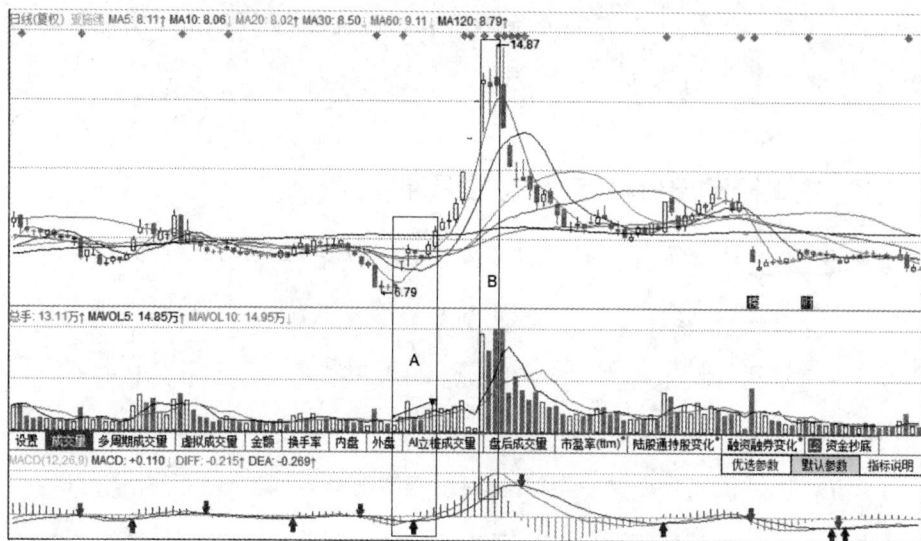

图9-15　爱施德-日线图

实战指南：

（1）高位放量滞涨由于是股价在高位区形成的震荡滞涨期间，或会出现股价短期的刷新高点，所以，投资者在判断时，只需要根据涨幅要求判断为高位，即可卖出股票，而无须判断是否形成死叉共振或类死叉共振形态。

（2）高位放量滞涨出现期间，由于当前的趋势为震荡，所以各指标也会因股价的震荡或表现为钝化的反应，如中短期MA的缠绕，或是MACD双线的高位震荡，或是均量线在相距较近状态的震荡。所以，通过技术指标判断时，是容易出现失误的。

（3）在高位放量滞涨结束时，或股价会短时出现冲高，但因为主力以出货为主，所以即便冲高，也只是主力拉高出货所造成的，目的是维持股价高位的热度，利于大量卖出股票，因此，卖出后短线不可再买回。即便短线持续上涨，也为妖股的无常妖性在作怪。

9.5　实战要点

9.5.1　卖股时不要刻意等待死叉共振的出现

投资者在根据三叉战法卖股时，一定要注意一个问题，就是不要习惯于刻意去等待三死叉共振的出现，然后再来判断量价形态的卖股时机是否已经形成，因为三死叉共振形态只是趋势反转向下时的征兆，只有一些大盘股才会在趋势反转初期如此表现，而市场有着熊长牛短的明显特点，所以，股价下跌时往往是迅速的，短期快速下跌的征兆十分明显。

因此，在实战卖股期间，一定不要刻意等待死叉共振的出现，而要结合涨幅、盘口主力信息等因素，坚持重量价、轻形态的卖股原则。

卖股时的具体要求如下：

在卖股时，首先通过股价的涨幅来判断。另外，除非是一些特殊标的股，一般的股票均会在形成主升浪期间，才会出现转跌，所以在判断卖股时机时，一定要在累积涨幅较大、短期主升浪的涨幅较大时，即参考技术指标是否形成三死叉或共振或类死叉共振等形态，同时要格外留意量价齐跌的突然出现，如巨量下跌或明显放量下跌等，以及时确认卖股时机，并在量价齐跌突变初期，通过分时图的短时区间放量下跌来确认短线的最佳卖股时机。

如图9-16所示，天原股份（002386）若A区域根据均量线金叉、MA多头排列初期、DIFF线突然向上翘起的类金叉共振的明显放量涨停的强势启动买入股票，其后在持续涨停式上涨中进入B区域，股价中止继续涨停，出现大幅高开后震荡走弱，且形成巨量下跌，短期涨幅达到100%，所以，虽然未形成三死叉共振或类死叉共振，也应果断卖出股票，而不要等到其后C区域形成三死叉共振的放量下跌时再卖出股票。

这就是短期涨幅巨大后未形成卖股形态，但量价齐跌突变明显的卖股方法，因此，在卖股时不要刻意等待死叉共振的形成再确认卖出时机。

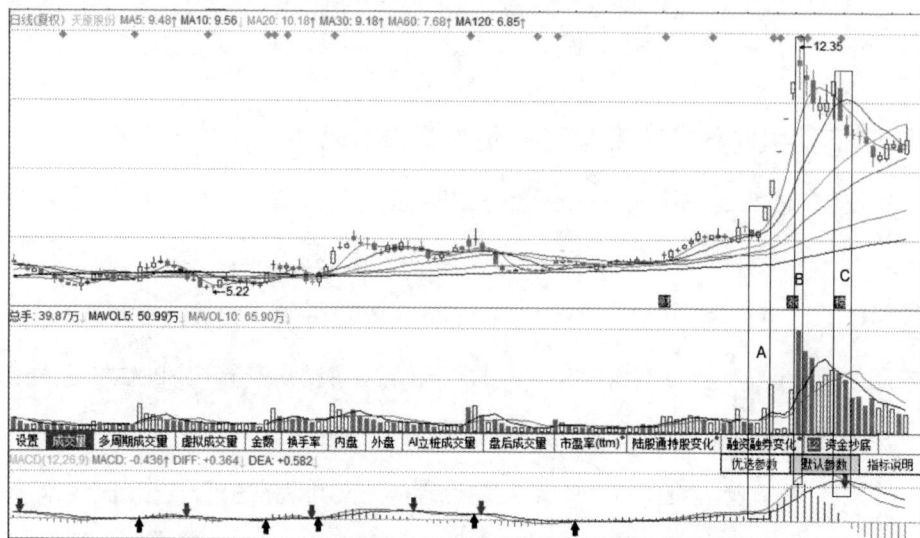

图9-16　天原股份-日线图

实战指南：

（1）三死叉共振是趋势转为下跌时的征兆，所以，在三叉战法的实战中，大多数情况下只是趋势变坏时的清仓点，而非趋势转跌的最佳卖点，所以，卖股时不要刻意去等待死叉共振的出现时再卖股，因为如此操作往往会错过最佳卖股时机。

（2）投资者在卖股时，如果是刚好三死叉共振出现时形成量价齐跌的卖股时机，则应及时卖出股票，但若是只形成类死叉共振时，就要及时根据卖股时机的要求确认卖点。

（3）通常情况下，三死叉共振+量价卖点出现时，多为大盘股趋势转跌时的最佳卖股时机，尤其是高位盘整状态的三死叉共振，甚至是其间出现顶背离；对于中小盘股而言，多数表现为类死叉共振+量价卖点的卖股时机；对于整个上涨趋势均表现为主升浪的黑马股，最佳卖股时机往往为大幅上涨后巨量下跌出现的量价卖点。

9.5.2 结合盘口信息判断卖股时机

在根据三叉战法卖出股票期间，尤其是在类死叉共振期间，虽然量价突变的卖点能够明显确认主力是在高位开始出货，但最好能够结合当时的盘口信息，对主力快速出货的情况予以确认，因为这类卖股时机为短线的卖出方法，而短线操盘时，一旦主力开始出货时，除了成交量会明显表现为大阴量或持续大阴量外，盘口信息更能准确地判断出这一点，尤其是根据量价突变寻找分时图最佳卖点时，盘口信息的主力动向更为重要，所以，一定要结合盘口信息来确认卖出时机。

卖股时的盘口表现：

当类死叉共振期间形成量价卖点的卖股时机时，盘口信息处主要观察K线图右侧最上方的资金分析一栏中主力净流出的情况，通常盘中短时主力净流出达到1 000万~3 000万元时，或是持续保持这种以净流出在1 000万元以上时，即表明主力是在大举出货，应果断卖出股票。

如图9-17所示，海南椰岛（600238）若A区域根据三金叉共振的持续量价齐升买入股票，持续上涨中进入B区域，形成成交量在大量水平下的K线高位震荡滞涨，且D段走势明显出现短期涨幅超过100%的情况，所以为主力隐藏出货的高位放量滞涨卖点，因此，在C区域卖股时，截至2021年6月23日中午收盘前1分钟的盘口显示，当日主力净流出达到了11 020.7万元的水平，且换手率已经达到10.40%，符合卖股时的盘口要求。

对于一只流通盘只有4.45亿股的小盘股而言，明显是主力在大举出货，应果断在C区域卖出股票。

实战指南：

（1）在通过盘口信息辅助判断卖股时机时，1 000万~3 000万元的主力净流出量只是盘中短时的主力净流出标准，因为股票流通盘口大小不同，主力持筹码的数量也不同，所以，若以日流出量观察时，一般中小盘股日流出量在2 000万~5 000万元时，或是大盘股日流出量在1亿元左右甚至更高时，即为主力在出货。

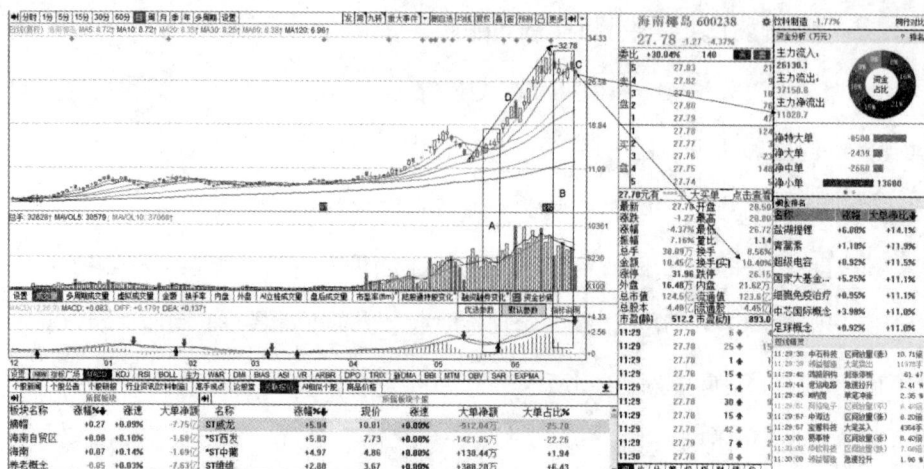

图9-17　海南椰岛-日线图

（2）通过盘口辅助判断卖股时机期间，日换手率同时是一个参考指标，但因为不同股票表现得或许不会过于明显，所以通常状态是日换手率在15%以上，主力净流出为主时，为主力在出货。

（3）一旦发现主力净流出资金较大时，若分时图呈现出股价线快速下行的放量下跌或呈明显弱势震荡状态时，就应及时卖出股票，但必须在日线图上的量价齐跌明显时方可。

（4）如果投资者操作的是妖股，往往主力在出货初期，会边拉边卖，这时盘口就会显示主力日流出量较大，但股价却强势特征明显，有时甚至出现涨停，这是主力对倒的结果，所以，卖股时必须达到日线图上的量价齐跌的类死叉共振形态时方可卖股，而不能只通过盘口信息来确认。

9.5.3　短期涨幅必须结合主升浪确认卖股时机

投资者在根据三叉战法卖股期间，通过股价的短期涨幅辅助判断当前的量价齐跌是否为趋势性反转向下时，不要只盯着股价短期的涨幅，而要通过主升浪行情的变化来确认，因为短期涨幅并不是一成不变的，因为主升浪有长有短，主力会根据当时盘口的具体压力与支撑来操盘，所以，股价的短期涨幅会有大有小，且主升浪不出现，通常股价不会即刻转跌的，所以，根据短期涨幅判断卖出时机时，不仅要结合主升浪是否出现，且要判断是否因量价突变快速结束，这样才能卖在趋势快速转跌的最佳时机。

判断主升浪的方法如下：

主升浪就是股价在缓慢上涨的过程中，出现持续加速上涨的一个小波段，经常以大阳线上涨的方式出现，且阳线通常较长，或是直接以持续涨停的阳线，甚至是一字涨停板的方式出现，但如果是长期弱势震荡整理后快速启动的上涨行情时，往往股价缓慢上涨与加速上涨会合二为一，即主升浪是整个上涨趋势所形成的波段。

一旦主升浪出现巨量下跌或持续放量下跌时，短期涨幅达到40%左右，或是累积涨幅达到100%左右，甚至是主升浪与上涨波段合二为一时，短期涨幅与累积涨幅达到100%左右，就要果断卖出股票。

如图9-18所示，海康威视（002415）若是在A区域右侧根据类金叉形态的放量上涨买入股票，其后短时上涨后出现E区域的震荡，B区域再次出现明显上涨，但上涨幅度有限，且依然多为小阳线震荡上涨，短时涨幅极小后又出现F区域的震荡，所以，可以确认B区域非A区域上涨趋势形成后的主升浪，其后的C区域，股价再次上涨，且长阳线较多，短期涨幅超过40%，为加速上涨的主升浪，其后的D区域，出现MA5大角度下行的类死叉共振形态的持续缩量下跌时，方可卖出股票。这就是通过短期涨幅结合主升浪来确认卖股时机的卖股方法和技巧。

实战指南：

（1）投资者在卖出股票时，一定要学会通过卖股条件和卖股时机出现时，结合股价涨幅来判断是否为卖点，因为三叉战法操作的均为趋势反转或强势股回调结束的股票，所以涨幅是从主力操盘的角度，辅助确认上涨趋势是否结束的重要征兆。

（2）卖股时的涨幅观察，虽然包括短期涨幅与累积涨幅的区别，但不可只观察一点，如观察短期涨幅时一定要结合累积涨幅，同时也一定要明白当长期弱势启动类股票出现上涨时，短期涨幅基本上与累积涨幅合二为一。

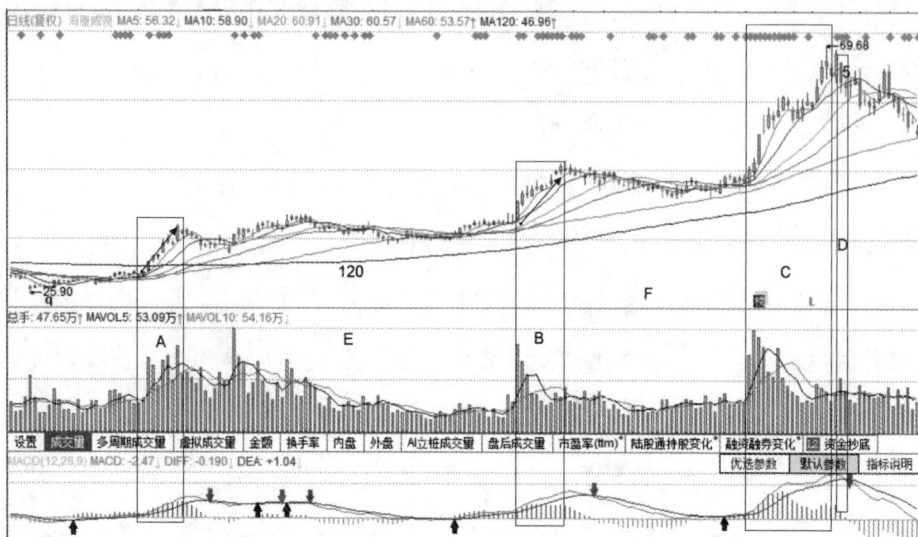

图9-18　海康威视-日线图

（3）投资者在观察短期涨幅时，不要孤立地去看待短期的上涨，即短期涨幅，只有股价在明显加速上涨期间的一小段主升浪行情的出现，才是上涨趋势即将结束的征兆，即便是波段上涨明显的长牛股，在临近阶段性高点时，也会出现一两根长阳线的加速上涨。因此，在判断短期涨幅时，一定要通过寻找主升浪来确认，一旦主升浪结束时，就要果断卖出股票。

9.5.4　日线图量价齐跌结合分时图选择最佳卖点

投资者在根据三叉战法卖出股票时，尤其是当日线图上形成类死叉共振期间的量价齐跌突变卖点时，一定要结合当日的分时图情况来确认最佳的卖点。因为在A股市场涨跌停制度之下，当股价短期表现为极弱时，很容易出现跌停，而一旦跌停后是无法卖出股票的。

因此，不懂得通过分时图及时抓住最佳的弱势卖出时机，也是难以让收益最大化的。同时，若是突发的风险出现时，股价又会在第一个跌停后持续以一字跌停板出现,势必造成大幅降低收益,或是坐了回过山车的情况,等于白白忙了一场。

日线图+分时图的卖股方法与技巧如下:

日线图形成阴线阴量的持续增长变长时,或是日线图出现低开阴线的阴量初期,及时观察当日的分时图,一旦分时图上出现股价线大幅高开后直线下行的分时量持续放大的区间放量,或是股价线大幅低开后放量弱势震荡,或是平开、小幅高开后放量震荡走弱时,就是分时图上的最佳卖点,应果断卖出股票。

如图9-19所示,天齐锂业(002466)无论是在A区域根据三金叉共振的持续明显放量上涨,还是根据其后B区域的类金叉共振的涨潮量能潮买入股票,经过其后的持续上涨后,进入C区域,在形成MACD高位盘整的类死叉共振时,累积涨幅已经达到250%,形成主力隐藏出货的高位放量滞涨,原则上是C区域最右侧K线确认卖点时即应卖出股票,但若是在当日收盘后确认的,则应在下一个交易日的D区域,即观察当日的分时图,而不要再去在意日线图。

如图9-20中明显看到,当日A区域是直接以昨日收盘价开盘的,且震荡下行明显,B区域股价线震荡回升时,止涨转跌时即是卖股时机,因为在图9-19中的C区域已经确认为主力隐藏出货的高位放量震荡滞涨的卖点,而这一卖点出现时,应逢高出货,所以,在观察下一交易日时,可以直接观察图9-20的分时图,寻找当日的高点卖出即可,而无须非去等待最高点的回落再卖出。

实战指南:

(1)在根据分时图寻找最佳的短线卖出时机时,必须日线图上形成符合卖股要求初期的形态,如三死叉共振或类死叉共振的量价齐跌突变初期,并要结合当前的涨幅,并在分时图弱势时结合盘口信息进行确认后,方可卖出股票。

(2)分时图的弱势卖点主要为量价形态,包括两种情况:一是股价线大角度直线下行的区间放量;二是股价直接平开、小幅高开、小幅低开后快速下行或直接大幅低开后形成的弱势震荡期间的持续较大量能。

(3)在根据三叉战法卖股时,分时图弱势是一种重要的观察,而事实上在买股环节或持股期间的加减仓操作中，分时图的情况同样是重要的。所以，要想运用好三叉战法，最好能详细了解分时图操盘的一些技巧，这样才能做到短中长线相结合运用好三叉战法。

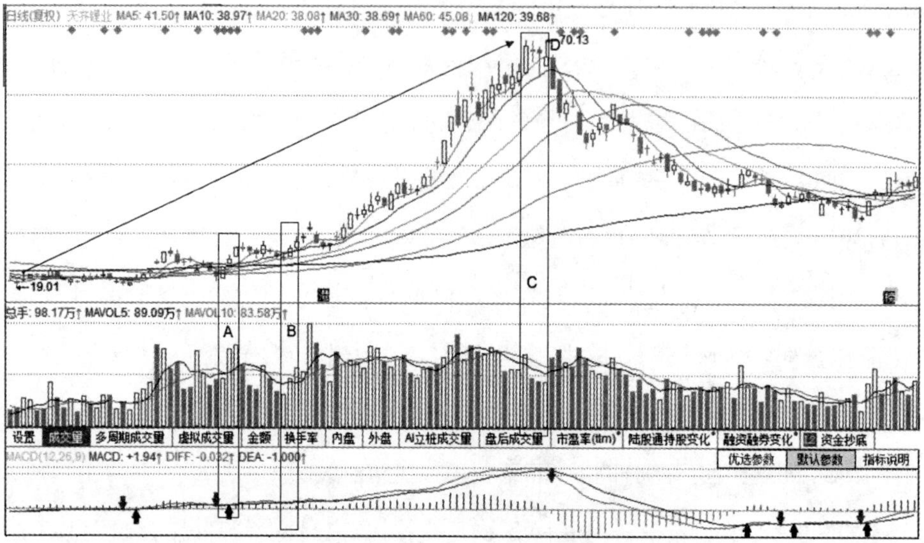

图9-19　天齐锂业-日线图

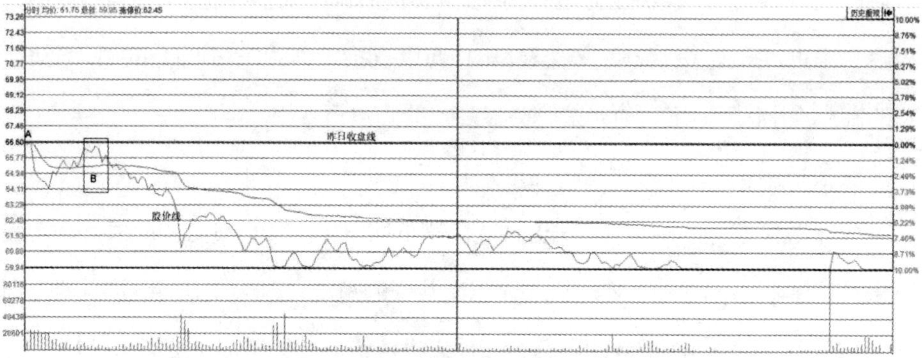

图9-20　天齐锂业-2021年1月29日分时图